SCÈNES de crime

l'encyclopédie de la police scientifique

SCÈNES de crime

L'encyclopédie de la police scientifique

Richard Platt

Scènes de crime

L'auteur

Richard Platt est auteur de plus de 50 livres et d'un grand nombre d'articles dans la presse, mettant sa passion de la technologie et de l'histoire au service du public. Ses publications entrent dans le détail des inventions, de l'espionnage, du crime ou des communications. Il est également consultant et scénariste pour la télévision. Il a présenté des épisodes d'une série de reportages sur la contrebande pour Meridian TV pour lesquels il avait mené personnellement l'enquête. Pour *Scènes de crime*, il s'est tourné vers des professionnels de la médecine légale et de la police scientifique, y compris des spécialistes du séquençage ADN, de l'odontologie, de la sérologie, de la pathologie, du feu, des explosifs et de la balistique.

Consultant général

Dr Clive Steele, directeur du département de médecine légale, Université de South Bank, Londres

Consultants spécifiques

Dr Sue Black, anthropologue judiciaire, Université de Glasgow ; Dr Anne-Maria Brennan, lecteur senior en sciences de la vie, Université de South Bank ; surintendant Philip Carson, police de Londres ; Ron Cook, expert en empreintes digitales ; Andy Day, ancien officier enquêteur sur les lieux de crimes ; Dr Nikolas Lemos, toxicologue judiciaire en chef, école médicale de l'Hôpital St George's ; Dr Freddi Martin, odontologiste judiciaire ; Dr Neil Morgan, lecteur en sciences de la vie, Université de South Bank ; Professeur Phil Nolan, professeur et chercheur sur les explosifs et incendies, Université de South Bank ; Dr Freddy Patel, pathologiste au Home Office ; Professeur Peter Vanezis, professeur de médecine légale, Université de Glasgow ; Peter Whent, inspecteur de la criminelle ; Dr Caroline Wilkinson, artiste judiciaire, Université de Manchester ; John Yarrow, photographe judiciaire.

Titre original de cet ouvrage :
Crime Scene, the Ultimate Guide to Forensic Science

Copyright © 2004, Hurtubise HMH ltée
pour l'édition en langue française au Canada

Édition originale publiée en Grande-Bretagne en 2003
par Dorling Kindersley Limited, 80 Strand Londres WC2R 0RL

Copyright © 2003, Dorling Kindersley Limited, Londres
Copyright © 2003, Sémic La Mascara pour la traduction française

Auteur : Richard Platt
Traducteur : Alex Nikolavitch
Révision linguistique : Christine Barozzi
Mise en pages : Nicolas Folliot et Geai Bleu Graphique

ISBN : 2-89428-710-0
Dépôt légal : 1er trimestre 2004

Bibliothèque nationale du Québec
Bibliothèque nationale du Canada

Éditions Hurtubise HMH ltée
1815, avenue De Lorimier
Montréal (Québec) H2K 3W6
Tél. : (514) 523-1523 • Téléc. : (514) 523-9969

Imprimé à Hong Kong

www.hurtubisehmh.com

Sommaire

SUR LES LIEUX DU CRIME   10

LA VICTIME   26

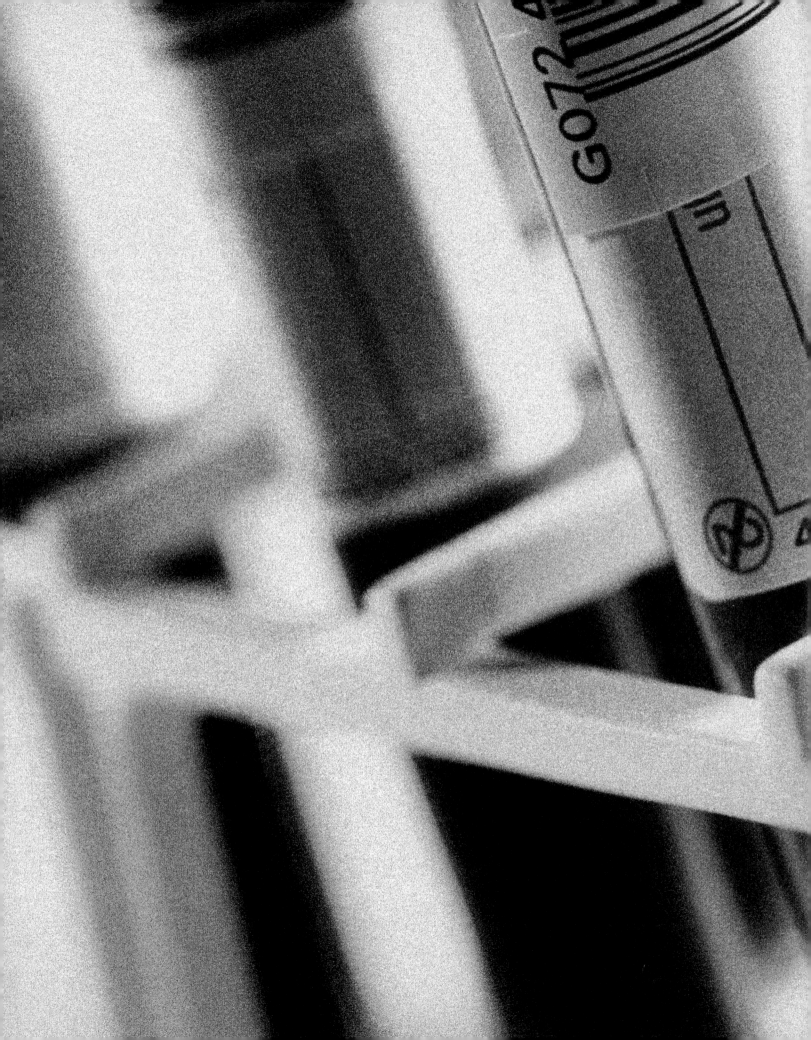

Pendant plusieurs semaines, nous avons regardé le procès d'O. J. Simpson à la télévision, et avons été fascinés par l'ADN, les empreintes de pas, les restes de cheveux, de fibres, les analyses sérologiques et les autres indices méthodiquement présentés par les experts. Depuis, avec l'avancée de la technologie, les moyens scientifiques d'investigation ont été utilisés de façon plus efficace pour incriminer – sans laisser de place au doute – toutes sortes de criminels. La police scientifique est aussi devenue un cliché, que ce soit à la télévision ou au cinéma. Mais bien évidemment, les contraintes dramatiques de la fiction en donnent une image gauchie. Cet ouvrage, pour sa part, veut initier le lecteur aux principales disciplines de l'investigation scientifique, d'une façon claire, concise, imaginative, et abondamment illustrée. Plus important encore, il se veut exact. Chacun des chapitres combine une information solide à un visuel efficace, et se termine par une étude de cas concret. Ce livre explique de quelle façon la technologie moderne est employée pour découvrir la vérité et fournir des preuves recevables dans un tribunal.

Ayant passé trente ans comme superviseur d'un laboratoire du FBI et comme expert, j'ai vu passer des milliers d'affaires, et j'ai été appelé à témoigner dans des procès médiatisés. Et la partie la plus délicate de mon travail a toujours été d'expliquer à des amis, à la presse, aux étudiants, aux membres du jury et aux juges non seulement mes domaines de spécialisation, mais aussi tout ce que recouvre la police scientifique. À présent, je leur prête simplement ce livre, et je sais qu'ils en sauront déjà un peu plus sur ce fascinant sujet.

Gerald B. Richards, Agent Spécial du FBI (à la retraite)
Ancien chef de l'unité spéciale de photographie
à l'unité de recherche et d'opérations documentaires
des laboratoires du FBI.

Le travail d'enquête

La police scientifique est un outil extrêmement puissant au service des enquêtes. Mais la science seule ne peut suffire à attraper les criminels. Pour être efficaces, les méthodes scientifiques doivent être associées à l'expérience et aux intuitions des inspecteurs, des policiers en tenue, des experts civils et des administratifs...

Quand un crime est commis dans une grande ville, toute la population locale et nationale peut en venir à être suspectée (sans oublier que le criminel peut avoir quitté le pays). Le travail d'enquête consiste avant tout à éliminer de façon systématique les suspects potentiels, jusqu'à avoir une liste de personnes à interroger qui ait une taille raisonnable.

Il n'existe pas de moyen simple d'y arriver. Les casiers judiciaires et les bases de données de la police peuvent être d'une aide précieuse pour rapprocher des crimes similaires, et parfois même aboutir à une liste de criminels connus présumés suspects. Une investigation scientifique sur les lieux du crime peut aussi indiquer la direction à suivre. Victimes et témoins donnent souvent au policier des informations précieuses qui peuvent les amener à un suspect. Parfois, quand personne ne semble avoir rien vu, un appel à témoins dans les médias peut aussi aider les témoins à se décider.

Le scepticisme comme religion

Victimes et témoins peuvent souvent indiquer l'âge et le sexe du criminel, ce qui conduit souvent à réduire la liste des suspects de moitié au moins. Mais l'utilisation de ces informations se fait de façon moins évidente que ce qu'on pourrait croire. Les dépositions de témoins doivent être examinées avec scepticisme, ou tout au moins avec une conscience aiguë de leurs limites. Si par exemple un témoin indique avoir vu « une femme qui quittait les lieux du crime », alors il peut sembler raisonnable d'éliminer les hommes de la liste des suspects. Mais le témoin peut avoir pris pour une femme un homme aux longs cheveux blonds. L'expérience montre que la mémoire et les perceptions des témoins ne sont pas totalement fiables. Ainsi, quand les témoins parlent d'une personne âgée de 25 ans, les policiers cherchent des suspects dont l'âge est compris entre 12 et 40 ans.

Les suppositions

Si les témoignages sont insuffisants à réduire la liste des suspects, les enquêteurs se rabattront sur des suppositions pour resserrer le champ de leurs investigations. Par exemple, beaucoup de crimes ont lieu à proximité du domicile du coupable. Et l'enquête commence autour des lieux du crime. Les dépositions de voisins permettent souvent de noter des faits apparemment sans rapport mais qui s'avèrent cruciaux par la suite.

La recherche de corrélations aide beaucoup à ce niveau : en posant les mêmes questions à un grand nombre de personnes, les enquêteurs peuvent jauger la fiabilité et parfois les motivations des témoins. Demander à quelqu'un combien de personnes habitent chez lui, et chez son voisin, puis demander la même chose au voisin lui-même, permet souvent de débusquer des mensonges.

Tous suspects

La recherche des suspects doit être impartiale et poussée. Elle doit s'appliquer aussi à la personne qui a rapporté le crime, tant il s'avère que le meurtrier est souvent la personne qui a « trouvé » le corps. Même si les suspecter peut sembler ridicule, ou problématique, ou générateur de conflits, personne n'est au-dessus des soupçons au départ.

Les enlèvements d'enfants sont un exemple instructif sous ce rapport. Les médias insistent souvent sur le fait que les enfants doivent se méfier des inconnus, mais c'est un cas de figure plutôt rare : dans la plupart de ces crimes, la victime connaît le coupable.

C'est sur la base de ce genre de raisonnement que les enquêteurs ont émis des doutes quand à la déposition de Lindy Chamberlain qui prétendait qu'un dingo (chien sauvage) avait enlevé son bébé (voir p. 64). Cette célèbre affaire australienne montre pourtant les dangers des idées préconçues. Les enquêteurs qui sautent aux conclusions ont tendance à négliger les indices qui ne corroborent pas leur idée. Plus ce genre de suppositions guide l'enquête, plus il devient difficile de prendre du recul et de considérer les alternatives. Dans l'affaire du dingo kidnappeur, ça a même conduit à une erreur judiciaire.

Les bons inspecteurs apprennent à mettre en doute même les preuves qui semblent les plus avérées. Par exemple, il est tentant de voir les aveux comme une preuve de culpabilité. Mais il est fréquent que la personne qui fait des aveux tente de couvrir le vrai coupable, ou qu'elle tente de dissimuler un crime plus grand. Une enquête plus poussée, ainsi que la recherche de preuves convergentes sont nécessaires pour prouver la culpabilité de la personne qui a avoué.

Preuves concluantes

Des preuves matérielles ne laissant pas ou peu de place au doute peuvent suffire à emporter l'affaire. Et les enquêteurs savent maintenant que les techniques scientifiques d'investigation peuvent fournir ces preuves avec un degré d'objectivité et d'efficacité qui peut manquer à d'autres formes d'expertise. La police scientifique est de nos jours un acteur essentiel du processus, des lieux du crime au tribunal.

◀ **FUSILLADE**
En cataloguant systématiquement les preuves sur les lieux, les spécialistes jettent les bases de l'enquête.

LE RÔLE DES SCIENTIFIQUES

Les chapitres suivants vont examiner les divers champs de spécialisation de la police scientifique, montrant l'intérêt de chacun d'entre eux dans les enquêtes.

◀ **SUR LES LIEUX DU CRIME**
Les indices négligés lors des premiers stades de l'enquête peuvent être perdus, ou rendus inadmissibles devant le tribunal.

LA VICTIME ▶
Les meurtres demandent un type d'enquête spécifique, dans lequel le corps de la victime est en soi une importante source d'indices.

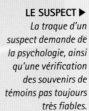

◀ **L'IDENTIFICATION JUDICIAIRE**
Des empreintes à l'analyse d'ADN, la police scientifique peut préciser l'identité du suspect comme celle de la victime.

LE SUSPECT ▶
La traque d'un suspect demande de la psychologie, ainsi qu'une vérification des souvenirs de témoins pas toujours très fiables.

◀ **L'ANALYSE DES INDICES**
Les laboratoires modernes disposent d'instruments et de techniques permettant de passer les indices au crible.

LES ARMES DU CRIME ▶
La mort a de multiples visages, et la technologie est aussi là pour lui arracher ses masques.

Le dernier chapitre traitera la criminalité en col blanc, celle des faussaires, des pirates informatiques ou des criminels causant des dommages à l'environnement et à des espèces protégées.

4

SUR LES LIEUX DU CRIME

D'une taille allant de celle d'un ordinateur à celle d'un avion écrasé, le lieu du crime est l'endroit où se concentre la plupart des indices comptant pour la suite de l'enquête. En le protégeant, le fouillant et l'analysant méthodiquement, les policiers et les spécialistes scientifiques tentent d'empêcher que quoi que ce soit d'important n'échappe à leur vigilance, tant même une éclaboussure sur une fenêtre peut finir par être signifiante. Si l'on ne prend pas des précautions drastiques dans la manipulation de ces indices, l'enquête peut être fatalement compromise avant même d'avoir vraiment commencé.

Le premier arrivé

Entre les hurlements des sirènes et les ambulances qui arrivent en trombe, les policiers, les pompiers et les infirmiers voient ce que les autres enquêteurs ne verront pas: un site en l'état. Mais avant qu'ils ne puissent préserver et enregistrer les indices, ils ont souvent d'autres priorités plus urgentes.

PRIORITÉ AUX BLESSÉS ▲
L'enquête doit attendre tant que des vies sont en jeu. Ici, une victime de la fusillade de Capitol Hill, à Washington, va être évacuée en hélicoptère.

PRIORITÉS

1	*Sauver et préserver la vie.*
2	*Porter les premiers secours aux blessés encore sur les lieux.*
3	*Arrêter et mettre en détention les éventuels suspects présents.*
4	*En coopération avec les autres services d'urgence présents, faire en sorte que les lieux soient sans danger pour les enquêteurs qui arriveront après.*
5	*Boucler les lieux et noter les identités de ceux qui y entrent et en sortent.*
6	*Noter et protéger les indices qui pourraient s'avérer périssables, fragiles, ou pourraient être détruits avant le début de l'enquête officielle.*
7	*Identifier et localiser tous les témoins éventuels, et les séparer tant qu'ils n'ont pas donné leur déposition.*
8	*Communiquer avec l'officier de police qui coordonnera l'enquête initiale et désignera un inspecteur.*

LE MASSACRE DE WEDGEWOOD
Les services de secours arrivent à l'église baptiste de Wedgewood, au Texas, où eut lieu un massacre en 1999.

Préserver la vie

Quel que soit le type de situation, la priorité est toujours de préserver la vie et d'assister les victimes en les mettant hors de danger. Mais dès que les blessures subies sont stabilisées et que les victimes sont en lieu sûr, il faut évaluer le risque de perdre des indices importants si l'on poursuit dans l'assistance. Par exemple, on demande aux victimes d'agressions de ne pas se laver tout de suite, afin de pouvoir récupérer du sang, de la peau ou des cheveux du suspect.

Les suspects sur place

Après s'être occupé des victimes, les policiers ont bien évidemment pour mission d'appréhender les éventuels suspects. Tout ce qui les concerne est noté: état, comportement et déclarations. Les vêtements peuvent être saisis pour analyse. Une autre des missions de la police est d'empêcher le retour des suspects sur les lieux du crime. Un retour pourrait en effet compromettre les procédures judiciaires, puisqu'il serait dès lors difficile de prouver que les traces de leur présence (traces de pas, fibres, cheveux, etc.) provenaient du moment du crime ou de leur retour. Sans parler des complications vis-à-vis des témoins, voir la même personne deux fois au même endroit pouvant prêter à confusion.

La détention des témoins

Une partie du travail des premiers arrivés sur place est de retenir les témoins, qu'ils le veuillent ou non. Les gens qui ont vu un crime se commettre n'ont pas forcément envie de le revivre, même pour la bonne cause. Et même s'ils n'ont pas été témoins oculaires des faits, il est toujours possible qu'ils apportent des informations précieuses pour l'enquête. S'il n'est pas possible de prendre tout de suite les dépositions, les témoins doivent absolument être séparés, afin qu'ils ne parlent pas de ce qu'ils ont vu : les souvenirs de l'un pourraient être brouillés par l'opinion d'un autre. De plus, en cas de procès, cela évite que les avocats ne sèment le doute sur la validité des témoignages.

Le contrôle des lieux

Plus il y aura de monde sur les lieux d'un crime, plus il sera difficile aux enquêteurs de reconstituer les faits et donc d'identifier les suspects potentiels. La priorité suivante est donc de sceller les lieux pour protéger tous les indices qui peuvent s'y trouver.

La taille de la zone scellée dépend des circonstances, mais elle doit être assez grande pour inclure non seulement le lieu du crime en lui-même, mais aussi ses points d'accès.

Dans les enquêtes majeures, la zone interdite peut même aller bien au-delà, le lieu du crime n'étant accessible qu'aux enquêteurs eux-mêmes. Interdire au public tous les alentours est alors un bon moyen de sécuriser le secteur pour les secours, les communications, et pour informer les médias.

La sécurisation va bien entendu au-delà du marquage des accès à la bande jaune. Les responsables doivent indiquer quel sera l'unique passage pour les entrées et les sorties, le personnel autorisé devant être réduit au minimum et les visiteurs devant porter des protections pour éviter toute contamination des indices. Il est important aussi de noter l'identité de tous les visiteurs, sur un journal indiquant les heures d'entrée et de sortie, ainsi que l'inventaire de ce qui a été amené et emmené, afin d'éviter au procès des accusations de rétention de preuves.

L'examen des lieux

Il faut l'œil et la méthode pour préserver et noter les indices qui pourraient être détruits dans le feu de l'agitation. Des réflexes idiots comme celui de tirer la chasse d'eau ou

ARRESTATION ET DÉTENTION ▶
Arrêter les suspects et les empêcher de retourner sur les lieux les empêche d'altérer les indices.

d'utiliser le téléphone peuvent détruire des indices vitaux. Noter qu'une porte était ouverte ou fermée peut faire toute la différence entre la condamnation d'un assassin et son acquittement faute de preuves.

Quand les officiers de la police judiciaire parviennent sur les lieux, leur premier réflexe est d'interroger les policiers arrivés les premiers, afin de « documenter » le lieu du crime. En parcourant la zone avec eux, ils peuvent noter des informations sur des indices éphémères, comme les odeurs en train de se dissiper. Les premiers arrivés doivent noter le plus d'informations possible sur l'état initial de l'environnement : les investigations scientifiques pourront alors se fonder sur leurs rapports.

TÉMOIGNAGES OCULAIRES ▲
Les dépositions collectées sur place par les premiers arrivés peuvent indiquer des directions aux spécialistes de la police judiciaire.

LA PRISE EN CHARGE

INSPECTEUR SENIOR ▲ SUR L'INVESTIGATION
L'inspecteur senior dirige son équipe d'enquêteurs.

Un appel des premiers arrivés sur les lieux mobilise les inspecteurs, mais d'autres services sont aussi concernés. Sur de grosses affaires, il peut y avoir jusqu'à plusieurs centaines d'experts, policiers et civils. La coordination de leurs efforts est assurée par l'inspecteur senior, qui déploie les équipes d'enquêteurs, demande le quadrillage du quartier, centralise les rapports des équipes sur les lieux du crime et dirige les administratifs chargés de compiler les dossiers et d'analyser les indices. Chacune des équipes sur site a un coordinateur qui répond à l'inspecteur senior. S'il y a plusieurs lieux du crime pour la même enquête, il y aura une équipe par lieu, pour éviter la contamination de l'un à l'autre (par exemple avec de la terre qu'un enquêteur traînerait sous ses chaussures).

Le photographe

La pellicule peut enregistrer des détails avec une finesse que le carnet de l'inspecteur ne pourra jamais atteindre. Elle permet de conserver des indices aussi fragiles qu'une empreinte de pas dans la neige fondante. Et, puisqu'un jury ne peut pas aller sur les lieux d'un crime, les photographes peuvent les recréer pour lui : ils sont un élément clé de toute équipe d'enquête.

LA BESACE DU PHOTOGRAPHE

① *De la pellicule grand format dans des appareils de taille moyenne, afin d'avoir un maximum de détails.*

② *Des objectifs de macro-photo pour avoir de très gros plans d'objets très petits.*

③ *Un trépied, pour que l'appareil soit stable et calé perpendiculairement au sujet à photographier.*

④ *Une règle graduée, instrument indispensable pour repérer toute distorsion et donner l'échelle de l'objet.*

⑤ *Un fond uni pour disposer les indices.*

⑥ *Un formulaire où noter non seulement les réglages de l'appareil, mais aussi le lieu, la date et l'heure.*

Dès que le responsable sur site a rendu son rapport initial, les photographes sont les premiers à entrer en scène. Leur priorité est de « documenter » les éléments clés d'un lieu du crime intact, dans leur contexte, car les indices peuvent ensuite être emmenés au laboratoire pour analyse. Le photographe peut bien entendu aller au-delà : il peut être amené à photographier les accès aux lieux du crime, l'intérieur et l'extérieur du bâtiment, les passages d'une pièce à l'autre et les lieux où fut trouvé tel ou tel indice pertinent. Ces images sont généralement versées au dossier d'instruction, mais peuvent aussi être utilisées lors des interrogatoires pour accompagner les explications d'un suspect.

En règle générale, les photographes ne prennent que les photos qui leur semblent nécessaires, et c'est généralement une sélection qui est présentée lors du procès. Mais la défense a, bien entendu, le droit de voir les photos non retenues : chaque cliché est un élément de preuve, et doit être systématiquement indexé avec le nom du photographe, les réglages de son appareil, la date, l'heure et le lieu, ainsi que les paramètres de développement, afin d'assurer la traçabilité de l'appareil jusqu'au laboratoire.

◄ LES INDICES EN L'ÉTAT
Les indices, tels que cette arme, sont d'abord photographiés en l'état, avec et sans règles graduées, pour éviter que les règles ne masquent des détails qui pourraient s'avérer pertinents par la suite.

L'équipement

Les photographes de la police ont tendance à utiliser des boîtiers moyens ou des 35 mm, ce qui permet de rester économique et pratique, tout en fournissant une qualité convenable. Les objectifs interchangeables Reflex à simple lentille les rendent plus adaptables, et leurs viseurs permettent de voir le sujet tel que le film l'enregistrera. Pour les gros plans d'indices, un trépied confère la qualité et la stabilité nécessaires.

Les appareils numériques présentent un certain nombre d'avantages pour l'investigation scientifique : les clichés peuvent être transférés directement dans les bases de données. Grâce à l'affichage de l'appareil, les photographes peuvent vérifier qu'ils ont bien le cliché. Mais les facilités que donnent les technologies modernes pour retoucher les images numériques empêchent qu'elles soient recevables comme preuves devant un tribunal, quoiqu'un système de « filigrane » électronique puisse à terme changer les choses.

Les inspecteurs peuvent également utiliser des caméscopes numériques pour enregistrer rapidement et à moindres frais les lieux du crime : un panoramique donnera un meilleur sens de l'espace que quatre clichés pris aux quatre coins de la pièce. Et ces vidéos peuvent être utilisées pour mettre en condition les policiers qui ne sont pas encore allés sur le terrain.

Les techniques

La photographie des lieux d'un crime emploie des techniques familières de tous les photographes. Mais les gros plans demandent une plus grande précision. Ces clichés forment un enregistrement qui se doit d'être des plus précis en matière de taille, de forme et de couleur. L'appareil doit être placé proche du sujet, avec deux règles graduées en équerre.

Les éclairages spéciaux

Les projecteurs et les flashs conventionnels sont tout à fait adaptés aux clichés généraux des lieux d'un crime. Mais les gros plans peuvent demander un éclairage plus travaillé : par exemple, une lumière oblique pourra aider à faire ressortir les détails de texture d'une surface, comme dans le cas d'une empreinte de pas dans la boue.

Mais les éclairages spécifiques ont révolutionné la photographie des indices particuliers. Équipées de filtres de couleurs et de guides flexibles, ces lampes peuvent diriger un faisceau puissant et précis sur les sujets à photographier. Changer de filtre permet la détection et la mise en évidence d'indices particuliers : les ultraviolets révèlent et font briller certaines empreintes digitales et traces, le violet permet de rendre plus visibles les traces de sang et les résidus de coups de feu, alors que les lumières bleues et vertes sont utilisées pour visualiser les empreintes digitales passées à la poudre, et pour révéler les traces de fibres, d'urine ou de sperme.

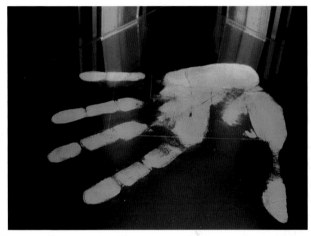

L'ILLUMINATION AUX ULTRAVIOLETS ▲
Peu d'empreintes digitales sont naturellement fluorescentes sous un éclairage ultraviolet, à moins d'avoir été contaminées par des corps gras. Les UV sont généralement utilisés après le traitement des empreintes (voir p. 19).

PHOTOGRAPHIE SYSTÉMATIQUE

La photographie des lieux d'un crime, dûment légendée, doit couvrir à la fois l'environnement général et les détails les plus ténus. Ici, par exemple, le photographe a commencé par un plan général (à droite), puis s'est concentré sur les douilles tombées à terre (à gauche). Les indices importants peuvent être photographiés sous plusieurs angles : pris au niveau du sol ou de très haut, les clichés peuvent montrer des détails qu'on ne voit pas forcément à hauteur d'œil. L'éclairage aussi est très important : même en plein soleil, le flash peut aider à atténuer les ombres.

DOCUMENTER LES LIEUX D'UNE FUSILLADE ▼
Après cette fusillade à Wiesbaden, en Allemagne, la photographie était prioritaire dans la mesure où la rue ne pouvait rester fermée indéfiniment.

La recherche des indices

L a qualité et l'application des recherches sont déterminantes pour l'aboutissement de l'enquête, car il n'y a généralement pas de seconde chance. Dès que la recherche est terminée et que le lieu du crime n'est plus scellé, les indices oubliés risquent d'être détruits, enlevés, ou rendus invalides devant un tribunal.

LA RECHERCHE DES DÉTAILS

① *Les combinaisons stériles empêchent que des fibres des habits des chercheurs ne contaminent les lieux. Après usage, elles sont généralement examinées pour rechercher tout indice résiduel.*

② *Les gants chirurgicaux empêchent que le matériel génétique trouvé sur le terrain ne provienne des enquêteurs.*

③ *Les masques protègent les indices, mais les enquêteurs comptent aussi sur eux pour se protéger lorsqu'ils manipulent du matériel biologique.*

④ *Une recherche au coude à coude n'est généralement praticable que dans des cas de lieux peu étendus. On augmente souvent l'espacement entre les chercheurs, et ils marchent debout plutôt qu'à genoux.*

⑤ *Les notes prises directement sur les lieux sont souvent plus fiables que les souvenirs notés après coup.*

⑥ *La photographie et l'enregistrement vidéo pendant la recherche sont classiques, voire routiniers.*

AU COUDE À COUDE ▼
La police anglaise cherche des indices dans le Yorkshire, où un corps de femme a été trouvé dans une valise en 2001.

Aucun endroit ne peut être bouclé indéfiniment pour protéger les indices qu'il contient. C'est pourquoi, dès le début de l'enquête, un des premiers objectifs est la recherche systématique d'indices pertinents, afin que le lieu du crime puisse être libéré. Mais comment les enquêteurs savent-ils ce qui est pertinent ?

Par-delà les apparences

Il n'y a pas de réponse tranchée à cette question. Par exemple, quand un crime a eu lieu en extérieur, des échantillons de sol et de boue peuvent aider à lier les suspects au lieu, si des échantillons similaires sont retrouvés sur leurs vêtements ou leurs chaussures. En milieu rural, le sol peut contenir des éléments végétaux, tels que des graines ou des pollens qui peuvent préciser la présence du suspect aussi bien dans l'espace que dans le temps.

LE MARQUAGE DES INDICES-CLÉS ▲
En plaçant des cartes numérotées aux endroits où ont été trouvés les indices, les enquêteurs peuvent enregistrer les emplacements de nombreux indices sur une seule photographie. La documentation annexe relie les numéros à l'inventaire des indices et au plan des lieux.

Si les échantillons de boue peuvent être des indices, tout le reste peut l'être aussi. Mais récupérer chaque objet potentiellement lié au crime pourrait créer un véritable chaos administratif et noyer les informations importantes dans un magma de données sans intérêt. À l'inverse, si les enquêteurs sont trop sélectifs, ils risquent de négliger des preuves qui pourraient amener à la solution de l'énigme. L'entraînement et l'expérience sont les seuls moyens qu'ont les chercheurs pour faire la part des choses et faire les bons choix.

La photographie, la vidéo et les notes prises sur le site permettent de contrôler le nombre des objets qui doivent être emmenés.

La méthodologie des chercheurs

Les crimes et lieux du crime sont si variés que chaque enquête est un cas particulier nécessitant une approche individuelle. Un meurtre en intérieur né demandera qu'une recherche très localisée, alors qu'une explosion ou un gros accident peut répandre des indices sur une grande surface. Mais il existe des règles générales qui guident les responsables quand ils établissent les plans de recherche.

C'est principalement la nature des lieux qui va orienter l'ordre des recherches. D'abord les zones en extérieur, car la météo a vite fait d'endommager ou de détruire des indices. Les lieux publics sont prioritaires aussi, car ils sont plus difficiles à sécuriser que les endroits privés. Si l'enlèvement d'un corps ne peut être effectué avant que la zone où il se trouve n'ait été fouillée, alors cette fouille est prioritaire. La recherche sur les points d'accès à la zone donnera sans doute plus de résultats que la fouille des zones périphériques.

Le déploiement des chercheurs

Pareillement, le déploiement des équipes est fonction de la configuration des lieux. Les endroits ouverts et étendus, comme des parcs ou des champs, permettent la recherche en ligne, dans laquelle les chercheurs avancent en rang, ensemble, couvrant de façon systématique une large bande de terrain, sur laquelle ils repassent ensuite à angle droit pour ne rien négliger. De telles méthodes sont bien entendu impraticables en espace confiné, quand une recherche pièce par pièce est plus indiquée.

L'enregistrement des indices

Quand des objets et des traces peuvent être liés au crime, indiquer leur localisation et leur positionnement est crucial. Avant que quiconque n'y touche, ils sont photographiés et leur position est relevée par rapport à plusieurs points de repère. C'est ce qui permet de reconstituer par la suite la scène sur un plan, une maquette, voire de nos jours en 3D informatique.

La prévention des contaminations

Finalement, les enquêteurs emballent méthodiquement les indices, et prennent des notes en vue du stockage et des analyses ultérieures. L'étiquetage et l'isolation des indices ont pris plus d'importance au fil du temps, avec l'évolution des méthodes scientifiques. L'analyse ADN peut donner l'identité d'un sujet à partir de minuscules fragments biologiques pris sur le site. Mais elle est sans valeur si l'échantillon est contaminé par l'ADN de l'enquêteur.

LES RECHERCHES SPÉCIALES ▲
Le manque de visibilité sous l'eau complique la recherche des indices. La recherche sous terre demande des détecteurs de métaux, des magnétomètres et des radars spéciaux, ainsi que des chiens qui servent aussi à repérer les drogues.

LE RETRAIT DES INDICES

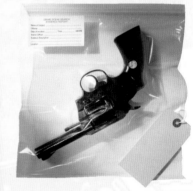

Les indices sont méthodiquement emballés et enregistrés pour deux raisons principales : éviter la contamination et la décomposition naturelle, et aussi prouver que des indices n'ont pas été ajoutés, supprimés ou altérés délibérément. Les emballages sont scellés de telle façon que toute manipulation soit repérable. Avec un enregistrement minutieux, cela permet d'assurer la traçabilité de ce qui sera devenu entre-temps des pièces à conviction, en conservant la liste de toutes les personnes qui ont eu accès aux indices entre le lieu du crime et le tribunal.

Les empreintes digitales

Peu de choses révèlent notre identité aussi précisément que les empreintes digitales. Elles sont uniques, et la familiarité et la simplicité de leur analyse sont claires, tant leur mise en évidence et leur enregistrement sur les lieux d'un crime ne demandent aucune technologie complexe ou coûteuse. Qui plus est, face à un jury, elles se passent d'explication d'expert.

◀ **LES EMPREINTES VISIBLES**
Si les mains étaient sales, sanglantes, ou poussiéreuses, il peut rester des empreintes digitales visibles sur les lieux du crime. Elles peuvent être photographiées directement, puis le contraste sera amplifié de façon à accroître leur lisibilité.

Le dessin contourné du bout de nos doigts est unique, même chez les vrais jumeaux dont l'ADN est pourtant identique, et peut être distingué facilement. Ces lignes, et les sécrétions des glandes sudoripares qui les imprègnent, laissent une trace de notre passage sur tout ce que nous touchons.

Sur les lieux d'un crime, les traces de doigts sont parfois bien visibles, mais généralement elles sont trop ténues pour être repérées à l'œil nu. Un certain nombre de traitements permettent néanmoins de les révéler : poudres, substances chimiques et éclairages particuliers font partie de l'arsenal standard. Si les empreintes digitales sont des plus communes sur les lieux d'un crime, les empreintes de paumes, de pieds nus, voire d'oreilles peuvent aussi être révélées selon les mêmes méthodes, mais sont souvent moins utiles, la police n'ayant pas pour elles de bases de données comparables au fichier des empreintes digitales.

Sur les surfaces lisses

La technique la plus connue, et encore la plus utilisée, est celle de la poudre. Les enquêteurs utilisent un pinceau doux pour répandre une fine poudre (souvent à base d'aluminium) sur toutes les surfaces que le suspect pourrait avoir touchées. La poudre colle aux lignes humides et grasses laissées par le bout des doigts. Des poudres claires, sombres ou colorées peuvent être utilisées pour faire contraste sur des matériaux de couleur. Une fois révélée, l'empreinte peut être relevée en utilisant du ruban adhésif, ensuite collé sur une feuille plastifiée, qui permettra de conserver l'indice.

Les surfaces poreuses

Si les empreintes ont été laissées sur des surfaces poreuses, de type papier ou carton, les résidus ont pu être absorbés. La plupart des poudres classiques sont inopérantes, il faut passer à la poudre magnétique, ou à des agents chimiques tels que la ninhydrine ou le DFO (Diazafluorènone), qui réagissent aux corps chimiques présents dans la sueur. La solution est étalée ou pulvérisée sur la surface, puis chauffée. Les empreintes traitées à la ninhydrine apparaissent en violet, et celles traitées au DFO sont fluorescentes sous la lumière de lasers bleus ou verts.

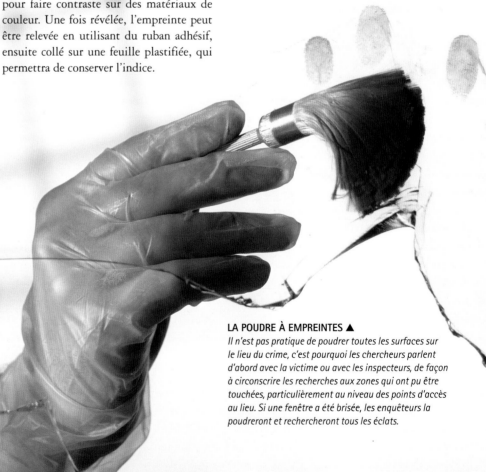

LA POUDRE À EMPREINTES ▲
Il n'est pas pratique de poudrer toutes les surfaces sur le lieu du crime, c'est pourquoi les chercheurs parlent d'abord avec la victime ou avec les inspecteurs, de façon à circonscrire les recherches aux zones qui ont pu être touchées, particulièrement au niveau des points d'accès au lieu. Si une fenêtre a été brisée, les enquêteurs la poudreront et rechercheront tous les éclats.

◄ LES POUDRES MAGNÉTIQUES

Les baguettes aimantées peuvent être utilisées sur les surfaces non poreuses. Sans poils, elles déposent une poudre ferrugineuse qui adhère aux empreintes grasses.

vers l'empreinte, qui apparaîtra alors en sombre sur clair.

La plupart des autres techniques photographiques emploient des éclairages spéciaux. Des lumières fortes et colorées dirigées droit sur l'empreinte peuvent la faire ressortir, surtout si elle a été traitée à la ninhydrine ou au DFO. La lumière ultraviolette est généralement combinée à des poudres fluorescentes ou à la fumigation à la superglue (voir ci-contre). Le laser à Argon (bleu ou vert) peut parfois révéler les empreintes qui ne répondent pas aux autres traitements. Le FBI a utilisé cette technique pour révéler les empreintes laissées sur une carte postale que le criminel de guerre Valerian Trifa avait envoyée au commandement SS 42 ans auparavant !

Au laboratoire, on peut développer les empreintes avec des méthodes délicates à utiliser sur les lieux d'un crime, ou qui nécessitent d'employer des produits toxiques. La plus courante est la fumigation à la superglue (cyanoacrylate). En milieu humide, la vapeur produite accroche les résidus d'empreintes latentes et les rend visibles, même sur des surfaces difficiles comme des plastiques souples. Les traces ainsi développées peuvent être séchées, puis l'on peut employer des poudres et des éclairages spéciaux pour améliorer le contraste.

Le dépôt de métal sous vide est la plus sensible de toutes les techniques. Les objets sont enfermés dans une chambre pressurisée. On y fait le vide avant d'y injecter une vapeur métallique d'or puis de zinc. Les métaux se condensent sur les empreintes et les rendent visibles (parfois un traitement ultérieur au cyanoacrylate est nécessaire). Cette technique coûteuse permet de révéler des empreintes anciennes ou exposées à l'eau.

D'autres traitements chimiques peuvent être utilisés : le révélateur physique est une solution de sels de fer et d'argent qui peut révéler les empreintes sur des surfaces poreuses mouillées. La fumigation à l'iode donne des empreintes brunes qui disparaissent rapidement et doivent donc être photographiées immédiatement (la fumigation à l'iode permet aussi de souligner des impressions sur des surfaces non poreuses).

Certaines de ces techniques sont potentiellement destructrices, et d'autres sont incompatibles entre elles. C'est l'expérience sur le terrain qui conduira les enquêteurs à utiliser telle technique ou telle autre en fonction des circonstances. Par précaution, des photos sont prises à chaque étape, avant d'appliquer tout autre traitement qui pourrait effacer les empreintes.

▼ LES TECHNIQUES D'ÉCLAIRAGE

Ici, une lumière monochrome est dirigée vers l'empreinte grâce à un guide en fibre optique. Sous certaines sources lumineuses, les traitements chimiques peuvent faire briller les empreintes, et parfois celles-ci peuvent même devenir fluorescentes sans traitement, si les doigts ont été en contact avec de l'huile, par exemple.

L'éclairage et la photographie

Quiconque ouvre une fenêtre pour la nettoyer ou lève un verre en pleine lumière sait que des empreintes digitales invisibles jusqu'alors peuvent apparaître. C'est la plus simple des techniques d'éclairage employées par les photographes pour prendre les empreintes. Ils dirigent une lumière blanche puissante sur la marque, et déplacent la source lumineuse et l'appareil jusqu'à ce que l'empreinte apparaisse. Des empreintes légères sur des surfaces très lisses peuvent apparaître sous un éclairage coaxial, qui nécessite un miroir semi-transparent placé en diagonale devant l'objectif de l'appareil photo, afin de réfléchir la lumière

La comparaison et l'élimination

L'examen des lieux d'un crime ne donnera pas que les empreintes du coupable. Les empreintes de gens innocents, comme les propriétaires d'une maison cambriolée, par exemple, seront sans doute plus nombreuses. Pour éliminer ces personnes de l'enquête, on relève leurs propres empreintes avec un tampon encreur.

Les techniques d'analyse des empreintes seront explicitées pages 46 et 47.

« SCOTCHER » LES EMPREINTES ▶

Le ruban adhésif repositionnable se détache bien et colle suffisamment pour permettre d'enregistrer les empreintes. Il évite de prendre des photos.

Empreintes de pas, de pneus

Dans les romans, les empreintes peuvent conduire le détective directement à la cachette du criminel. En réalité, elles laissent rarement une piste si évidente, et servent surtout à prouver qu'un individu (ou son véhicule) a visité les lieux. Les empreintes de pas peuvent aussi permettre de préciser la taille et le poids d'un criminel.

DEUX TYPES D'EMPREINTES
Les empreintes à plat sont les traces de boue laissées par une chaussure sur une surface dure (en haut). Les empreintes en creux sont laissées sur les sols mous et donnent beaucoup de détails sur la semelle (à gauche).

Comment les enquêteurs s'occupent-ils des traces de pas ? Eh bien, cela dépend du type de surface sur laquelle ils trouvent l'empreinte, et de ce qui a pu être matériellement transféré de la chaussure à la surface. La trace de pas classique sur un sol mou laisse clairement la marque de la semelle, qui peut être photographiée et moulée. Les photographes spécialisés utilisent un éclairage oblique pour marquer les reliefs, et prennent la photo face au sol. Une règle graduée placée à côté de l'empreinte permet par la suite de faire des tirages grandeur nature qu'il est dès lors possible de comparer à la chaussure d'un suspect.

Remplir l'empreinte de plâtre (du type de celui employé par les dentistes) permet souvent d'obtenir des détails que la photographie est impuissante à capter. Les enquêteurs enduisent généralement l'empreinte de fixatif, qui stabilisera les matériaux fragiles tels que le sable, ou d'un agent lubrifiant qui permettra au moulage de se détacher correctement. Les empreintes dans la neige sont enduites de cire en bombe, puis remplies d'un matériau de moulage refroidi.

Les empreintes à plat

Les empreintes visibles sur sol dur, ou sur des revêtements de type tapis, peuvent être photographiées comme les empreintes en creux, hormis le fait que l'éclairage oblique n'apporte rien dans ces cas-là. Par contre, des sources lumineuses à haute intensité peuvent contribuer à faire ressortir les détails.

Les chaussures humides laissent des traces bien visibles faciles à photographier. Les traces sèches dans la poussière sont plus délicates à trouver. Elles peuvent être relevées selon deux méthodes différentes. Une couche de gélatine, une fois sèche, permet de relever l'empreinte d'une façon assez similaire à la technique de l'adhésif pour les empreintes digitales. La seconde emploie l'électricité statique, une feuille de plastique noir étant posée sur l'empreinte, puis chargée électriquement, attirant la poussière à elle.

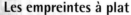
◄ LES PIEDS DANS LA BOUE
Les traces de matériaux pris dans les creux d'une semelle, puis laissés dans une empreinte, permettent de supposer le temps qu'il faisait avant que le criminel n'arrive sur les lieux.

COMPARER LES SEMELLES ▶
La simple mesure permet déjà de relier une photo ou un moulage à la chaussure d'un suspect. Un tirage de la semelle sur acétate permet une comparaison directe.

Quand les empreintes ne sont pas aussi claires, les enquêteurs peuvent appliquer des traitements similaires à ceux utilisés pour les empreintes digitales, comme le poudrage où les fumigations au cyanoacrylate. Sur des surfaces poreuses, la ninhydrine et le DFO (voir p. 18) permettent de mettre en évidence des empreintes sanglantes.

L'utilisation de ces indices

Une empreinte peut être comparée à la chaussure d'un suspect. Si les semelles ont le même dessin, et portent les mêmes marques d'usure, alors il est probable que le porteur des chaussures est celui qui a laissé les empreintes.

Les empreintes de pas peuvent aussi servir à rapprocher des crimes différents et donc à réorienter la chasse au suspect. Grâce aux bases de données, les empreintes peuvent permettre d'identifier la marque et le modèle. La taille des chaussures étant proportionnelle à la stature de celui qui les porte, on obtient un début de profil physique du suspect, la longueur des pas donnant d'intéressantes informations quant à sa taille.

Les traces de pneus

Elles sont traitées de la même façon, avec les mêmes techniques photographiques, de moulage et de relevé. Par contre, la taille des traces pose des problèmes : enregistrer les traces d'un trente tonnes peut demander un certain nombre de photographies et de moulages.

Comme pour les chaussures, on peut identifier un pneu à son dessin : même ceux qui sont semblables présentent des variations de profondeur et de marquages créées par les fabricants

LES MARQUES D'USURE ▶
Les défauts de fabrication peuvent se retrouver sur tous les exemplaires d'une série, et ne sont donc pas suffisants en tant que preuve. Par contre, les traces d'usure, telles que des fissures ou coupures (flèche) permettent d'identifier une semelle.

◀ LA BASE DE DONNÉES DE CHAUSSURES
Des index de traces de pas, comme le SICAP, permettent de comparer manuellement des traces trouvées sur différents lieux de crimes. Les fabricants fournissent les dessins de leurs nouvelles semelles afin d'enrichir les gabarits de la base de données.

en vue de réduire le bruit et d'augmenter l'adhérence. En comparant les traces à des catalogues, les enquêteurs peuvent identifier la plupart des pneus. Comme dans le cas des chaussures, l'usure finit par marquer le pneu, que l'on peut dès lors lier à son empreinte.

Et même si le rayon de braquage d'un véhicule ou la largeur d'essieu ne sont pas des preuves en eux-mêmes, ils permettent d'affiner la recherche en éliminant les véhicules n'y correspondant pas.

LES MOULAGES DE PNEUS ▼
Si une comparaison rapide entre un moulage et les pneus d'un suspect semble concluante, les enquêteurs examineront toute la circonférence des roues pour trouver des points de similarité.

ÉTUDE DE CAS

La police de la ville de Torquay, dans le Sud-Ouest de l'Angleterre, a fini par admettre la valeur des bases de données de chaussures quand elle a essayé le système Treadmark en 2001. Un client avait réussi à se glisser dans la réserve d'un magasin d'articles de sport de Torquay, avait volé un blouson, puis s'était enfui par la fenêtre du premier étage. La police n'a pu trouver d'indices concluants jusqu'à ce que, trois semaines plus tard, un employé du magasin découvre une vieille paire de chaussures dans une des boîtes de la réserve. Le délinquant qui avait emporté le blouson avait également échangé ses anciennes chaussures contre des neuves. Les inspecteurs ont donc scanné les semelles de ces chaussures, et le système indiqua qu'elles correspondaient avec celles d'un homme qui avait été arrêté dans une autre affaire. Confronté à cette preuve, l'homme avoua dans les deux cas.

Autres traces suspectes

Pas de témoin, ni d'empreintes de pas, ni d'empreintes digitales, ni de traces d'ADN. Un criminel entraîné et méthodique sait ce que recherchent les enquêteurs, et fera ce qu'il faut pour empêcher qu'ils ne le trouvent. Pourtant, même ses outils et ses gants peuvent laisser des traces subtiles, que la police sait aussi exploiter.

Les outils sont utilisés dans un certain nombre de crimes et de délits : pour forcer une porte ou une fenêtre, briser un cadenas, voire pour découper un cadavre. En coupant, perçant ou éraflant des surfaces, ces outils peuvent laisser des traces qui, si elles sont suffisamment claires, permettent d'identifier les outils en cause.

Les types de traces d'outils

Il y a deux types de marques laissées par les outils à la base : les simples et les multiples.

Les traces multiples se retrouvent par exemple sur des matériaux qui ont été sciés, et n'ont que rarement valeur de preuve. Elles peuvent tout au plus indiquer le type de l'outil utilisé, scie, couteau, etc., et éventuellement sa taille et sa forme générale.

Les traces simples se trouvent en des endroits où la surface a été frappée une fois. Ce peuvent être des impressions, comme quand un marteau frappe une surface métallique, ou des stries, comme quand une perceuse ripe sur l'encadrement d'une fenêtre. Les stries sont des rayures parallèles laissées sur la surface (voir photo en haut à droite) et le dessin qu'elles laissent peut donner la preuve que tel ou tel outil les a produites. Ce n'est pas suffisant par contre pour incriminer quelqu'un, tant les outils peuvent avoir été volés, empruntés, voire trouvés sur place.

Les marques distinctives

Les traces laissées par les outils peuvent montrer de petites imperfections, conséquences de légers défauts de fabrication ou de l'usure des matériels. Les défauts de fabrication peuvent apparaître sur tous les outils d'une série mais, s'ils peuvent permettre d'identifier le fabricant ou le vendeur de l'outil, ils ne seront pas suffisants pour incriminer quelqu'un.

Par contre, les traces d'usure finissent par rendre l'outil unique : les marques qu'il laisse sur les matériaux mous peuvent en reproduire les plus petites irrégularités. Mais cet avantage des traces d'outils est aussi une limitation. L'usage régulier fait

BRIS DE CHAÎNE ▶
Ici, un maillon de la chaîne a été tranché au coupe-boulons. En examinant la coupure au microscope, on peut voir les marques laissées par l'outil.

LA COMPARAISON DU COUPE-BOULONS ▲
Ces rainures microscopiques ou stries ont été laissées sur un maillon de chaîne trouvé sur les lieux du crime (A). Testé sur du plomb, le coupe-boulons du suspect a laissé des marques identiques (B).

évoluer l'usure, et l'utilité de l'outil en tant que preuve diminue à mesure que le temps passe depuis le crime. Les nouvelles éraflures oblitèrent les anciennes, et beaucoup de services de police finissent par effacer les traces d'outils enregistrées dans leurs bases de données au bout de six mois.

Si les imperfections d'un outil sont très prononcées, elles peuvent laisser des traces claires même en cas de marques multiples. Par exemple, une scie avec une dent cassée laissera un espace caractéristique à la coupe.

Trouver et relever les traces d'outils

De par leur nature, les marques sont laissées par les outils quand il y a usage de la force. Les enquêteurs vont examiner les points d'accès aux lieux du crime, tels que les portes et les fenêtres, ou un cadenas fracturé à la grille entourant le terrain. Ils examineront aussi tous les dommages ayant pu nécessiter de l'outillage, comme un cadavre démembré ou une voiture vandalisée.

La méthode idéale d'examen des traces d'outillage consiste à les emporter des lieux du crime et les emmener au laboratoire. Par exemple en démontant une porte qui a été forcée, ou en emportant juste la partie portant des traces. Si cela s'avère impossible ou peu pratique, les enquêteurs prendront des photos sous éclairage oblique pour renforcer les détails de la surface. Ils peuvent aussi tirer un moulage à la résine opaque, qui reproduira les détails microscopiques plus fidèlement que le plâtre de dentiste habituellement utilisé pour les traces de pas (voir p. 20).

L'examen et la comparaison

Les enquêteurs compareront les marques avec les outils éventuellement confisqués à un suspect. L'examen initial au microscope binoculaire (voir p. 89) est généralement suffisant pour éliminer les outils qui n'auraient pas pu laisser la marque. Mais s'il y a des similitudes évidentes, alors on tentera de les confirmer en utilisant l'outil dans des conditions analogues à celles du crime. Par exemple, les enquêteurs pourront couper une barre de plomb ou d'aluminium avec le coupe-boulons utilisé par le criminel pour forcer un cadenas (la coupe sur un métal mou permet d'éviter d'ajouter de nouvelles marques d'usure sur l'outil, mais comme un dommage est toujours possible, ce test vient toujours en dernier). Plus il y aura de points de comparaison entre les deux marques, plus la présomption d'avoir affaire au même outil sera forte.

Les enquêteurs étudient rarement les marques d'outils pour elles-mêmes. En général, ils analysent ces traces en conjonction avec d'autres traces laissées sur l'outil lors de son contact avec les lieux du crime. Cela permet d'interpréter les marques et les résultats de façon plus fine et de leur donner caractère de preuve. Par exemple, quand un coupe-boulons tranche une chaîne, seule une faible portion de la longueur de la lame a effectivement été mise

à contribution. Tester toute la longueur peut être long s'il faut la comparer systématiquement à la trace sur la chaîne. Par contre, des tests chimiques peuvent révéler des traces du métal de la chaîne et indiquer le secteur de la lame à comparer. D'autres traces laissées sur les outils peuvent être de bons indices : les pinces employées pour couper un câble de téléphone, par exemple, ont pu emporter un copeau du plastique de la gaine.

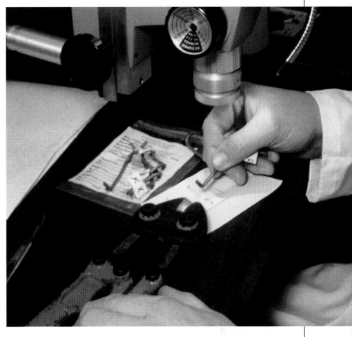

L'ANALYSE DE LABORATOIRE ▲
Un coupe-boulons confisqué à un suspect est analysé au laboratoire. Tout en recherchant des stries, les techniciens sont aussi en quête d'autres traces.

LES MARQUES DE TEXTILES

Les traces laissées par des tissus peuvent être relevées de la même façon que pour les empreintes digitales et les traces de pas : par poudrage, bande adhésive et relevé électrostatique (voir p. 20). Les marques sont d'autant plus distinctives que le tissu est grossier, et proviennent généralement de gants. Les empreintes de gants neufs sur les lieux d'un crime ne laissent que peu d'indices. Mais, comme les outils, les gants finissent par s'user et par devenir caractéristiques. Ci-contre, un gant de cuisine est comparé à ses empreintes. Les taches de peinture séchée permettent le rapprochement. Les traces de tissus sont utiles aussi dans les accidents de la route avec délit de fuite, quand le tissu des vêtements de la victime laisse une marque sur le capot.

L'empreinte des gants sur une fenêtre est relevée à la poudre.

La tache de peinture a laissé une rupture de continuité du dessin du gant sur l'empreinte.

Le procès O. J. Simpson

ACQUITTÉ

LA PHOTO DU CASIER ▲
Orenthal James Simpson a été arrêté à l'âge de 46 ans pour le meurtre de son ex-femme, mais ce n'était pas la première fois que sa violence lui posait problème. Six ans plus tôt, il avait été condamné à des travaux d'intérêt général pour l'avoir battue.

LA MAIN DANS LE SAC ▼
Les avocats de la défense ont prétendu que les enquêteurs n'ont pas changé de gants entre le moment où ils ont manié l'échantillon sanguin de Simpson et celui où ils ont emballé les indices. C'est ainsi que l'ADN de Simpson aurait contaminé ce gant.

Quand Nicole Brown Simpson a été retrouvée morte dans sa maison de Los Angeles, les soupçons se sont portés sur son ex-mari, O. J. Simpson. Mais lors de son procès médiatique, l'ancien athlète n'était pas le seul sur le banc des accusés : les procédures de la police aussi.

C'est le chien de Nicole qui a donné l'alarme pendant la nuit du 12 juin 1994. Des voisins de cette banlieue cossue de Los Angeles l'ont entendu hurler à partir de 22 h 15, ce qui les amena devant le 875 South Bundy Drive, où ils l'ont finalement trouvé couvert de sang. Au travers du grillage, ils virent des traces de pas sanglantes et, éclairé par la lampe du porche, le corps de Nicole baignant dans son sang.

La police sur les lieux

Une équipe du LAPD arriva sur les lieux juste après minuit, et les agents ouvrirent la grille pour s'approcher. Nicole avait été attaquée avec une extrême violence, et presque décapitée. Plus loin, son ami Ronald Goldman avait été férocement poignardé. Laissés à proximité, un chapeau et un gant gauche taché de sang, tandis que les enfants de Nicole, âgés de 6 et 9 ans, dormaient profondément.

Les policiers en uniforme téléphonèrent pour faire leur rapport et réveiller les inspecteurs de la brigade criminelle. Ils se retrouvèrent sur les lieux, puis partirent pour la luxueuse villa d'O. J. Simpson, située non loin sur Rockingham Avenue. Les lumières étaient allumées, mais personne ne répondit quand les policiers frappèrent à la porte. Leurs appels finirent par réveiller la fille de Simpson, qui dormait dans un bungalow du jardin et qui laissa finalement entrer les inspecteurs. Un invité, Kato Kaelin, dormait dans un autre bungalow. Il raconta aux policiers que Simpson avait pris l'avion de nuit pour Chicago. Kaelin l'avait aidé à charger ses bagages dans le chariot de l'aéroport juste avant 23 heures. En sonnant à la grille, les inspecteurs avaient repéré du sang sur la Ford Bronco de Simpson, garée à l'extérieur, ainsi qu'une traînée de gouttelettes allant de la voiture à la porte d'entrée. L'inspecteur Mark Fuhrman trouva aussi un autre gant taché de sang correspondant à celui trouvé près du corps de Nicole.

« TROP ÉTROITS ! » ▶
Simpson a eu du mal à enfiler les gants. L'accusation a prétendu qu'ils avaient rétréci, mais le jury a été convaincu par le slogan de la défense : « S'ils ne vont pas, on ne condamne pas. »

À l'aube, la police appela Simpson à son hôtel de Chicago. Il semblait confus et peu concerné par la mort de son ex-femme. Il accepta de revenir par l'avion suivant, et à midi les inspecteurs étaient en train de l'interroger. Pendant la conversation, ils remarquèrent un bandage à sa main. Il raconta s'être coupé quelque temps avant, et avoir réouvert la blessure sur un bout de verre cassé de la fenêtre de sa chambre d'hôtel à Chicago.

Les inspecteurs photographièrent sa main et prirent ses empreintes, puis l'infirmière fit une prise de sang en vue d'une analyse ADN, et mit l'échantillon dans un flacon contenant de l'EDTA, un conservateur, qu'elle donna aux inspecteurs. Ils laissèrent partir Simpson peu après.

Cependant, l'enquête continuait aux deux endroits impliqués. Pour éviter par avance toute objection de la défense, la fouille de la maison de Simpson fut enregistrée en vidéo. En milieu d'après-midi, les inspecteurs qui avaient interrogé Simpson rejoignirent le reste du groupe d'investigation sur Rockingham Avenue. À 17 h 20, ils donnèrent le flacon contenant l'échantillon sanguin, afin qu'il soit intégré à l'inventaire des indices.

Le cirque médiatique

Dans les quatre jours qui ont suivi, l'affaire passa du statut de fait divers sordide à celui d'évènement médiatique. L'arrestation de Simpson fut précédée par une poursuite télévisée sur les autoroutes de Los Angeles. Dès lors il fut évident que le procès allait attirer l'attention.

Quand il commença sept mois plus tard, il était clair que le ministère public avait un dossier musclé contre Simpson. Il n'avait pas d'alibi, il y avait des indices de cheveux et de fibres dans le chapeau retrouvé sur les lieux du crime, l'analyse ADN prouvait que le sang retrouvé sur une chaussette dans sa chambre était celui de Nicole, et que celui retrouvé sur le gant et la voiture était le sien mélangé à celui des deux victimes. Comme l'indiqua le procureur: « Cette piste sanglante qui allait de

Bundy jusqu'à chez lui à Rockingham, en passant par sa voiture, était une preuve dévastatrice de sa culpabilité. »

Mais Simpson s'était payé les meilleurs avocats. Dès le départ, ils firent le portrait d'un inspecteur raciste et blanc essayant de faire porter le chapeau à un Noir, violent soit, mais innocent du crime. Les indices de l'inspecteur Mark Fuhrman furent invalidés quand les jurés entendirent un enregistrement où il employait le mot « nègre » 41 fois. Pour ne rien arranger, la défense démontra que la police avait eu à la fois les moyens et l'opportunité d'enfoncer Simpson.

1 cm3 de son sang avait disparu avant qu'il ne soit versé au dossier comme indice. La défense suggéra que les inspecteurs avaient eu le temps d'en répandre sur les lieux. Pire, une partie des échantillons pris sur les lieux contenaient de l'EDTA. Le gant pouvait avoir été mis là délibérément, et il n'allait même pas à Simpson. Puis il y avait la vidéo de la perquisition. Plutôt que d'anéantir les arguments de la défense, elle montra des procédures policières qui les confortèrent (voir encadré).

Pourtant, l'accusation put expliquer un certain nombre d'incohérences apparentes. Par exemple, des traces d'EDTA peuvent se retrouver naturellement dans le sang. Mais épuisé par un procès-fleuve de neuf mois, ne comprenant pas l'essentiel des dépositions des experts, le jury n'était pas convaincu. Il lui fallut moins de six heures pour déclarer Simpson non coupable.

SUR LES LIEUX

Certains procédés de la police anéantirent la crédibilité de l'accusation. Les policiers qui firent le premier rapport utilisèrent le téléphone de Nicole, détruisant des empreintes. Quand les inspecteurs arrivèrent, l'un d'entre eux mit une couverture sur le corps de Nicole, compromettant tout test ultérieur sur les fibres. La photo montre un des enquêteurs désignant le gant de cuir maculé de sang. Il n'a respecté aucune des procédures l'obligeant à porter vêtements couvrants et gants stériles. La vidéo de la police montra d'autres fautes, comme ce jeune inspecteur laissant tomber des cotons sanglants, et essuyant des pinces à épiler de ses doigts sales. Les inspecteurs négligèrent des traces de sang à la porte, pourtant repérées par les policiers arrivés avant eux. Elle ne fut examinée que trois semaines plus tard.

NON COUPABLE ! ▶
Les avocats F. Lee Bailey et Johnnie Cochran entourent Simpson et célèbrent le verdict. Pourtant, une cour civile le condamnera plus tard à 33 millions de dollars de dommages et intérêts.

LA VICTIME

Les crimes de tous types détruisent la vie de leurs victimes, ne laissant derrière eux que misère, destruction et perte. Dans le cas des victimes de meurtres, cette perte est absolue. C'est pourquoi, et du fait que notre société a une sainte horreur de ces crimes d'extrême violence, les enquêtes afférentes se veulent les plus fouillées et les plus exhaustives possible. En soi, le corps d'une victime de meurtre est un lieu du crime. Son état, les traces et les marques qu'il porte peuvent fournir des informations importantes sur l'identité, les méthodes et les mobiles du tueur.

Spécialistes de la mort

Q u'on ait affaire à un corps frais dans une mare de sang ou à un tas d'ossements desséchés, la découverte d'un corps humain lance une enquête spécifique. Son organisation, son déroulement et l'identité des participants dépendent de la mort : était-elle naturelle, accidentelle, était-ce un suicide ou un meurtre ? Dans le doute, tout décès est traité avec suspicion.

❶

Quel que soit son état, la découverte d'un cadavre amène un médecin légiste à s'y intéresser. Jadis appelés « chirurgiens de police », les médecins légistes partagent souvent leur temps entre une pratique classique de la médecine et le travail de police, certains sont même attachés à demeure au médico-légal. Tous, en tout cas, ont au moins un bagage de base en médecine légale. Ces médecins d'un genre particulier conseillent la police dans un certain nombre de situations où leur monde rencontre celui de la loi. Ils examinent les victimes de crimes violents, traitent les prisonniers blessés, et dans certains cas particuliers, peuvent être conduits à se déplacer sur les lieux du crime.

Vivant ou non ?

Sur les lieux du crime, la responsabilité principale de l'examinateur médical est de dresser un certificat de décès. Même si la victime est visiblement morte (cas de corps décomposé ou décapité), un certificat officiel est obligatoire.

Pour les décès récents (entre quelques heures et quelques jours), les médecins légistes mesurent la température ambiante, car elle affecte la vitesse de refroidissement du corps et peut donc aider à préciser l'heure de la mort. Les légistes émettent aussi les premières suppositions sur la cause de la mort (ci-contre).

Médecins détectives

Les médecins légistes sont des spécialistes qui combinent des compétences médicales autant que légales, comme leur nom l'indique. Tout comme les traumatologues, ils sont experts en

◀ **LE TRAVAIL D'ÉQUIPE**
Le responsable de l'enquête partage ses informations avec le médecin légiste qui prend en note ses propres observations.

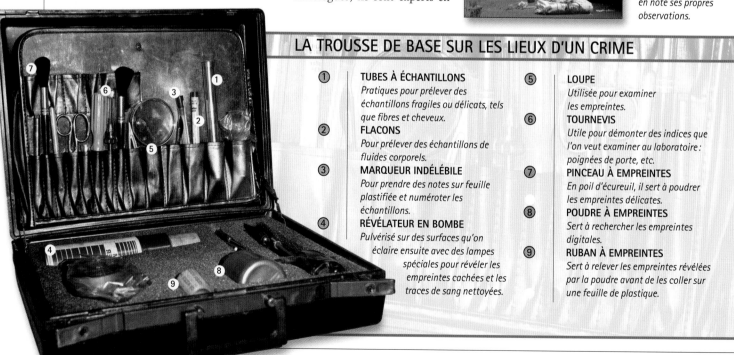

LA TROUSSE DE BASE SUR LES LIEUX D'UN CRIME

① **TUBES À ÉCHANTILLONS**
Pratiques pour prélever des échantillons fragiles ou délicats, tels que fibres et cheveux.

② **FLACONS**
Pour prélever des échantillons de fluides corporels.

③ **MARQUEUR INDÉLÉBILE**
Pour prendre des notes sur feuille plastifiée et numéroter les échantillons.

④ **RÉVÉLATEUR EN BOMBE**
Pulvérisé sur des surfaces qu'on éclaire ensuite avec des lampes spéciales pour révéler les empreintes cachées et les traces de sang nettoyées.

⑤ **LOUPE**
Utilisée pour examiner les empreintes.

⑥ **TOURNEVIS**
Utile pour démonter des indices que l'on veut examiner au laboratoire : poignées de porte, etc.

⑦ **PINCEAU À EMPREINTES**
En poil d'écureuil, il sert à poudrer les empreintes délicates.

⑧ **POUDRE À EMPREINTES**
Sert à rechercher les empreintes digitales.

⑨ **RUBAN À EMPREINTES**
Sert à relever les empreintes révélées par la poudre avant de les coller sur une feuille de plastique.

SUR LES LIEUX

① *Le pathologiste supervise l'emballage et le retrait du corps et s'assure qu'aucune marque pouvant induire en erreur par la suite n'est faite.*

② *Le photographe enregistre les lieux tels qu'ils ont été trouvés, et les photos seront examinées avec attention.*

③ *Des échantillons de sol peuvent être prélevés pour analyse ultérieure. Ils peuvent contenir des résidus du cadavre parfois cruciaux pour déterminer les causes de la mort.*

TYPOLOGIES DE LA MORT

En plus de confirmer la typologie de la mort, le médecin légiste apportera à l'enquête des informations précieuses quant aux circonstances qui ont entouré le décès. Ces informations orienteront la forme que prendra l'enquête de police et permettront de déterminer si la mort était naturelle ou non.

MORT NATURELLE ▶
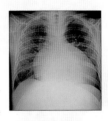
La plupart des gens meurent de façon naturelle, par exemple de crise cardiaque (comme sur la radiographie ci-contre). Mais même une mort naturelle peut donner lieu à enquête si elle est arrivée de façon soudaine ou inopinée, ou si la personne victime d'une maladie chronique n'avait pas vu de médecin dans les semaines précédant sa mort.

◀ ACCIDENT
Tout accident donne lieu à une enquête administrative, mais une enquête criminelle peut être rouverte s'il s'avère que l'accident aurait pu ou dû être évité, par exemple si un dispositif de sûreté a été désactivé sur une machine dangereuse.

HOMICIDE ▶
L'homicide est l'acte consistant à tuer un humain. Cela désigne à la fois l'assassinat, délibéré voire prémédité, et le meurtre, pas forcément intentionnel.

▲ ÉVITER LES CONTAMINATIONS
Les vêtements protecteurs portés sur les lieux sont jetables, mais certains services de police les conservent pour prouver qu'ils ont pris les précautions appropriées.

blessures diverses mais, contrairement à eux, ils s'intéressent plus aux morts qu'aux vivants, et principalement à la façon dont la cause de la mort pourra affecter l'enquête et un éventuel procès. Si un suspect est arrêté, le légiste pourra être appelé à témoigner en tant qu'expert.

Le travail du légiste sur les lieux du crime implique l'examen du corps et de son environnement (p. 30). Ensuite, le médecin l'autopsie à la morgue (p. 34), ce qui lui permet d'avoir une vision plus précise des circonstances du crime. Sur les lieux du crime, il doit travailler en équipe avec les enquêteurs, sous les ordres du responsable de l'enquête.

À mesure que l'enquête avance, le médecin légiste peut faire appel à d'autres spécialistes. Si le corps est en état de décomposition avancée, un dentiste légiste (p. 50) pourra tenter d'établir l'identité du cadavre grâce à ses empreintes dentaires. Un spécialiste de l'anthropométrie pourra aussi aider à établir l'âge et le sexe. Et si l'autopsie suggère une mort par empoisonnement, l'aide d'un biologiste spécialisé en toxicologie pourra être déterminante.

L'objectif du médecin légiste est de découvrir les causes du décès en analysant la façon dont les organes se sont arrêtés de fonctionner, en donnant les raisons de cet arrêt. Pour toute mort suspecte, qu'elle soit naturelle ou accidentelle, une enquête préliminaire doit être diligentée; si l'autopsie conclut à une mort non accidentelle, elle sera suivie d'une enquête criminelle.

L'enquête

C'est le rapport du légiste qui conclut l'enquête préliminaire. En fonction des indices, il sera rendu un verdict indiquant la typologie de la mort: naturelle, accidentelle, meurtre ou suicide, ainsi que l'heure et le lieu.

◀ SUICIDE
Aider quelqu'un à mettre fin à ses jours est un crime. Dans le cas d'un « pacte de suicide » dont l'un des participants survit, il peut être poursuivi pour meurtre.

Le corps du délit

S'il n'y a jamais deux morts identiques, l'examen du corps suit néanmoins une routine encadrée. La procédure évite de rien laisser au hasard, oblige le traitement du corps à être en conformité avec la loi, et permet au mort d'être traité avec respect et dignité.

S'il subsiste le moindre signe de vie, la priorité est la réanimation. L'importance de cette priorité est telle qu'elle dépasse toute destruction d'indices, pouvant pourtant être utiles en cas d'échec de la tentative.

La recherche de signes vitaux

Si la réanimation est un échec, ou si la mort est très récente, le premier objectif du légiste est la recherche exhaustive de signes vitaux : recherche du pouls, écoute des battements de cœur au stéthoscope, recherche du souffle à l'aide d'un miroir mis devant la bouche pour condenser la vapeur d'eau de l'haleine, et recherche du mouvement sanguin dans les capillaires de l'œil. Le certificat de décès n'est délivré que si tous ces signes sont négatifs ou que la mort est par ailleurs évidente.

La préservation des indices

Le travail du légiste peut impliquer de déplacer le corps. Dans la mesure où cela pourrait nuire à d'éventuels indices, le lieu du crime doit d'abord être photographié, relevé ou filmé afin de documenter la situation dans son état initial. Les inspecteurs prennent la responsabilité de la photographie du corps et de ses alentours, tandis que le légiste peut demander des photographies spécifiques avant le déplacement du corps. Le responsable de l'enquête doit également contrôler l'accès au corps, en déterminant quel chemin dérangera le moins les lieux.

PROCÉDURE

① Le médecin légiste recherche les signes vitaux : pouls, haleine.

② Les photographies marquent les indices en utilisant des cartes numérotées.

③ Le légiste examine le corps avant qu'il ne soit déplacé.

④ Les traces de sang sont analysées de façon à déterminer l'ordre des évènements.

Le légiste sur les lieux

Sur les lieux du crime, l'examen médico-légal sera forcément superficiel. Un examen approfondi ne peut avoir lieu qu'à la morgue. Sur place, l'outil premier du légiste est son calepin (et le crayon qui l'accompagne). Tout le reste (flacons, thermomètre, etc.), lui sera fourni par les enquêteurs.

L'examen médical

L'examen du corps se focalise avant tout sur les éléments susceptibles d'être modifiés par

LA PRISE DE TEMPÉRATURE ▶
Sur les 24 premières heures, la chute de température est le moyen le plus fiable de déterminer l'heure de la mort.

LE STOCKAGE ▶
Tous les échantillons pris sur place sont placés dans des flacons ou des sachets spéciaux qui sont scellés puis emportés au laboratoire pour analyse.

◀ LES ÉCHANTILLONS SANGUINS
Un code-barres permet la traçabilité de l'échantillon et le suivi des opérations.

le déplacement du corps vers la morgue. La plupart des indicateurs du temps depuis le décès (p. 32) relèvent de cette catégorie. Par exemple, le déplacement et l'emballage du corps peuvent modifier la rigidité cadavérique. L'examinateur la vérifiera en tentant doucement de replier un des membres, la mâchoire et la paupière.

Les vêtements peuvent être enlevés en vue de vérifier la pâleur du cadavre, ou pour prendre la température rectale. Le photographe prendra alors des clichés du corps. Chaque objet sera emballé, étiqueté et référencé.

Toutes les taches de fluides ou les marques sur le corps, qui pourraient être dérangées en déplaçant le corps, sont échantillonnées pour analyse ultérieure. Cette procédure est particulièrement importante pour déterminer la nature sexuelle ou non du crime.

L'examen du contexte

Même si les enquêteurs doivent par la suite se livrer à une fouille en règle du lieu du crime, le légiste examinera en détail les alentours du corps. De par son entraînement et ses connaissances médicales, il pourra être amené à repérer des détails que les autres pourraient négliger. Il peut vouloir aussi comparer d'éventuelles traces d'abrasion ou de lacération sur le corps à des traces similaires sur des surfaces proches, ou à des armes

retrouvées. Si le corps est attaché, ou a été étranglé, les cordes seront photographiées avant d'être enlevées. Les nœuds sont des indices en eux-mêmes, dans la mesure où ils peuvent aider à relier un crime à d'autres crimes similaires. Ils sont donc conservés, les cordes étant coupées en d'autres endroits.

Tout ceci doit être effectué avec le soin nécessaire pour que le corps parvienne à la morgue dans un état qui soit le plus proche possible de son état initial. Un inspecteur couvrira la tête, les pieds et les mains avec des

Les enquêteurs documentent de façon exhaustive les marques et traces diverses sur les lieux du crime, et les légistes les enregistrent aussi dans leurs propres notes, surtout si elles correspondent à des traces sur le corps. Ces projections de sang, par exemple, ont été envoyées par l'arme du tueur lors de mouvements brusques.

◀ LES TACHES DE SANG
Les taches sur les murs seront analysées par un spécialiste des trajectoires pour reconstituer la nature du crime.

◀ L'ÉTUDE DES DIRECTIONS
La direction des traces de sang est un outil précieux pour déterminer à quel endroit précisément a eu lieu le crime.

◀ LES POINTS DE SORTIE
Les portes et les fenêtres sont des endroits sur lesquels se concentrent les enquêteurs : le tueur a pu y laisser des traces en sortant.

sacs individuels, fixés par du ruban adhésif, puis le corps est placé dans un sac mortuaire pour être emporté.

Le légiste contrôle tout le processus, tant une mauvaise manipulation peut induire de nouvelles marques sur la chair du cadavre.

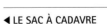

◀ LE SAC À CADAVRE
Reste le meilleur moyen pour la police d'évacuer proprement le corps.

Quand a eu lieu le décès ?

L'estimation du temps écoulé depuis la mort d'un individu n'est pas une science exacte. Pourtant, avoir au moins une vague idée de l'heure à laquelle est survenue la mort peut s'avérer vital si l'on sait qu'un des suspects était dans les environs vers cette heure-là. La température et la rigidité du corps peuvent donner une première indication. Préciser cette indication demande une observation attentive des lieux du crime et des examens de laboratoire poussés.

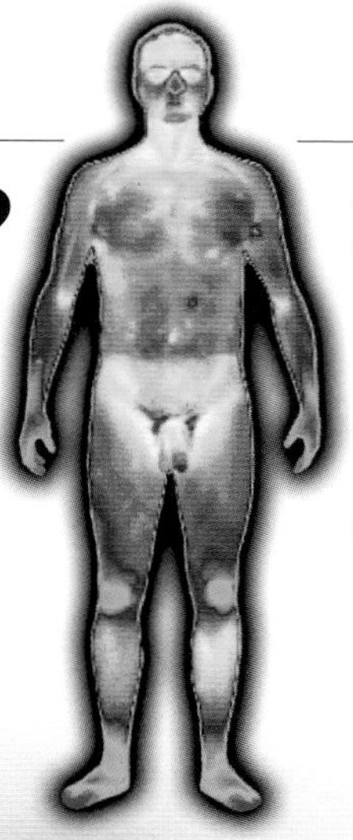

▼ LA TEMPÉRATURE CORPORELLE

Une façon simple d'estimer le temps écoulé depuis le décès est la prise de température interne (et pas celle de la température des extrémités, toujours plus froides, comme le montre la thermographie ci-contre).

La température corporelle chute en moyenne de 0,8 °C toutes les heures, mais la température ambiante, les vêtements, l'humidité, les courants d'air et la taille du corps peuvent accélérer ou ralentir le refroidissement.

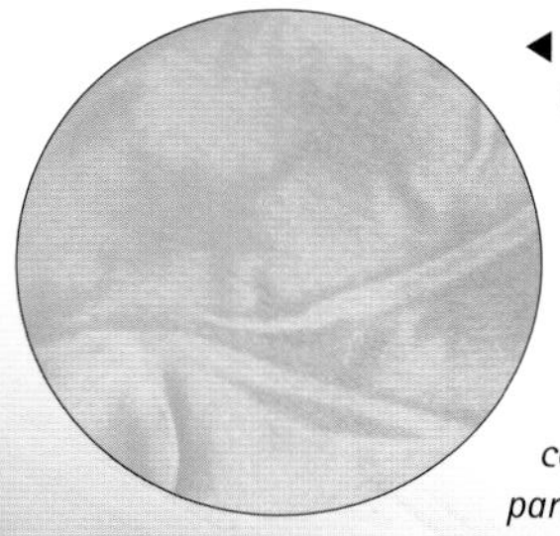

▼ LA CONGESTION HYPOSTATIQUE

Quand le sang arrête de couler, il tend à descendre, congestionnant les parties les plus basses du corps. Ce processus, qui conduit à la lividité des parties les plus hautes, est aussi appelé hypostase, et arrive à terme en à peu près six heures. Une légère pression suffit à le réduire.

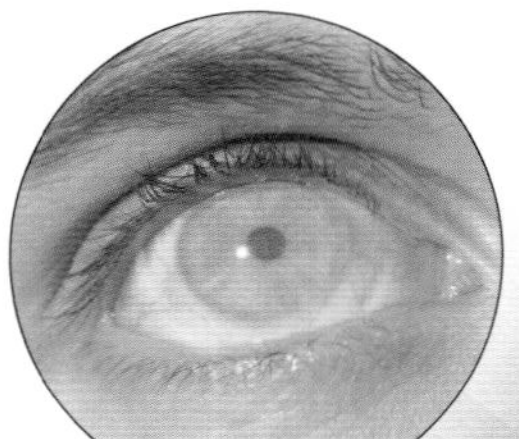

LE TUBE DIGESTIF ▼

Les aliments contenus dans le système digestif de la victime livrent d'importantes données sur l'heure de sa mort (spécialement quand on connaît l'heure de son dernier repas), mais ne permettent pas de la fixer précisément. Les nourritures lourdes, comme la viande, restent plus longtemps dans l'estomac que les aliments légers, et la vitesse de digestion est affectée par la maladie, la peur, la boisson, les traitements médicaux et les drogues.

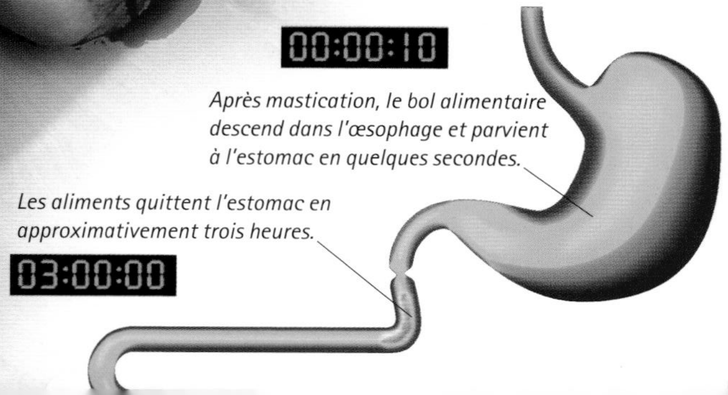

00:00:10

Après mastication, le bol alimentaire descend dans l'œsophage et parvient à l'estomac en quelques secondes.

03:00:00

Les aliments quittent l'estomac en approximativement trois heures.

L'EXAMEN DES YEUX ▶

Dans les minutes qui suivent la mort, une fine membrane se forme sur l'œil, et le globe oculaire se ramollit à mesure que la pression interne diminue. Si l'œil est resté ouvert, le cristallin s'opacifie en moins de trois heures. Un fond de l'œil peut aussi révéler un changement plus subtil : les globules rouges continuent à bouger pendant quelques heures dans les capillaires rétiniens.

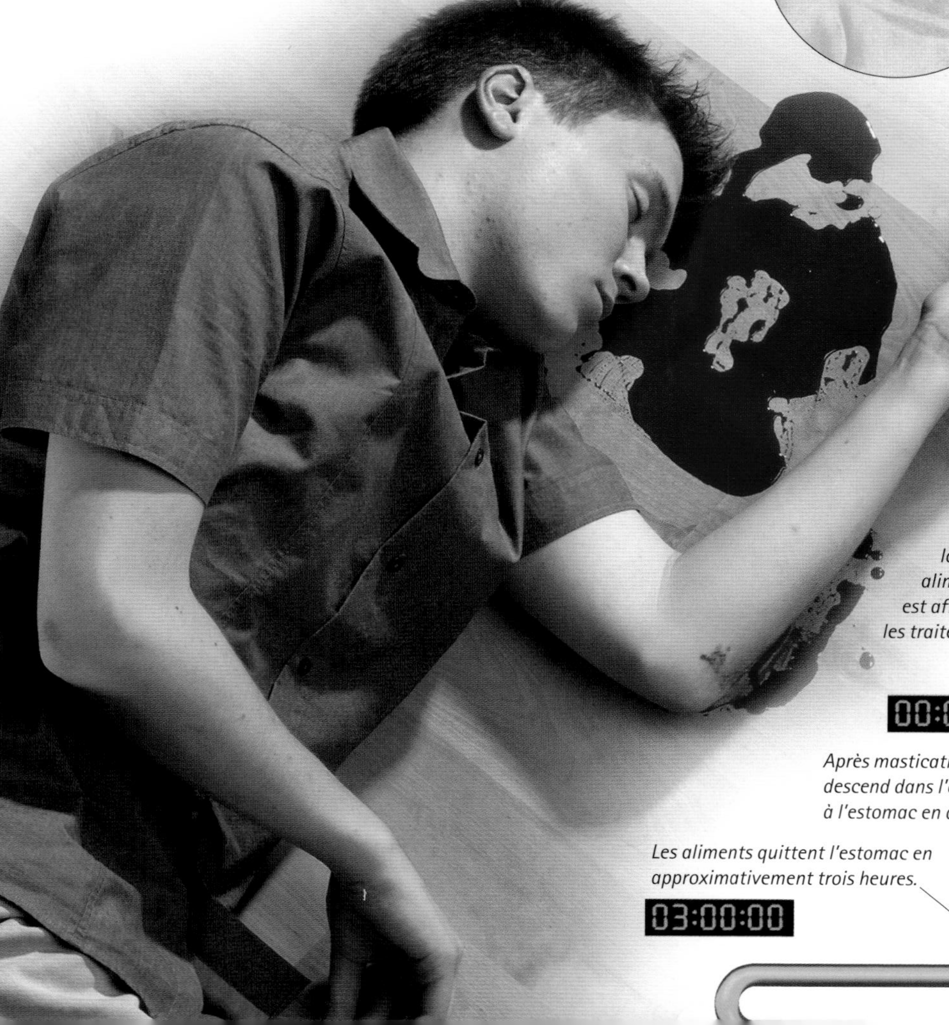

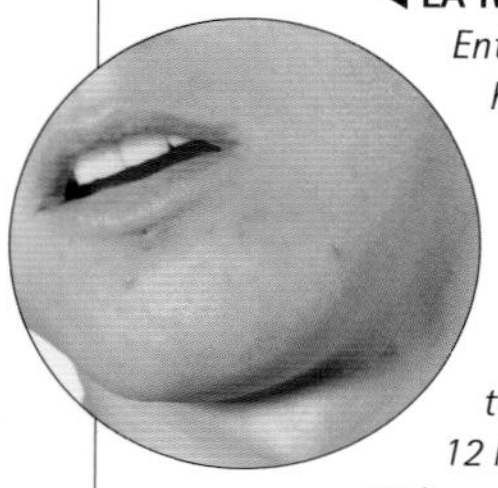

▼ LA RIGIDITÉ CADAVÉRIQUE

Entre une demi-heure et trois heures après le décès, les muscles commencent à se raidir, ce que l'on appelait jadis « rigor mortis ». Cela commence avec les paupières et la mâchoire, puis s'étend à tout le corps en 6 à 12 heures, dure de 6 à 12 heures, puis disparaît également en 6 à 12 heures. Un certain nombre de facteurs peuvent affecter la rigidité cadavérique : les basses températures peuvent l'empêcher de se développer, et des muscles très actifs juste avant le décès peuvent se raidir plus rapidement.

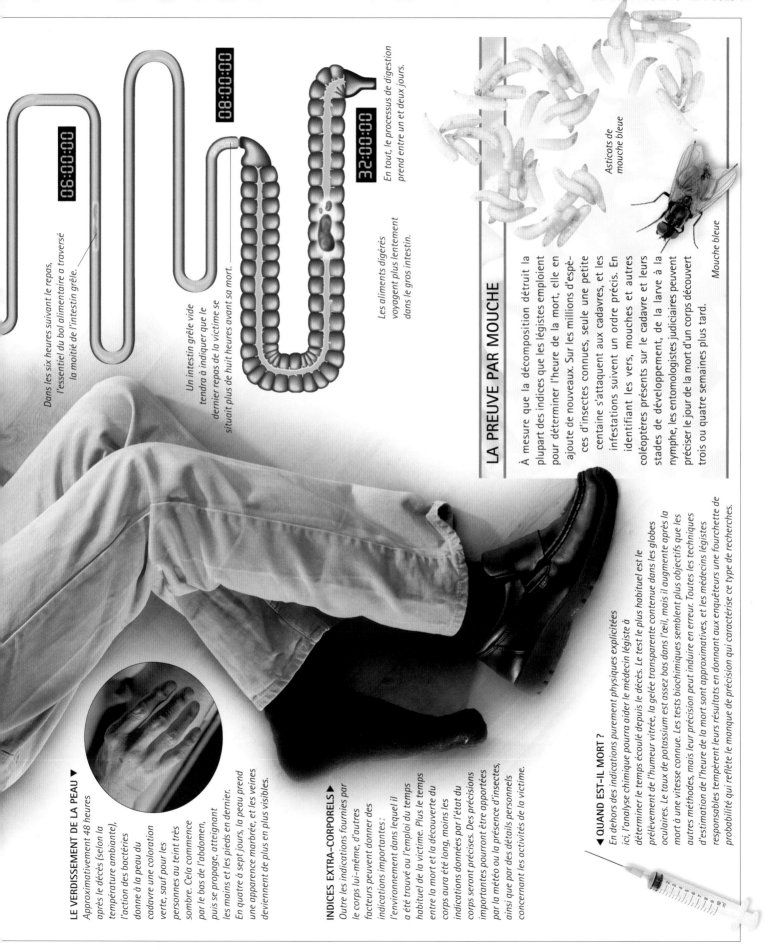

06:00:00

Dans les six heures suivant le repas, l'essentiel du bol alimentaire a traversé la moitié de l'intestin grêle.

08:00:00

Un intestin grêle vide tendra à indiquer que le dernier repas de la victime se situait plus de huit heures avant sa mort.

32:00:00

Les aliments digérés voyagent plus lentement dans le gros intestin.

En tout, le processus de digestion prend entre un et deux jours.

Asticots de mouche bleue

Mouche bleue

LE VERDISSEMENT DE LA PEAU ▶

Approximativement 48 heures après le décès (selon la température ambiante), l'action des bactéries donne à la peau du cadavre une coloration verte, sauf pour les personnes au teint très sombre. Cela commence par le bas de l'abdomen, puis se propage, atteignant les mains et les pieds en dernier. En quatre à sept jours, la peau prend une apparence marbrée, et les veines deviennent de plus en plus visibles.

INDICES EXTRA-CORPORELS ▶

Outre les indications fournies par le corps lui-même, d'autres facteurs peuvent donner des indications importantes : l'environnement dans lequel il a été trouvé ou l'emploi du temps habituel de la victime. Plus le temps entre la mort et la découverte du corps aura été long, moins les indications données par l'état du corps seront précises. Des précisions importantes pourront être apportées par la météo ou la présence d'insectes, ainsi que par des détails personnels concernant les activités de la victime.

LA PREUVE PAR MOUCHE

À mesure que la décomposition détruit la plupart des indices que les légistes emploient pour déterminer l'heure de la mort, elle en ajoute de nouveaux. Sur les millions d'espèces d'insectes connues, seule une petite centaine s'attaquent aux cadavres, et les infestations suivent un ordre précis. En identifiant les vers, mouches et autres coléoptères présents sur le cadavre et leurs stades de développement, de la larve à la nymphe, les entomologistes judiciaires peuvent préciser le jour de la mort d'un corps découvert trois ou quatre semaines plus tard.

◀ QUAND EST-IL MORT ?

En dehors des indications purement physiques explicitées ici, l'analyse chimique pourra aider le médecin légiste à déterminer le temps écoulé depuis le décès. Le test le plus habituel est le prélèvement de l'humeur vitrée, la gelée transparente contenue dans les globes oculaires. Le taux de potassium est assez bas dans l'œil, mais il augmente après la mort à une vitesse connue. Les tests biochimiques semblent plus objectifs que les autres méthodes, mais leur précision peut induire en erreur. Toutes les techniques d'estimation de l'heure de la mort sont approximatives, et les médecins légistes responsables tempèrent leurs résultats en donnant aux enquêteurs une fourchette de probabilité qui reflète le manque de précision qui caractérise ce type de recherches.

L'autopsie

L e but de l'autopsie est de préciser la cause du décès. Mais le médecin légiste qui manie le scalpel a des responsabilités légales très particulières. Ses découvertes et les conclusions qu'il en tire peuvent aider à guider l'enquête de la police, et donner de précieux indices pour faire inculper le tueur.

La dissection du corps n'est qu'une partie de l'arsenal d'examens post mortem qui inclut l'identification et la photographie de l'extérieur du corps, ainsi que, parfois, des radiographies.

L'équipe mortuaire

Le médecin légiste n'est pas seul dans la salle d'examen. Il est généralement accompagné d'un technicien anatomiste qui prépare le corps et lui sert d'assistant. Un officier peut prendre des échantillons de matériaux incrustés dans la peau avant la toilette du corps, et un photographe prend des clichés de tout le processus. Dans le cas de meurtre, un témoin de la police peut aussi être présent.

La photographie suit une procédure précise : le corps est photographié en entier, de face et de dos, puis pris en détail. Si le corps a été trouvé habillé, il est photographié habillé, puis à chaque fois que l'examinateur ôte une couche de vêtements.

Avant le début de l'autopsie, le légiste prélève une mèche de cheveux, puis coupe les ongles ou racle ce qu'il y a en dessous. L'analyse ADN de ces échantillons peut aider à identifier un assaillant et révéler des traces de poisons ou de drogues. Des prélèvements des muqueuses buccales, rectales et génitales sont réalisés avant dissection, et le légiste note toutes les marques externes de la peau : blessures, bien entendu, mais aussi tatouages et cicatrices, qui peuvent d'ailleurs aider à identifier le cadavre si son identité est inconnue (p. 44).

Quoique la dissection commence généralement par l'ouverture de la cage thoracique (voir ci-dessous), l'ordre peut être amené à varier. S'il y a des signes de strangulation, par exemple, l'autopsie commencera par la tête et le cou. Si la victime a été poignardée, le légiste commencera par suivre la trajectoire de la lame au travers de la chair.

Parfois, des tests toxicologiques et histologiques (l'étude microscopique des tissus) sont indispensables avant de se prononcer sur la cause du décès. L'écriture du rapport suit aussi des règles précises : les médecins légistes ne se bornent pas à détailler leurs interventions, ils doivent aussi présenter leurs trouvailles selon leur contexte et celui de l'enquête, afin que le rapport puisse servir de preuve face à un tribunal.

LA SALLE D'AUTOPSIE

① *L'hygiène est essentielle, à la fois pour la santé des officiants, mais aussi pour prévenir toute contamination des indices.*

② *Le rebord de la table de dissection en acier inoxydable permet de diriger les fluides corporels vers l'orifice d'évacuation.*

③ *Un bac permet au légiste d'examiner les organes après qu'ils ont été prélevés sur le corps.*

④ *Une balance sert à peser les organes.*

⑤ *Le tableau noir sert à noter le poids des différents organes.*

⑥ *Les échantillons pris sur les gros organes sont stockés dans une armoire réfrigérée jusqu'à ce qu'ils soient envoyés au laboratoire d'analyses.*

LA PROCÉDURE

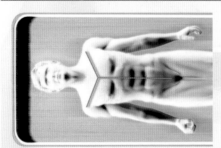

L'INSPECTION EXTERNE ▲
Les blessures externes, marques et autres taches peuvent influer sur l'ordre de l'autopsie ; le légiste commence donc par un examen attentif du corps. Les blessures mortelles sont souvent visibles, mais des signes subtils peuvent suggérer une mort non naturelle.

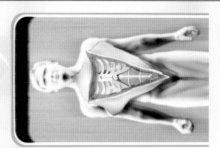

L'INCISION SIMPLE ▲
Si la mort semble naturelle, on pratique une découpe simple au niveau du torse et prélève les organes internes pour examen. Cette procédure similaire à l'autopsie médicale cherche à enregistrer la progression d'une maladie plus qu'à établir la cause du décès.

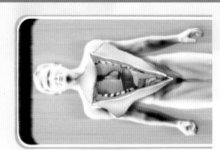

LES MORTS SUSPECTES ▲
Dans le cas d'une victime de crime, le légiste pratique une incision en T ou en Y qui donne un meilleur accès aux cavités corporelles. En cas de blessures à la tête ou au cou, c'est là qu'il commencera avant d'ouvrir le thorax et l'abdomen.

LES OUTILS INDISPENSABLES

Le médecin légiste a besoin de tout un équipement pour mener à bien la procédure. Voici ses principaux outils.

LES SCALPELS ▶

De formes variées, des lames interchangeables s'adaptent sur un manche pour diverses sortes de petites découpes.

LES PINCES À OS ▶

Elles servent avant tout à découper les côtes pour ouvrir la cage thoracique et donner accès aux organes internes. La paire A sert pour les petites côtes, la paire B étant conçue pour maximiser l'effet de levier et ainsi découper les plus grosses côtes sans trop d'efforts.

LA SCIE À MAIN ▶

Ce type d'égoïnes en inox sert pour les amputations et divers travaux de découpe.

LE COUTEAU À CERVEAU

Il sert principalement à débiter les organes – pas seulement le cerveau – en tranches fines. ▶

LE LEVIER CRÂNIEN ▼

Après avoir découpé la calotte crânienne à la scie, il sert à la séparer en douceur du reste du crâne, permettant ainsi d'avoir accès au cerveau.

▲ À LA RECHERCHE D'INDICES

La salle d'autopsie est l'endroit où le médecin légiste tente de reconstituer le puzzle des circonstances de la mort, tout en démontant celui du corps humain. Un cadavre peut receler beaucoup d'indices, à l'intérieur comme à l'extérieur, qu'on ne peut découvrir qu'en l'examinant méticuleusement.

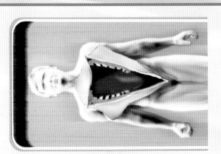

LES GRANDS ORGANES ▲

La découpe de la cage thoracique permet d'en ôter le plastron. Certains légistes prélèvent cœur, poumons, œsophage et trachée ensemble, d'autres séparément. Les organes de l'abdomen et des échantillons des fluides internes sont prélevés pour fin d'analyse.

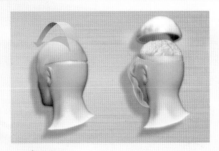

LA TÊTE ▲

Découper la calotte crânienne, les nerfs et les vaisseaux sanguins permet de prélever le cerveau. L'étude à l'œil nu ne révèle rarement grand-chose, mais l'examen de tranches fines au microscope peut indiquer des contusions ou des micro caillots de sang.

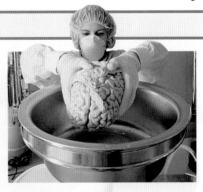

LES POIDS ET MESURES ▲

Le légiste pèse les organes immédiatement après prélèvement. Suivant les causes du décès qui sont suspectées, des échantillons peuvent être prélevés sur les organes en vue d'analyses histologiques, ce qui permet une étude plus complète du corps.

Les traces de violence

Le meurtre laisse des marques. Quel que soit le degré d'expertise du tueur, il laissera toujours des traces de violence sur le corps de sa victime. Lors de l'autopsie, le légiste suivra ces traces comme des symboles sur une carte qui le mène à la cause, afin de confirmer, ou de réfuter, la suspicion d'homicide.

◄ LA STRANGULATION
La ligature (corde, câble ou autre) et la strangulation manuelle produisent des traces distinctives de contusion au niveau de la gorge. La plupart des cordes laissent des traces évidentes, mais certains cordons souples peuvent ne laisser que des marques très discrètes. Dès lors, c'est la contusion de la couche sous-cutanée, révélée à la dissection, qui permettra de rendre un verdict.

L'HÉMORRAGIE CÉRÉBRALE ►
Lors de l'autopsie, il peut n'y avoir aucune trace extérieure indiquant l'hémorragie cérébrale ayant entraîné la mort, mais l'examen interne (ou ici le scanner) révèlera le caillot fatal.

Chaque méthode pour mettre fin aux jours de son prochain laisse des traces caractéristiques sur le corps, mais toutes ne sont pas aussi distinctives. Certains poisons, certaines drogues, ne laissent d'ailleurs pas de marque évidente à l'extérieur. D'un autre côté, certains signes de mort violente sont immédiatement apparents à l'examen superficiel. Ces blessures sont généralement classées en contusions, impacts de coups de feu et lacérations. Des attaques qui laissent de telles traces sur le corps représentent la grande majorité des affaires de meurtre. Les cas où la cause de la mort ne laisse pas de marque évidente sont bien plus rares dans la réalité que dans les romans policiers. Les signes les plus courants sont explicités ici, mais des informations complémentaires sont aussi données au chapitre 6 : « Les armes du crime ».

Les changements de coloration

La plupart des causes de morts violentes produisent des altérations de l'aspect du corps, comme des changements de couleur (sauf sur les peaux très sombres). L'empoisonnement au monoxyde de carbone, par exemple, donne à la peau une couleur « cerise » tout à fait caractéristique. Les points rouges sur le visage, causés par l'éclatement des vaisseaux capillaires consécutif à l'écrasement du thorax, peuvent être si prononcés qu'il en apparaîtra bleu. D'autres changements de couleur, moins directement liés à la cause du décès, peuvent apporter néanmoins des indications précieuses.

LES IMPACTS DE BALLE ▲
Les détails d'une blessure par balle peuvent apporter des informations quant aux circonstances de la mort : elles peuvent éliminer le suicide, mais pas le prouver ; leur taille peut indiquer le calibre de l'arme, et d'éventuelles brûlures de la peau peuvent indiquer un tir à bout portant.

LES CONTUSIONS ▲
Les contusions ou hématomes apparaissent quand un choc violent fait éclater les vaisseaux capillaires. Leur forme peut indiquer la direction de l'impact, et leur couleur le temps écoulé depuis lors. À mesure qu'elles guérissent, leur couleur passe du rouge-violet au bleu-vert, avant de tourner au jaune. Interpréter les contusions est délicat, tant leur évolution varie selon les personnes, même après la mort.

Les marques de brûlures

Des brûlures très étendues peuvent en elles-mêmes causer la mort, mais même les plus petites peuvent être riches de signification quand il n'y a pas d'autres blessures, car elles peuvent suggérer l'électrocution. Un courant intense au point d'en être mortel roussira pour le moins le point de contact, quoique quand le contact est étendu, comme dans le cas d'une personne dans le bain, la peau soit souvent intacte. Un impact de foudre ne laissera généralement pas de trace visible, mais suffira souvent à chauffer les pièces métalliques de l'habillement, telles que les boutons et fermetures éclair, qui occasionneront alors des brûlures.

Les blessures internes

Il est rare que des blessures internes mortelles ne laissent aucune marque à l'extérieur. Le plus souvent, la dissection ne fait que confirmer ce que le légiste devinait déjà à l'examen superficiel. Ce n'est pas surprenant : un coup assez fort pour causer des dommages mortels à un organe interne laisse généralement un énorme hématome.

Seule exception, les dommages au cerveau. Un coup à la tête (ou le fait de secouer violemment la tête d'un bébé) peut ne laisser aucune trace à l'extérieur, mais suffira à causer une hémorragie intracrânienne.

◄ LES COUPS DE COUTEAU
La forme de la blessure peut révéler si la lame était à un ou deux tranchants. L'angle de l'entrée peut permettre d'écarter une mort accidentelle (et éventuellement indiquer si le tueur était droitier ou gaucher) alors que la profondeur de la blessure pourra suggérer le degré de force employé, une notion importante quand il s'agit de caractériser la volonté de donner la mort.

◄ LE FUSIL DE CHASSE
À bout portant, le fusil de chasse ne laisse qu'une grande blessure. À distance, il laissera un mouchetis de blessures individualisées (ci-contre). Les enquêteurs demandent souvent au légiste de déterminer cette distance en se fondant sur la distribution des impacts, mais plusieurs facteurs, comme le type de fusil et le calibre des munitions, voire la température, rendent ces estimations hasardeuses.

LES LACÉRATIONS ▲
Un examen rapproché des lacérations peut révéler de nombreux détails sur l'arme utilisée. Dans le cas de couteaux, pourtant, les estimations de la largeur de la lame sont souvent peu fiables, car elle peut avoir été bougée dans la plaie.

L'histologie

Les derniers signes visibles peuvent n'apparaître que lorsque les organes ont été prélevés et sont examinés au microscope, dans le cadre de la discipline appelée histologie. Un ustensile appelé microtome est utilisé afin de produire une tranche assez mince pour être transparente et montée sur une lamelle de microscope. Un colorant peut être utilisé afin de faire ressortir les anomalies des tissus. Si des aberrations sont retrouvées, d'autres colorants sont alors utilisés pour indiquer des dommages spécifiques ou des traces de maladies.

◄ LES LUTTES POUR LE COUTEAU
Si une victime de coups de couteau présente des coupures aux mains, le légiste opérant l'autopsie peut en déduire qu'elle a tenté de se défendre, ce qui pourrait avoir amené l'agresseur à être blessé lui aussi.

Les circonstances du décès

Les circonstances dans lesquelles le corps a été découvert peuvent indiquer clairement les causes du décès. Mais qu'arrive-t-il quand les indices superficiels ne sont pas concluants ? Dans ces cas-là, l'autopsie pourra permettre de se prononcer sur les causes de la mort, et parfois de découvrir qu'une mort en apparence accidentelle était en fait un homicide déguisé.

Déterminer si la mort est naturelle ou accidentelle, suicide ou meurtre, n'est pas du ressort du médecin légiste. Mais découvrir la cause précise de la mort, par exemple un coup de feu à la tête, est de son ressort : il va réunir les indices qui lui permettront d'indiquer des directions aux enquêteurs. Les trois exemples ci-contre montrent les processus de déduction employés à cet effet.

Cendre dans les conduits respiratoires ?

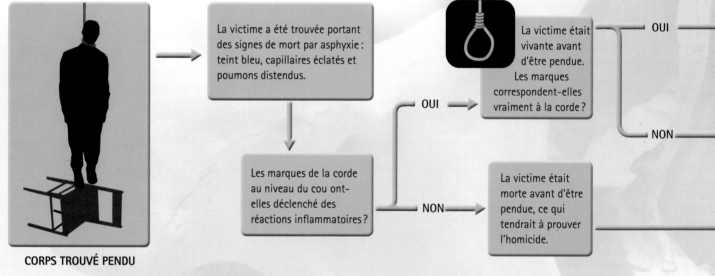

CORPS TROUVÉ PENDU

La victime a été trouvée portant des signes de mort par asphyxie : teint bleu, capillaires éclatés et poumons distendus.

Les marques de la corde au niveau du cou ont-elles déclenché des réactions inflammatoires ?

OUI

NON

La victime était vivante avant d'être pendue. Les marques correspondent-elles vraiment à la corde ?

OUI

NON

La victime était morte avant d'être pendue, ce qui tendrait à prouver l'homicide.

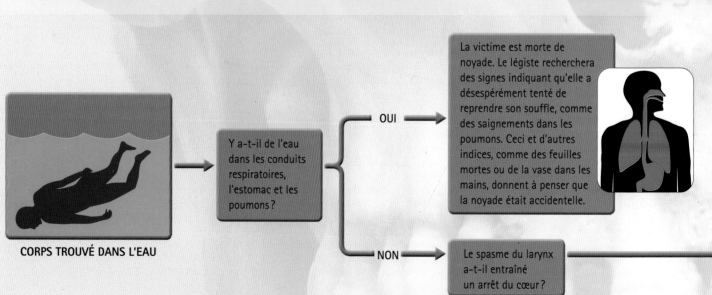

CORPS TROUVÉ DANS L'EAU

Y a-t-il de l'eau dans les conduits respiratoires, l'estomac et les poumons ?

OUI

NON

La victime est morte de noyade. Le légiste recherchera des signes indiquant qu'elle a désespérément tenté de reprendre son souffle, comme des saignements dans les poumons. Ceci et d'autres indices, comme des feuilles mortes ou de la vase dans les mains, donnent à penser que la noyade était accidentelle.

Le spasme du larynx a-t-il entraîné un arrêt du cœur ?

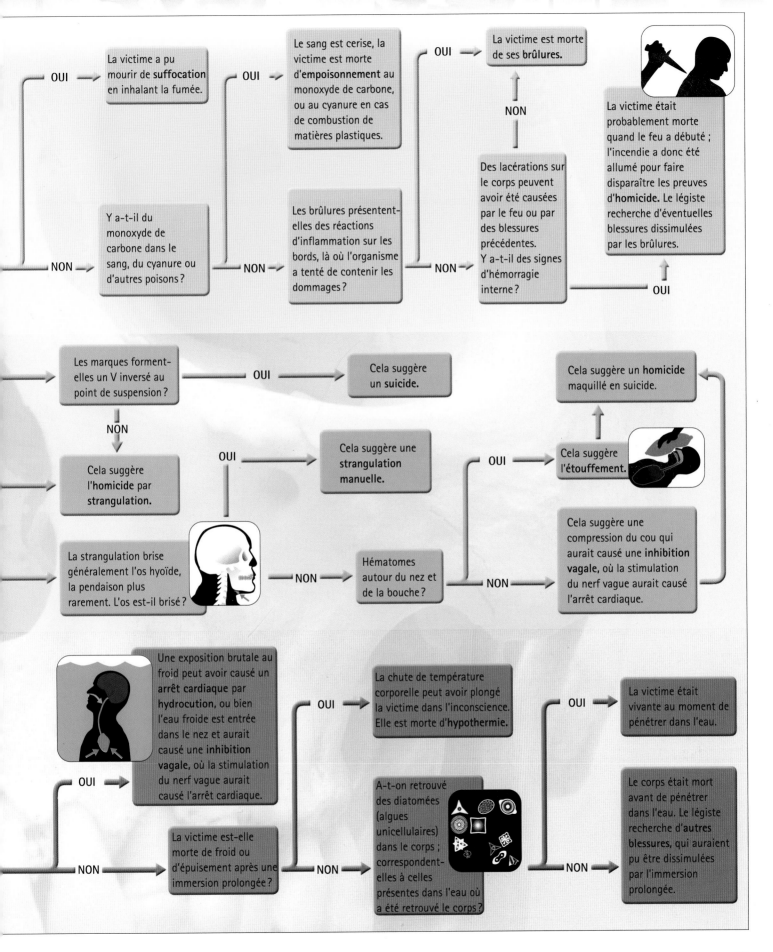

OUI → La victime a pu mourir de **suffocation** en inhalant la fumée.

Le sang est cerise, la victime est morte d'**empoisonnement** au monoxyde de carbone, ou au cyanure en cas de combustion de matières plastiques.

OUI → La victime est morte de ses **brûlures.**

La victime était probablement morte quand le feu a débuté ; l'incendie a donc été allumé pour faire disparaître les preuves d'**homicide.** Le légiste recherche d'éventuelles blessures dissimulées par les brûlures.

NON → Y a-t-il du monoxyde de carbone dans le sang, du cyanure ou d'autres poisons ?

Les brûlures présentent-elles des réactions d'inflammation sur les bords, là où l'organisme a tenté de contenir les dommages ?

NON

Des lacérations sur le corps peuvent avoir été causées par le feu ou par des blessures précédentes. Y a-t-il des signes d'hémorragie interne ?

NON → OUI

Les marques forment-elles un V inversé au point de suspension ?

OUI → Cela suggère un **suicide.**

Cela suggère un **homicide** maquillé en suicide.

NON → Cela suggère l'**homicide par strangulation.**

OUI → Cela suggère une **strangulation manuelle.**

OUI → Cela suggère l'**étouffement.**

La strangulation brise généralement l'os hyoïde, la pendaison plus rarement. L'os est-il brisé ?

NON → Hématomes autour du nez et de la bouche ?

NON → Cela suggère une compression du cou qui aurait causé une **inhibition vagale,** où la stimulation du nerf vague aurait causé l'arrêt cardiaque.

Une exposition brutale au froid peut avoir causé un **arrêt cardiaque** par hydrocution, ou bien l'eau froide est entrée dans le nez et aurait causé une **inhibition vagale,** où la stimulation du nerf vague aurait causé l'arrêt cardiaque.

La chute de température corporelle peut avoir plongé la victime dans l'inconscience. Elle est morte d'**hypothermie.**

OUI → La victime était vivante au moment de pénétrer dans l'eau.

OUI

La victime est-elle morte de froid ou d'épuisement après une immersion prolongée ?

NON → A-t-on retrouvé des diatomées (algues unicellulaires) dans le corps ; correspondent-elles à celles présentes dans l'eau où a été retrouvé le corps ?

NON → Le corps était mort avant de pénétrer dans l'eau. Le légiste recherche d'**autres blessures,** qui auraient pu être dissimulées par l'immersion prolongée.

La preuve qui fait mouche

Alton Coleman était un violeur brutal et terrifiant qui tuait ses proies comme d'autres écrasent des mouches. Curieusement, c'est une mouche, une grosse mouche bleue, qui l'a conduit au couloir de la mort. La connaissance du cycle vital de cet insecte a permis de préciser le moment de la mort d'une de ses victimes, près d'un mois après qu'elle eut été tuée.

ALTON COLEMAN ▲
Né en 1956 à Waukegan, au Nord de Chicago, Alton Coleman avait déjà maille à partir avec la police à l'adolescence. Arrêté sept fois pour viol, il s'en était sorti en menaçant les témoins.

On peut difficilement imaginer pire personnage qu'Alton Coleman. Rusé et crédible, il savait gagner la confiance des gens qu'il rencontrait, pour ensuite les exploiter afin de satisfaire ses appétits sexuels voraces, pervers et violents. Il s'attaquait sans discrimination aux hommes, femmes et enfants, terrifiant ceux qui avaient réussi à lui échapper à tel point qu'ils avaient peur de témoigner contre lui.

C'est au cours de l'été 1984 que ses poussées sporadiques de petits délits, accompagnés de viols et de violences sexuelles, se sont brutalement accélérées. Avec sa petite amie Debra Brown, il se lança dans une frénésie de viols et de meurtres s'étendant sur cinq États. Quand la police arrêta le couple en juillet, Coleman et Brown étaient recherchés pour huit meurtres, sept viols et quatorze attaques à main armée. Réunir des preuves contre eux aurait dû être facile, mais Coleman avait déjà réussi à se sortir d'affaires qui avaient pourtant l'air simples. Il savait comment se comporter au tribunal, avec une sorte de confiance communicative dans son innocence. C'est pourquoi les procureurs qui se saisirent de l'affaire se concentrèrent sur les crimes où les indices étaient les plus probants, et sur les États où le châtiment serait le plus dur.

Vernita Wheat

Une des affaires qui retint leur attention fut un meurtre dans l'Illinois, un État qui pratiquait toujours la peine capitale. C'était un assassinat aussi atroce que n'importe quel autre des crimes commis par Coleman. Il avait passé un mois à devenir l'ami d'une mère célibataire de Kenosha, dans le Wisconsin puis, le 29 mai, il l'avait persuadée de lui laisser Vernita, sa fille de 9 ans, pour qu'elle aille chercher une vieille chaîne stéréo qui serait son cadeau de fête des mères, avant d'aller à une kermesse locale. Ils ne revinrent jamais.

La recherche des indices

Le corps de Vernita fut retrouvé trois semaines plus tard dans la salle de bain d'un immeuble abandonné des faubourgs de Waukegan, en Illinois. Son corps n'était plus qu'une carcasse livrée aux mouches. Les enquêteurs désossèrent la salle de bain pour réunir des indices, démontant la porte pour l'examiner au laboratoire et rechercher d'éventuelles empreintes digitales. Ils trouvèrent une des empreintes de Coleman sur la porte, mais ce n'était pas suffisant pour l'inculper. Ce qu'il leur fallait, c'était la preuve que la fillette était morte entre le soir où elle était partie avec lui et le lendemain matin. Brown avait admis que Coleman était resté parti toute la nuit et que, quand il était revenu à 8 heures le lendemain matin, il lui avait dit avoir fait quelque chose de « vraiment moche ».

◄ LA COMPLICE
Debra Brown, la complice de Coleman, fut jugée faible d'esprit et sous sa domination. Mais elle fut néanmoins condamnée à mort, sans qu'on sache si elle sera effectivement exécutée.

Le FBI se tourna alors vers un entomologiste judiciaire, Bernard Greenberg, pour trouver la preuve. Pour commencer, ils lui envoyèrent des échantillons de tout ce qu'ils avaient pu attraper en matière d'habitants bourdonnants et fourmillants du cadavre, ainsi que les restes de pupes retrouvés. Greenberg, espéraient-ils, en déduirait le moment du décès.

Ce ne fut pas facile. Les restes de cocons venaient de mouches noires, émanant d'œufs pondus sur le cadavre peu de temps après la mort, et le nuage de mouches qui restait près du cadavre relevait déjà de la deuxième génération. Dans la mesure où les mouches noires bouclent leur cycle vital en deux semaines, elles étaient impuissantes à apporter à Greenberg la précision dont il avait besoin. C'est pourquoi il se tourna vers des cocons non éclos et non identifiés que le FBI avait ramassés sur le sol de la salle de bain.

Il les fit incuber dans des vivariums de son laboratoire. Au fil des jours, d'autres mouches noires en sortirent, suivies par des mouches du mouton, que leur cycle vital trop court rendait elles aussi inutiles.

◄ GREENBERG
Pionnier de l'entomologie judiciaire, Bernard Greenberg n'a pas hésité à reprendre les calculs des agronomes pour deviner depuis combien de temps la petite Vernita Wheat était morte.

L'éclosion d'un espoir

Finalement, un mois et un jour après l'enlèvement de Vernita, Greenberg eut ce qu'il voulait. Un bourdonnement lourd lui signala l'éclosion d'une cohorte de grosses mouches bleues de viande. Il savait qu'à une température constante de 15 °C, la mouche bleue met 33 jours après avoir été pondue pour passer du stade d'œuf à celui d'adulte complet. Mais les températures du mois de juin dans l'Illinois descendent rarement en dessous de 16 °C, et la moyenne tourne plutôt autour de 25 °C en journée. À ces températures, le cycle vital était forcément plus court.

Un scientifique aurait estimé une variable, comme cela se fait en général en pareil cas, mais Greenberg était payé pour savoir que, face à un tribunal, ça n'aurait eu valeur que de présomption. Or il voulait un calcul mathématique précis. C'est pourquoi il se tourna vers une source différente : l'entomologie agricole.

Le temps qui passe, le temps qu'il fait

Il savait que les entomologistes pouvaient indiquer aux fermiers quand pulvériser les insecticides sur les récoltes pour optimiser leur effet au moment où les insectes sont le plus vulnérables. Leur technique était basée sur un concept appelé « degrés/heures cumulés ». Les agronomes avaient découvert que la croissance température-dépendante des insectes pouvait être modélisée grâce à une formule simple de croissance par unité calorique. S'il faut 100 heures à 15 °C à un insecte pour atteindre un certain stade, il lui faudra 50 heures à 30 °C.

Armé des rapports horaires d'une station météorologique située non loin du lieu du crime, Greenberg se mit au travail, remontant le temps entre l'éclosion des mouches bleues et le crime. Quand il eut fini, il avait une estimation indiquant que les œufs avaient été pondus vers minuit le 30 mai. Mais les mouches bleues ne sont pas actives la nuit et, quand Greenberg comparut comme témoin au procès de Coleman, il expliqua que les œufs avaient dû être pondus tôt le matin suivant.

Cela suffit pour convaincre le jury, et Alton Coleman fut condamné à mort pour le meurtre de Vernita Wheat. Il fut néanmoins exécuté dans un autre État le 26 avril 2002, pour un autre assassinat, celui de Marlene Walter, 44 ans, dans l'Ohio.

L'EXÉCUTION ►
Coleman ne fut pas exécuté pour le meurtre de Vernita Wheat, mais dans le cadre d'une autre affaire. Ici, des employés du pénitencier emportent le corps.

LES INSECTES

À mesure que le corps se décompose, les indicateurs du temps écoulé se brouillent (voir p. 32). Les entomologistes judiciaires se fient alors aux insectes qui colonisent le corps dans un ordre qui est connu.

STADE DE LA DÉCOMPOSITION	INSECTES TROUVÉS
FRAIS　0–3 JOURS Les mouches adultes sont les premières à coloniser le corps, à mesure que les sucres et les protéines se dégradent.	Mouche bleue
GONFLÉ　4–7 JOURS Les larves de mouches et les coléoptères s'installent à mesure que la putréfaction commence, produisant des gaz qui gonflent l'abdomen.	Dermestides
DÉCOMPOSÉ　8–18 JOURS Quand la paroi abdominale craque, le corps commence à se décomposer. Les fourmis, blattes et coléoptères dominent.	Fourmis
POST DÉCOMPOSÉ　19–30 JOURS En milieu humide, le corps restera mou et collant, mais en milieu plus sec, il commencera à se dessécher, attirant de nouvelles espèces.	Collembole
SEC　APRÈS 1 MOIS Au bout d'un mois en conditions chaudes et estivales, ce qu'il reste des os, des cheveux et de la peau sent l'humus.	Lucane africain

41

L'IDENTIFICATION HUMAINE

Qui sommes-nous? Et comment le prouver?
Dans les enquêtes criminelles, le problème de
l'identité est central. Et pas uniquement en
ce qui concerne l'identité du suspect. Avant
de localiser et de poursuivre le criminel, les
enquêteurs ont parfois besoin d'identifier
la victime, et de lever les suspicions pesant
sur les passants innocents. Le saint Graal de
l'identification est l'analyse ADN, bien
entendu, mais d'autres techniques, comme
l'empreinte digitale, l'empreinte dentaire et
l'analyse de sang ont encore un rôle à jouer.

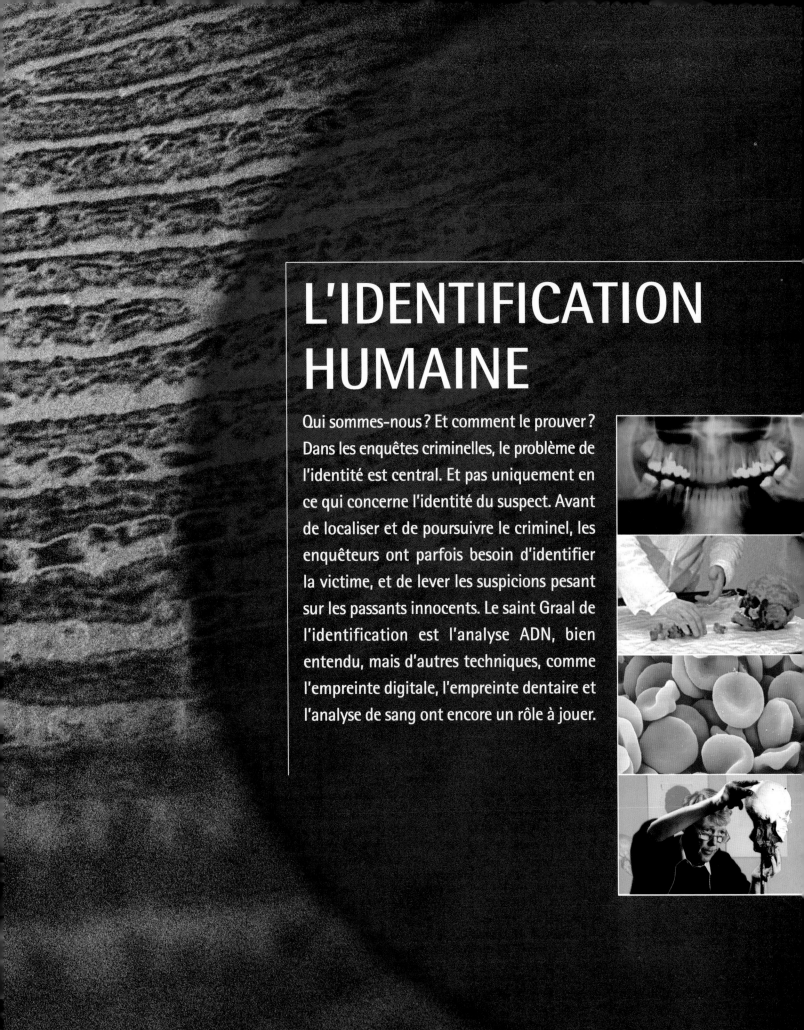

L'identification du corps

L a marée livre un cadavre anonyme. Un accident d'avion disperse des corps. Une enquête criminelle conduit à une tombe improvisée. Les circonstances de la mort peuvent varier, mais « Qui était-ce ? » est la première question que se posent les enquêteurs. Trouver la réponse demande de l'ingéniosité, de la patience, et parfois de la chance.

TOMBEAU AQUATIQUE ▲
Ces policiers anglais sortent un corps de la Tamise. L'immersion dans l'eau peut ramollir la peau, la rider et la distendre, ce qui peut rendre difficile l'identification de la victime.

L'identité d'un cadavre est souvent évidente ou simple à établir. La découverte d'un corps est parfois la conclusion d'une affaire de disparition. Mais l'identification peut aussi concerner les victimes d'accidents. Les avions écrasés sont un cas simple pour les enquêteurs, car les corps peuvent être rapprochés des listes de passagers. Ce type d'enquêtes encadrées est généralement appelé « affaire fermée ». Les affaires « ouvertes » concernent par exemple les déraillements de trains, sans liste de passagers, ou les corps gonflés par un séjour dans l'eau, et sont beaucoup plus complexes à résoudre.

L'or et le plastique

Peu d'adultes sortent de chez eux sans leurs papiers, leur permis de conduire ou leur carte de crédit. Pourtant, dans les grands accidents de la route, rapprocher les papiers de leurs propriétaires peut s'avérer difficile. Les hommes sont moins problématiques, portant généralement leur portefeuille dans leur poche. Les possessions des femmes, généralement glissées dans leur sac à main, sont plus facilement éparpillées.

Vêtements et bijoux peuvent aider à confirmer une identité, mais couplés à d'autres indices, car de nos jours ils sont produits en série. De plus, un bijou de valeur, surtout s'il est gros et facile à enlever, peut attirer les pillards, notamment dans le cas d'un avion s'écrasant dans une région pauvre.

À LA PÊCHE AUX INDICES ▼
Quand une voiture est retrouvée dans l'eau, les plongeurs de la police qui arrivent rapidement et fouillent les alentours peuvent aussi repérer et secourir d'éventuelles victimes.

Est-on sûr que c'est bien lui ?

Curieusement, les façons les plus évidentes d'identifier un corps sont rarement les plus fiables. L'identification visuelle par des proches est moins souvent concluante qu'on

DIX POINTS D'IDENTIFICATION

1	*Le dossier dentaire : plombages, couronnes et dents manquantes.*
2	*La description physique.*
3	*Les bijoux et autres effets personnels.*
4	*Les papiers, passeports et cartes de crédit.*
5	*Les empreintes digitales.*
6	*L'identification visuelle par un parent ou un proche.*
7	*Les détails de l'habillement.*
8	*Les dossiers médicaux.*
9	*L'âge.*
10	*Les tatouages.*

MARQUES EXTERNES IDENTIFIABLES

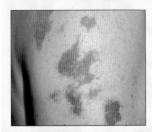

◀ LES TACHES DE NAISSANCE

Les taches de naissance, ou angiomes, disparaissent avec l'âge. Mais certaines taches de vin, causées par une distribution anormale des vaisseaux sanguins, sont permanentes. Des photographies ou des descriptions par la famille peuvent aider l'identification.

LES CICATRICES ▶

Les accidents, brûlures ou autres séquelles chirurgicales peuvent laisser des marques tout à fait distinctives susceptibles d'aider les enquêteurs. Mais peu de personnes ont de grandes cicatrices, et les dommages dus à l'incendie, par exemple, peuvent éliminer ces traces.

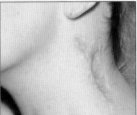

LES TATOUAGES ▲

Jadis spécifiques des marins et des criminels, les tatouages sont de nos jours devenus courants, voire à la pointe des tendances. Leur permanence, et l'individualité de leur dessin en font un outil précieux pour l'identification, aussi longtemps que la peau reste intacte.

ne le croit. Dans les catastrophes de grande ampleur, le chagrin et le nombre des cadavres peut compliquer la reconnaissance. De plus, la mort atténue certains caractères ; on se rend rarement compte de l'étendue de notre dépendance aux expressions, démarches, gestes, regards et voix pour reconnaître nos proches. Des fraudes peuvent aussi brouiller les cartes : certains reconnaissent les corps d'étrangers pour escroquer les assurances.

Les marques distinctives

Quand une identification visuelle directe pose problème, des descriptions ou photographies peuvent être une solution. En particulier, des détails tels que taches de naissance, cicatrices et tatouages peuvent aider à l'identification. Les empreintes dentaires sont souvent déterminantes (p. 50), quant aux empreintes digitales, elles peuvent confirmer l'identification quand la famille peut fournir des objets personnels portant des traces de doigts pour la comparaison.

Si rien ne fonctionne, il faut alors inspecter le corps à la morgue. Les rayons X peuvent révéler d'anciennes fractures, qui permettront de corroborer les souvenirs d'accidents passés de la famille. Même les implants peuvent être utiles. Quand un corps sans tête ni membres fut découvert dans une poubelle en Angleterre en janvier 2003, il fut identifié grâce aux numéros de série de ses implants mammaires et fessiers. Les tests sanguins sont aussi très pratiques : ils sont rapides, peu onéreux et faciles à mettre en œuvre, mais ne sont utiles que quand le groupe sanguin de la victime

n'est pas trop courant. Des traces de substances pharmacologiques dans le sang, ou des maladies, peuvent aussi être détectées par sérologie, et peuvent donc aider à confirmer une identité. Si un parent proche est à même de fournir un échantillon d'ADN, alors un test génétique peut donner une confirmation quasi absolue.

Faire coïncider les indices

Toutes ces procédures peuvent aider à rapprocher un corps d'une liste d'identités possibles. Mais elles sont de peu d'utilité face à des cadavres anonymes que personne ne réclame. Dans ces cas-là, les enquêteurs écumeront les bases de données jusqu'à ce qu'ils trouvent une correspondance.

Des criminels précédemment arrêtés peuvent être identifiés grâce à leurs empreintes digitales et d'éventuels échantillons ADN conservés dans leur dossier judiciaire. Les services chargés des personnes disparues, au niveau local, national ou international, peuvent aussi aider à résoudre des cas de cadavres non identifiés.

Si toutes ces sources déclarent forfait, alors les chances d'identifier le corps s'amenuisent, surtout dans des grandes villes qui attirent les gens cherchant l'anonymat. Par exemple, rien que pour la ville de New York, 1 500 personnes quittent la morgue chaque année dans l'anonymat le plus absolu.

ÉTUDE DE CAS

Dans le Connecticut, aux États-Unis, au cours de l'hiver 1986, Helle Crafts, une hôtesse de l'air blonde travaillant pour la PanAm, fut portée disparue. La police avait bien un suspect, son mari infidèle et violent, mais pas de victime. Quand ils découvrirent qu'il avait loué une déchiqueteuse à bois, ils réalisèrent que retrouver un corps risquait de s'avérer difficile. Des dépositions de témoins les conduisirent à une rivière proche, sur les rives de laquelle une fouille permit de récupérer un millième de corps humain : 59 éclats d'os, un morceau de doigt (voir photo), cinq taches de sang, deux fragments de dents et 2 660 cheveux humains, tous blonds. Près de 50 000 tests furent effectués sur ce matériel dérisoire, qui montrèrent qu'ils correspondaient au groupe sanguin de Helle, les fragments de dents correspondant à sa fiche dentaire. Ce qui conduisit à l'inculpation et à la condamnation de Richard Craft pour meurtre.

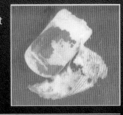

AU BOUT DES DOIGTS ▲

Le plus gros fragment de corps trouvé par la police était le bout d'un doigt de Helle, avec son ongle taillé. Le vernis fut analysé, et comparé avec un flacon retrouvé chez elle.

INDICE ORTHOPÉDIQUE ▼

Cette prothèse employée en orthopédie pour remplacer des os ou des articulations fragilisés peut donner des indications précieuses, d'autant qu'elle peut résister même à un incendie.

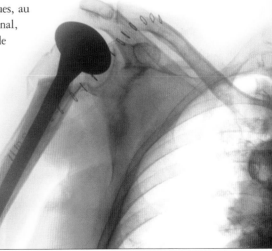

La prise des empreintes

Les anciens Babyloniens utilisaient déjà les empreintes digitales pour « signer » des contrats 2000 ans av. JC, mais leur utilisation policière date de la fin du XIXᵉ siècle. Malgré l'apparition de méthodes plus modernes comme les tests ADN, l'identification par empreintes digitales reste très répandue, grâce au dessin unique des rainures du bout de nos doigts.

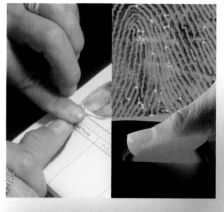

LA PRISE D'EMPREINTES DES SUSPECTS ▲
La façon traditionnelle de relever les empreintes était de presser le bout des doigts sur un tampon encreur, puis sur la fiche (à gauche). De nos jours, ils sont scannés électroniquement et ajoutés immédiatement à la base de données (à droite).

L'utilisation des empreintes digitales se fonde sur la classification typologique de leur dessin. Sans système organisé, la police ne pourrait prouver la présence d'un criminel sur les lieux d'un crime qu'en réalisant des comparaisons directes entre les empreintes relevées et celles du suspect. Avec des fiches classées, par contre, la police peut comparer les traces découvertes avec les fiches de milliers, voire de millions de criminels.

La classification

L'enregistrement systématique des empreintes digitales a commencé en Argentine en 1891 (voir encadré). Cinq ans plus tard, l'expert anglais des empreintes digitales, Sir Edward Henry, développa le système de classification en « dix empreintes », le plus utilisé jusqu'à l'apparition des bases de données informatisées à la fin du XXᵉ siècle.

Henry sépara les dessins en significatifs (tourbillons) et non significatifs (boucles et arcs). Un doigt avec tourbillon se voit affecter une valeur numérique dépendant de sa position. Par exemple, un tourbillon au pouce droit vaudra 16, alors que sur l'auriculaire gauche il vaudra 1. En additionnant les valeurs de certains doigts, Henry créa un code fractionnel pour chaque jeu de dix doigts, avec 1 024 valeurs possibles. Chaque fiche pouvait dès lors être classée selon ce code.

Ce système montra sa valeur dans l'identification des criminels travaillant sous pseudonyme. Les empreintes des suspects fraîchement arrêtés étaient relevées et codées, puis comparées aux fiches des criminels classées sous le même code, ce qui allait bien plus vite qu'une comparaison avec tout le fichier. Par contre, un jeu complet de dix empreintes était nécessaire, et était donc de peu de valeur face à des empreintes relevées sur les lieux d'un crime. Les systèmes à une empreinte, introduits dans les années 30, contournaient le problème en archivant séparément les empreintes.

La comparaison

Le système à empreinte unique posait néanmoins le problème de la comparaison des empreintes relevées sur les lieux d'un crime à tout le fichier, une procédure prenant beaucoup de temps et d'énergie, consistant à comparer les points de jonction et de séparation des crêtes.

On notait également les positions des crêtes courtes et des points, ainsi que les zones fermées, appelées lacs. Les examinateurs recherchaient des points de similarité afin de pouvoir rapprocher les empreintes.

L'informatique

Si une empreinte découverte sur un lieu de crime montre le bout du doigt entier avec un dessin peu courant, il peut être identifié rapidement. Hélas, les empreintes retrouvées sont rarement parfaites, et leur qualité souvent déplorable, ce qui complique la tâche des enquêteurs.

À mesure de la croissance des fichiers, le temps passé dans les recherches prit des proportions ingérables. À partir des années 60, les ordinateurs apportèrent une aide bienvenue. Les systèmes automatisés d'identification des empreintes digitales furent

**William James Herschel
1833–1917**

WILLIAM JAMES HERSCHEL utilisa les empreintes digitales pour identifier les Indiens venant chercher leur pension dans les années 1860. Il démontra que leur dessin ne changeait pas avec l'âge. Dans les 30 ans qui suivirent, le Dr. Henry Faulds suggéra que les empreintes étaient uniques, et Sir Francis Galton publia une étude scientifique au sujet de leur valeur pour l'identification. Ces trois pionniers étaient tous britanniques, mais ce fut un policier argentin, Juan Vucetich, qui identifia le premier des criminels par leurs empreintes digitales en 1891. Ce système fut utilisé pour condamner un criminel dans l'année qui suivit.

◀ BOUCLES
Les crêtes peuvent se replier, formant alors une boucle. Les boucles radiales commencent par le bord externe du doigt, à l'inverse des boucles ulnaires.

◀ TOURBILLONS
Quand les crêtes s'enroulent autour d'un point, elles forment un tourbillon. Avec les boucles ulnaires, c'est le type le plus courant.

◀ ARCS
Ils se forment quand les crêtes s'empilent pour former une arche. C'est un des dessins les moins courants.

développés au cours des trente années qui suivirent, jusqu'à ce qu'ils soient suffisamment fiables et rapides pour être largement adoptés.

Les systèmes informatisés utilisés de nos jours numérisent les empreintes relevées sur les lieux du crime, cherchent les positions relatives des caractéristiques des crêtes, telles que des bifurcations, puis enregistrent la direction de la crête à chacun de ces points. L'ordinateur compare alors ces données aux informations similaires présentes dans la base de données et présente une liste d'empreintes par ordre de similitude. Les enquêteurs comparent alors les empreintes relevées sur les lieux du crime à cette liste courte avant de confirmer toute comparaison.

L'avantage majeur de cette technique est qu'elle permet de travailler à partir d'empreintes partielles. Un tourbillon incomplet peut ressembler à une boucle, et une recherche manuelle commencera donc par la mauvaise section du fichier, ce qui conduirait à un échec. Les systèmes informatisés n'ont pas besoin de ces anciennes catégories pour travailler, et peuvent donc lancer une comparaison plus globale et plus rapide avant de proposer une liste de possibilités.

L'informatique a révolutionné les identifications d'empreintes. La base de données du FBI peut effectuer 40 000 recherches par jour. Avant leur introduction, les suspects étaient souvent relâchés à cause du temps pris par les recherches.

▲ LES EMPREINTES DES MORTS
Prendre les empreintes d'un mort récent n'est pas compliqué après la fin de la rigidité cadavérique, contrairement aux cadavres plus avancés. Les victimes de noyades pèlent, et les techniciens ont parfois à enrouler leur peau autour de leurs propres doigts pour prendre les empreintes.

ÉTUDE DE CAS

« Je le tiens ! Il est là ! » Un chercheur d'empreintes de Blackburn, en Angleterre, poussa ce cri de triomphe à l'issue d'une des plus grandes chasses à l'homme de l'histoire britannique. Elle commença en mai 1948 quand la petite June Devaney, 3 ans, disparut de sa chambre d'hôpital. Après deux heures de recherches, la police retrouva son corps martyrisé non loin de là. Les empreintes digitales retrouvées sur un flacon ne correspondaient pas à celles du personnel hospitalier, et la police prit donc les empreintes de tous les électeurs mâles de la ville, plus de 40 000 personnes. Sans résultat. En désespoir de cause, la police se tourna vers les cartes de rationnement (qui étaient encore en usage dans les années d'après-guerre) et trouvèrent 200 habitants de la ville en âge de voter, mais qui n'étaient pas inscrits sur les listes électorales. Les empreintes de l'un d'entre eux correspondaient, celles de Peter Griffiths (photo). Confronté à cette preuve, ce soldat démobilisé de 22 ans avoua et fut pendu le 19 novembre. Les fiches des autres citoyens furent détruites publiquement.

IMPRIMER L'EMPREINTE ▲
L'empreinte sur papier est l'image en miroir du dessin du doigt. L'empreinte ci-dessus a été inversée afin de la comparer au doigt originel (à droite). Notons ses fins de crêtes spécifiques (1, 2, 4 et 5) ainsi que les bifurcations (3 et 6).

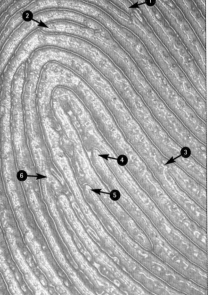

La bombe des docks

CONDAMNÉ

LE VISAGE DU POSEUR DE BOMBES ▲
Condamné à 25 ans de prison, le terroriste James McArdle n'en purgea que 2, libéré à la suite d'une amnistie destinée à relancer le processus de paix.

DES EMPREINTES PASSÉES ▼
Ces photographies diffusées par la police montrent le bon de repas et un magazine trempé par la pluie qui portaient les empreintes du terroriste.

Quand une bombe de l'IRA éventra le Canary Wharf, non seulement elle détruisit toutes les fenêtres du quartier des docks de Londres, mais elle réduisit aussi à néant le processus de paix en Irlande du Nord. Les inspecteurs traquèrent deux ans durant « l'homme aux trois empreintes », d'après les indices qui ont permis par la suite sa condamnation.

« On était encore au travail tard, à taper sur nos ordinateurs, quand il y a eu un énorme éclair et un gros boum, et qu'on a tous été projetés par terre. Les tuyauteries ont explosé, il y avait des éclats de verre partout, et le bureau était plein de poussière et de fumée. »

L'explosion qui a propulsé George Sparks au travers de son bureau venait d'une grosse bombe dissimulée dans un camion garé à 500 m de là. Elle explosa à 19 h le 9 février 1996, tuant deux personnes et en blessant une quarantaine d'autres, mettant fin au cessez-le-feu qui avait protégé la Grande-Bretagne des bombes irlandaises 17 mois durant.

Représentant la richesse des entreprises, avec le deuxième plus grand immeuble de bureaux d'Europe, le Canary Wharf de Londres était une cible évidente pour l'IRA. La bombe avait été déposée juste à l'extérieur du cordon de sécurité qui protégeait le quartier d'affaires. L'explosion mit les forces de sécurités britanniques dans une situation délicate, les prenant complètement par surprise, selon les mots d'un de leurs porte-parole.

L'équipe anti-terroriste de Scotland Yard avait peu à se mettre sous la dent. Le lieu de l'explosion n'était plus qu'un énorme cratère près de la gare de South Quay. La seule piste était une description du véhicule par un agent en uniforme. Il l'avait repéré alors qu'il faisait évacuer la zone à cause d'un avertissement téléphonique. D'après son témoignage, les spécialistes dressèrent un portrait-robot du camion, un semi-

◄ LA CHASSE AUX INDICES
Suivant les indications d'un témoin, les policiers fouillèrent un terrain vague. Outre une remorque abandonnée, ils trouvèrent pas mal de saletés et un pneu bourré d'indices.

remorque Ford modifié pour transporter des voitures.

Quand les journaux publièrent le dessin, 850 personnes appelèrent la police avec des informations. La 199ᵉ avait vu le camion garé dans une zone industrielle situé à 16 km de là, dans les jours précédant l'explosion. Elle avait vu deux hommes vider une remorque qu'ils tiraient, et l'abandonner au même endroit.

Les enquêteurs se précipitèrent sur ce terrain vague. Près de la remorque, ils découvrirent un pneu contenant les disques du camion, des magazines, d'anciennes plaques d'immatriculation nord-irlandaises et pas mal de cochonneries. Les disques du camion leur donnèrent des indications précieuses. L'enregistrement des vitesses, arrêts et départs leur permit de remonter la trace du véhicule jusqu'à Carlisle. Acheté lors d'une vente aux enchères quatre mois plus tôt, il avait été conduit jusqu'en Ulster. Aidés par les plaques

LES CAMÉRAS ▲
Le système de vidéosurveillance des autoroutes britanniques permit à la police de reconstituer l'itinéraire du camion entre le ferry irlandais et le quartier des docks.

d'immatriculation et par les caméras de vidéosurveillance des autoroutes, les enquêteurs découvrirent que le camion était revenu en Grande-Bretagne un mois avant l'explosion, et que ses conducteurs s'étaient arrêtés deux fois au même motel de Carlisle.

Malgré le fait que les chambres avaient été nettoyées depuis, les enquêteurs les passèrent à la poudre et relevèrent une centaine d'empreintes. Ils éliminèrent celles correspondant au personnel de l'hôtel. Après la fumigation d'un cendrier au cyanoacrylate (p. 19), il en restait une ne correspondant pas à celles de la femme de ménage.

435 km plus au sud, les techniciens de Scotland Yard examinaient sous toutes les coutures les ordures récupérées près de la remorque. Après deux mois d'efforts, ils purent produire un résultat. Ils avaient employé le DFO et la ninhydrine (p. 18) sur un bon de repas du ferry que les conducteurs du camion avaient pris pour revenir d'Irlande, et avaient trouvé l'empreinte d'un pouce, le même qui avait touché le cendrier trouvé au motel.

Le révélateur physique (p. 19) avait permis de révéler une autre empreinte sur un magazine qui était resté exposé aux éléments deux semaines durant, et elle correspondait aux deux autres. Le terroriste n'était plus une énigme, et les enquêteurs le surnommèrent « l'homme aux trois empreintes ». Rendus confiants par cette découverte, ils lancèrent une comparaison informatique avec le fichier central, comparaison qui ne donna aucun résultat : l'IRA avait choisi avec précaution un homme sans casier judiciaire, ce qui fit patiner l'enquête.

Puis, en avril 1997, une action du SAS à South Armagh, en Irlande du Nord, permit la capture d'une équipe de tireurs embusqués de l'IRA. Un des interpellés s'appelait James McArdle, maçon et routier du village de Crossmaglen. La routine de la vérification des empreintes amena à comparer ses empreintes à celles du terroriste des docks, et elles correspondaient : McArdle était l'homme aux trois empreintes.

Son procès en juin 1998 permit de révéler les détails de l'opération. Le camion était arrivé en Angleterre en janvier 1996 pour être vendu aux enchères, ce qui donnait aux terroristes une couverture de marchands de camions et leur permettait de tester la logistique. Les disques qui avaient conduit les enquêteurs à Carlisle étaient censés rendre plus convaincante leur couverture.

Lorsqu'ils lancèrent l'opération, ils remplirent les espaces vides du camion avec plus d'une tonne d'explosifs fabriqués avec de l'engrais, du sucre et une amorce de Semtex.

Les empreintes digitales suffirent à faire condamner James McArdle le 25 juin 1998 à 25 ans de prison pour association de malfaiteurs liée à une entreprise terroriste.

LES DÉGÂTS MATÉRIELS ▶
La bombe de l'IRA causa aux bâtiments du quartier des docks pour 150 millions de livres de dommages. Le correspondant de presse Inam Bashir et son assistant John Jeffries moururent dans l'explosion.

L'identification dentaire

Fraisages, plombages, prothèses et dents manquantes confèrent à nos dents une identité. Les marques de morsure peuvent renseigner sur le propriétaire des mâchoires. Et dans la mesure où les dents ne brûlent pas ni ne se décomposent, elles deviennent une méthode d'identification précieuse quand tout le reste a été détruit.

Les odontologistes et dentistes judiciaires sont des acteurs majeurs des enquêtes suivant les grandes catastrophes. « La victime fut identifiée grâce à ses empreintes dentaires » évoque l'incendie, l'explosion, la chute d'un avion ou le charnier, tout en permettant de ne pas préciser les détails les plus ragoûtants.

Reconnaître les morts à leurs dents n'est pas une pratique récente. Déjà en l'an 59 de notre ère, quand l'empereur Néron fit assassiner sa mère Agrippine par un esclave, son cadavre fut identifié grâce à sa dentition. En 1776, Paul Revere identifia le corps de Joseph Warren dix mois après qu'il eut été anonymement enseveli à l'issue de la bataille de Bunker Hill dans le Massachusetts. Revere reconnut un bridge qu'il avait exécuté l'année précédente.

Les mâchoires qui durent

L'identification dentaire est un outil précieux grâce à la résistance et à la dureté des dents. Elles peuvent survivre à des incendies qui font fondre le verre et le cuivre, réduisant les os en cendre. Elles peuvent aussi résister aux tentatives du meurtrier de faire disparaître les traces de son crime.

Sur les lieux d'un crime, les dentistes judiciaires confirment l'identification en comparant la dentition d'un cadavre à des dossiers dentaires. Ils se livrent à un examen post-mortem pouvant aller jusqu'à la prise de radios grâce à un appareil portatif.

Si la mâchoire est complète et que les dossiers sont récents, alors l'identification demande de la compétence, mais peu d'efforts. Les dentistes notent toujours dans le dossier de leurs patients les dents manquantes, plombées, le détail des bridges, couronnes et autres traitements.

L'affaire se complique quand les dossiers et les radios sont vraiment anciens, ou quand le crâne est très endommagé. Dans ces cas-là, les spécialistes doivent faire appel à leurs connaissances du développement dentaire et rechercher les points de similarité entre le crâne qu'ils examinent et le dossier en leur possession. S'il n'y a pas de radio dentaire, une radio faciale classique peut déjà être utilisée. La forme particulière des sinus frontaux peut aider à identifier une victime.

Quand il n'existe pas de dossier médical ou de radios utilisables, les possibilités déductives sont limitées. Mais l'on peut se fonder

◄ **LES DENTS DE LA MORT**
L'identification est simplifiée quand il existe un dossier dentaire, car les dentistes enregistrent tous les détails des 32 dents de leurs patients.

AU BAZAR DE LA CHARITÉ

La dentisterie judiciaire naquit le 4 mai 1897 quand un incendie tua 126 Parisiens éminents à une vente de charité. Les trois quarts des victimes purent être reconnues grâce à leurs vêtements et effets personnels et, quoique les identités des autres soient connues, elles étaient trop endommagées pour être réellement distinguées. Sur proposition d'un diplomate, les dossiers dentaires furent recherchés. La réussite de l'opération conduisit les pionniers de l'odontologie judiciaire, Davenport et Amoedo, à en dresser les grands principes, toujours en usage.

La une du *Petit Journal* illustrant l'incendie.

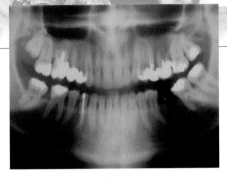

LES INDICES AUX RAYONS X ▲
Les plombages (en blanc) et traitement des canaux des racines, ainsi que la dent manquante en bas rendent caractéristiques la dentition de cette victime.

sur la procédure. Par exemple, l'âge d'un enfant peut être déduit du stade de développement de ses dents et, chez les personnes plus âgées, les racines tendent à devenir plus transparentes avec le temps. L'usure des dents d'un adulte peut aider aussi à déterminer son âge et son régime alimentaire. De plus, les matériaux et les techniques utilisées pour les plombages peuvent indiquer le pays où la victime a été soignée.

Les traces de morsures

La dentisterie joue aussi un rôle fondamental dans l'analyse des marques de morsures. Les dents des humains et des animaux laissent des impressions caractéristiques. Dans la chair, elles peuvent laisser des hématomes ou des lésions de la peau, et certains aliments, comme les fruits ou le fromage à pâte dure, peuvent garder des empreintes.

La valeur de ces marques pour l'identification dépend de leur précision et des caractéristiques individuelles des dents qui les ont produites. Si un creux ou une irrégularité d'une dent d'un suspect correspond à une irrégularité identique sur la marque, alors on peut ráisonnablement supposer que c'est la dent du suspect qui l'a laissée. Quand les dents sont vraiment distinctives et que les

marques sont claires, l'identification est quasi certaine.

Pour comparer la marque et les dents, les dentistes commencent par documenter la marque, en utilisant généralement la photographie. Dans le cas d'aliments ayant été mordus, la conservation est essentielle. La pomme de l'encadré ci-contre fut conservée dans un mélange d'alcool, de formaldéhyde et de glycérine.

Le stade suivant consiste à obtenir un enregistrement de la denture du suspect. Les dentistes judiciaires prennent les empreintes dentaires de la même façon que leurs collègues quand ils préparent une prothèse ou un bridge pour leurs patients. Une fois que l'empreinte a durci, on en tire un moulage en plâtre qui donne une réplique pratiquement parfaite des dents et des gencives.

Imprimées sur feuille transparente, les photos ou les numérisations des dents d'un suspect permettent une comparaison directe avec les traces de morsures. Trop souvent, hélas, les marques ne sont pas assez prononcées ou claires sur les photographies. Dans ces cas-là, c'est l'opinion personnelle du dentiste en tant qu'expert, et la façon dont il l'expose lors d'un interrogatoire contradictoire, qui pourra convaincre un jury de la culpabilité ou de l'innocence d'un suspect.

ÉTUDE DE CAS

Les tueurs de l'IRA n'ont laissé que peu d'indices quand ils ont abattu Billy Craig et son père : quelques douilles et une pomme à demi mangée. C'est à partir d'une trace de morsure curieuse qu'un professeur d'orthodontie fit un diagnostic remarquable. Notant une déformation de la mâchoire, il annonça que le tueur était grand et maigre, haut d'épaules et long de visage. Il ou elle aurait probablement un grand nez, un front haut, avec peut-être des difficultés respiratoires. Quand un indicateur les mena à un suspect possible, les policiers furent stupéfaits : la ressemblance entre l'homme et la description faite par le dentiste était étonnante. Un moulage de ses dents déformées par la maladie confirma qu'il n'y avait que peu de chances que qui que ce soit d'autre ait croqué la pomme. Le tueur de l'IRA fut condamné plusieurs fois à perpétuité pour ce meurtre et quelques autres.

UNE MORSURE À L'ÉPAULE ▼
En s'accrochant et en mordant l'épaule de sa victime, un violeur y laissa sa marque, suffisamment claire et distincte pour le faire condamner.

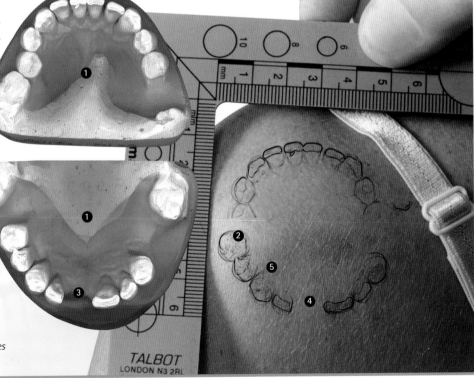

LA MORSURE

① Moulages des mâchoires inférieure et supérieure du suspect.

② L'empreinte de la mâchoire, reportée sur feuille transparente, correspond à la marque de morsure.

③ Espace indiquant une incisive centrale supérieure manquante.

④ L'espace correspondant sur la morsure.

⑤ Les hématomes brouillent une partie des marques sur l'épaule de la victime.

L'anthropométrie

Les squelettes sont des témoins muets des crimes, et le but de l'anthropométrie est de faire parler ces ossements. Grâce à des mesures et des comparaisons précises, les spécialistes peuvent déterminer l'âge, le sexe et l'appartenance ethnique de restes humains. Les os peuvent révéler également l'histoire médicale du sujet et la façon dont il est mort.

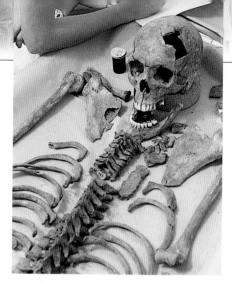

UNE MORT VIOLENTE ▲
Le trou dans la tête suggère qu'un coup très violent a occasionné la mort.

Quand on découvre des os, que ce soit par hasard ou après une enquête policière, le travail de l'anthropologue judiciaire consiste à identifier les victimes et à déterminer si leur disparition était liée à un crime. La première étape amène à vérifier que les os sont humains. C'est moins sot qu'il n'y paraît, les os de certains animaux pouvant prêter à confusion, comme les vertèbres de la queue d'un cheval, ressemblant à des phalanges humaines.

L'âge au moment du décès

Ensuite, on détermine l'âge de la victime en examinant la croissance et le vieillissement de certains os. Les dents émergentes, par exemple, permettent de déterminer l'âge d'un squelette d'enfant, entre l'apparition des dents de lait et la majorité, où apparaissent généralement les dents de sagesse.

À l'adolescence, les os deviennent plus denses et plus épais, achevant le processus d'ossification. Les 800 foyers d'ossification du corps sont un des indicateurs les plus précieux de l'âge d'un enfant. Par exemple, vers 6 ans, deux excroissances osseuses se forment au bout de l'avant-bras, sur le radius. Entre 17 ans pour les hommes et 20 ans pour les filles, l'épiphyse inférieure a fusionné avec le radius. L'épiphyse supérieure suit peu après. Le dernier os à achever sa croissance est la clavicule, qui peut grandir jusqu'à l'âge de 28 ans.

Sur les squelettes de personnes plus âgées, les spécialistes rechercheront des signes de dégénérescence. Des pointes osseuses peuvent apparaître sur les vertèbres, les dents tomber, et les articulations présenter des signes d'arthrite, toutes ces détériorations s'amplifiant avec l'avancée en âge.

Le sexe des os

Pour distinguer l'homme de la femme, les anthropologues se fondent avant tout sur le crâne et le bassin. Trois points du crâne sont déterminants : l'arcade sourcilière en bas du front, un os sous l'oreille et l'occiput, situé derrière la tête. Les deux derniers servent

CE QUE DISENT LES OS

① *Des blessures au visage suggèrent généralement l'homicide.*

② *Le fémur, os de la cuisse, est l'os le plus long chez l'homme, et permet d'extrapoler la taille de l'individu.*

③ *Le pelvis peut aider à déterminer le sexe, même brisé ou incomplet.*

④ *Des vertèbres écrasées peuvent indiquer une ostéoporose, plus caractéristique chez les vieilles femmes.*

L'EXAMEN D'UN TSAR
L'exhumation du squelette du dernier tsar de toutes les Russies, Nicolas II, de sa femme la tsarine et de leur servante Anna Demidova a conduit à leur examen par des laboratoires de la police scientifique russe en 1998.

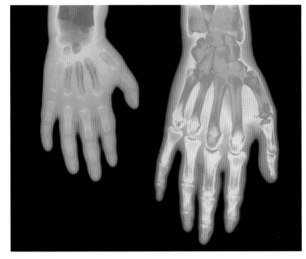

◀ LA DÉTERMINATION DE L'ÂGE
Ces radios de la main d'un enfant de trois ans et de celle d'un adulte montrent le processus d'ossification. Les larges espaces cartilagineux de la main de l'enfant sont complètement ossifiés chez l'adulte.

L'ORIGINE ETHNIQUE

L'origine raciale d'un corps est fondamentale pour l'établissement de l'identité. C'est le crâne, grâce aux détails suivants, qui apporte les éléments d'information.

Quelle taille ?

La façon la plus simple de déterminer la taille est d'assembler le squelette, ou de relever les tailles des os appropriés. On ajoute 10 ou 11 centimètres correspondant aux tissus intermédiaires (un peu plus pour les enfants, selon l'âge). Si le squelette est incomplet, certains os peuvent donner une indication de la stature. Plus l'os est long, plus l'estimation sera précise, c'est pourquoi le fémur est mesuré en premier. La plupart des gens mesurent 2,6 fois la longueur de leur fémur, la valeur pouvant être précisée en fonction de la race et du sexe.

MONGOLOÏDE ▶
Les personnes d'origine asiatique ont le crâne large, le visage plutôt aplati et les pommettes saillantes. Les orbites sont arrondies et la cloison nasale est plutôt basse, les côtés étant droits.

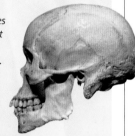

NÉGROÏDE ▶
Les crânes de personnes d'origine africaine sont reconnaissables à leur large ouverture nasale. Les dents sont elles aussi plus larges et le crâne tend à être plus long et plus étroit. Les pommettes sont légèrement prononcées.

d'attache à des muscles, et sont plus proéminents chez les hommes.

Les différences au niveau du bassin sont faciles à repérer, même pour des non-initiés. Les hommes sont plus étroits, en plus d'autres différences plus subtiles (voir illustration ci-dessous).

Si le squelette est retrouvé sans le crâne ni le bassin, la détermination du sexe est plus délicate. Les anthropologues doivent se fier aux différences de taille et de force entre hommes et femmes. Sur les squelettes d'hommes, les points d'attache des muscles sont plus prononcés, indiquant une plus grande force physique.

Maladies et blessures

Au cours de la vie, certaines maladies infectieuses (y compris congénitales comme le spina-bifida), liées à la malnutrition ou au cancer, peuvent endommager les os. Mais seuls les cas chroniques ont un impact identifiable sur le squelette. Dans les cas d'accidents, le processus de cicatrisation des os laisse des marques visibles, et une fracture guérie peut aider à confirmer l'identité.

Le travail peut lui aussi laisser des traces : l'arthrite professionnelle affecte visiblement les articulations.

CAUCASIEN ▶
Les crânes des Blancs sont généralement hauts et larges, les pommettes et la mâchoire peu saillantes. Le menton est souvent légèrement en arrière.

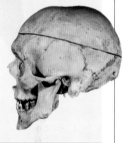

UN COUDE ARTHRITIQUE ▼
L'articulation du coude d'un ouvrier du bâtiment qui travaillait au marteau-piqueur montre des signes d'arthrite sur cette radiographie. Les extrémités des os, généralement arrondies, ont été usées par les fortes vibrations de l'outil.

Les causes de la mort

Les squelettes de personnes mortes de façon violente portent souvent des traces des armes qui les ont tuées : les impacts de balles laissent des trous caractéristiques, les armes blanches des éraflures. Des fractures peuvent aussi suggérer des violences, la difficulté pour l'expert étant de déterminer si ces fractures sont survenues avant ou après le décès. Il y a des indices : l'os sec casse différemment de l'os vivant, et des signes de débuts de cicatrisation indiquent une blessure survenue du vivant de la victime.

FAITE POUR ENFANTER ▶
Adapté à la grossesse et au port de l'enfant, le bassin de la femme est visiblement plus large que celui de l'homme. Le sacrum (os en fer de lance constitué de cinq vertèbres soudées) est lui aussi plus large, tout comme le détroit.

Bassin masculin

Sacrum

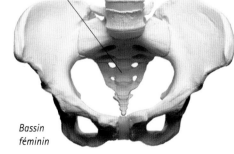
Bassin féminin

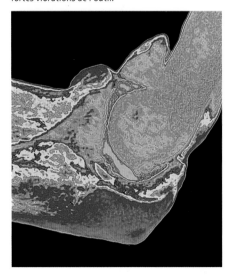

La reconstitution faciale en argile

Recréer le visage d'une personne en ne partant que de son crâne demande une combinaison de talents assez rare. Pour rendre leurs créations utiles, les sculpteurs ont besoin de l'objectivité scientifique de l'anthropologie. Mais rendre la sculpture ressemblante fait appel aussi à l'imagination de l'artiste.

FRAGMENTS DE CRÂNE ▶
Les sculpteurs ne commencent pas toujours à partir d'un crâne complet. Ils ont parfois à travailler à partir de fragments qu'ils doivent d'abord remonter, comme un puzzle en trois dimensions.

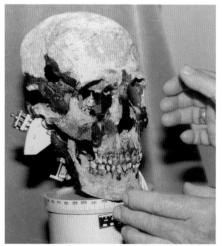

FAIRE LA TÊTE ▲
S'il subsiste suffisamment de fragments du crâne pour remonter une tête à peu près complète, le crâne peut alors être moulé et être utilisé comme base pour la reconstitution.

Quand la peau et les muscles du visage se décomposent, c'est la notion même de visage qui est mise à mal. Peu de gens peuvent aller au-delà des orbites vides et du rictus grimaçant d'un crâne pour imaginer la personne qui les recouvrait. Pourtant le crâne donne sa structure et sa forme au visage, et en utilisant ses contours, les sculpteurs peuvent recréer l'apparence de la personne vivante d'une façon étonnamment réaliste.

Chevilles et bandes

La méthode de reconstitution la plus courante se fonde sur la connaissance des épaisseurs de tissus qui recouvrent chaque point du crâne. Cette science s'appelle morphométrie (du grec, signifiant « mesure des formes »). Les bases en ont été jetées aux États-Unis, c'est pourquoi on parle parfois de « méthode américaine ». Des chercheurs ont commencé à mesurer les épaisseurs de chair à la fin du XIXe siècle, mais les données qu'ils ont compilées n'ont commencé à être utilisées en anthropologie judiciaire que vers les années 30.

Initialement, ces mesures étaient effectuées lors de la dissection des cadavres, mais les techniques modernes d'échographie permettent à présent la mesure des tissus mous sur des sujets vivants.

Les sculpteurs travaillent généralement à partir de 25 à 30 points clés et des épaisseurs afférentes. Ces points sont répartis autour du visage, mais sont plus particulièrement concentrés autour de la bouche et entre les yeux. Des normes de mesures sont disponibles en fonction de l'âge, du sexe, de l'appartenance ethnique et pour des configurations allant de la personne émaciée à l'obèse.

La reconstruction commence en plaçant les indicateurs d'épaisseur, généralement de petites chevilles, sur le crâne, ou sur un moulage fidèle de celui-ci, en chacun des points clés. Les sculpteurs appliquent ensuite des bandes d'argiles entre les chevilles, bandes à l'épaisseur précisément calculée en fonction de la hauteur desdites chevilles. Une fois que les bandes sont en place, on comble les vides à l'argile, et le sculpteur commence à travailler sur la forme des yeux, du nez, de la bouche, des oreilles, du menton et des joues.

Ce sont ces parties qui donnent son caractère propre à un visage, mais ce sont hélas celles qui disparaissent le plus vite quand le corps se décompose. Si le sculpteur a besoin de toute son expérience et de son jugement pour les imaginer, il se fie aussi à des règles canoniques.

Mikhail Gerasimov 1907–1970

La reconstitution faciale systématique commença avec les travaux de l'anthropologue russe Mikhail Gerasimov. À la faculté de médecine de Moscou, il mesura les épaisseurs des tissus faciaux d'un grand nombre de cadavres, puis se lança dans sa première tentative de reconstitution. Technicien assistant au musée d'Irkoutsk à la fin des années 20, il recréa les visages d'hommes préhistoriques à partir des fossiles de leurs crânes. Ses reconstitutions aidèrent à résoudre une affaire de meurtre en 1939, quand des ossements humains furent retrouvés dans les environs de Leningrad. Curieusement, le travail pour lequel il est resté le plus célèbre ne fut pas la reconstitution d'une victime de crime, mais celle du visage de Tamerlan, le boiteux de fer, le célèbre conquérant mongol.

À vue de nez

La largeur du nez, par exemple, correspond approximativement à la distance entre les coins intérieurs des yeux. Les coins de la bouche tombent sous les bordures internes de l'iris, et se trouvent devant l'arête arrière des canines. La longueur des oreilles est similaire à celle du nez, quoiqu'elles puissent s'allonger légèrement avec l'âge.

Le sculpteur applique ensuite la touche finale, lissant l'argile pour lui donner la texture de la peau, avant de faire un moule de la tête avec du plâtre et de la silicone. Une copie peut être dès lors tirée, avant d'être peinte afin de ressembler à un visage vivant.

Du muscle, rien que du muscle

Tous les sculpteurs ne travaillent pas de cette façon. Certains utilisent la méthode russe, ou morphoscopie (terme grec, signifiant examen des formes). Cette approche n'est pas guidée par des épaisseurs de tissus, mais par la forme du crâne elle-même. Par exemple, les muscles de la joue, qui contrôlent la mastication, sont fixés à des arches osseuses horizontales sur les côtés du crâne, en avant des oreilles. La forme et la taille de ces os déterminent celles des muscles qui y sont attachés.

Partant de ces bases, les sculpteurs reconstruisent le visage muscle par muscle, modelant chacun d'entre eux dans l'argile avant de les fixer au crâne. La touche finale consiste ensuite à recouvrir ces muscles d'argile d'une peau elle aussi d'argile. Le résultat coïncide généralement avec celui de la méthode morphométrique.

Les deux approches ont leurs mérites. Les avocats de la morphométrique, basée sur des épaisseurs moyennes, la considèrent comme plus scientifique et objective. Les spécialistes de la morphoscopique considèrent pour leur part que partir d'une moyenne est déjà une erreur, dans la mesure où ce qui fait la particularité d'un visage est tout ce qui sort de la moyenne : long nez, grandes oreilles, etc.

Ressemblance approximative

Quelle que soit l'approche employée, il y a des limites à la précision de ces reconstitutions. Les sculpteurs ne peuvent qu'imaginer la chevelure, et ne peuvent simuler les expressions faciales qui donneraient vie au visage. Mais une ressemblance parfaite n'est pas forcément nécessaire : le but d'une reconstitution est de stimuler la mémoire des gens ou, en excluant des personnes qui ne ressemblent pas du tout au portrait, de réduire le champ des recherches.

◀ **CHEVILLES DE PROFONDEUR**
Pour identifier une jeune fille, dont le squelette a été retrouvé au Pays de Galles en 1989, l'illustrateur médical Richard Neave commence sa reconstitution en fixant des chevilles de bois à un moulage.

◀ **MUSCLES DES MÂCHOIRES**
Il donne ensuite corps aux tempes et au cou avec des muscles d'argile, utilisant les chevilles pour évaluer l'épaisseur qu'il doit leur donner.

VISAGE COMPLET ▶
Une fois que les tissus sous-jacents ont été complètement remodelés, les chevilles ont disparu, et il ne reste plus qu'à donner à la sculpture la semblance d'un visage de femme.

RESSEMBLANCE FRAPPANTE ▼
Le visage reconstitué était si vivant que la jeune fille fut immédiatement identifiée comme étant Karen Price par son assistante sociale. Deux hommes furent inculpés peu après pour le meurtre.

◀ **RICHARD NEAVE**
Comme Gerasimov, Richard Neave travailla d'abord sur des vestiges archéologiques avant de se tourner vers les reconstitutions judiciaires. La photo le montre en train de travailler sur le visage de Karen Price.

La reconstitution faciale informatique

S ur l'écran de l'ordinateur, le visage reconstitué prend une vie presque inquiétante... Programmateurs et experts médico-légaux coopèrent pour construire ces reconstitutions numériques des victimes. Pour arriver à cet extraordinaire niveau de réalisme, ils emballent une représentation du crâne dans des tomographies et photographies de personnes vivantes.

Recréer un visage à partir d'argile demande un grand talent artistique. Il faut aussi certains talents pour recréer un visage sur un ordinateur, mais ce ne sont pas les mêmes. Le programmeur ou le technicien travaillent de façon plus abstraite, manipulant indirectement les données pour produire une ressemblance convaincante.

La numérisation du crâne

Quoiqu'il n'y ait pas de méthode standard de reconstitution, le matériel initial provient toujours d'une numérisation en 3D du crâne. Cette technique est non destructive, ce qui permet d'employer le crâne lui-même plutôt qu'un moulage de plâtre. Généralement, le crâne tourne sur un plateau, tandis qu'un scanner au laser illumine une bande verticale étroite. Des miroirs situés des deux côtés renvoient à des capteurs l'image illuminée. L'analyse des données ainsi produites permet au programme de contrôle de calculer la distance entre chaque point du crâne et l'axe de rotation, et de recréer ainsi une image numérique du crâne manipulable selon les besoins.

Du crâne au visage

Pour donner corps à ce visage, si l'on peut dire, la plupart des systèmes utilisent des données récupérées lors de tomographies réalisées sur des personnes vivantes. Contrairement aux rayons X, qui ne montrent guère

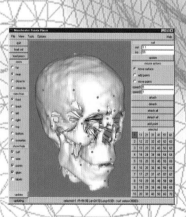

◀ FAITES TOURNER
Le scanner laser est similaire à celui utilisé en chirurgie plastique ou réparatrice pour modéliser un visage. Une station de travail puissante traite les données.

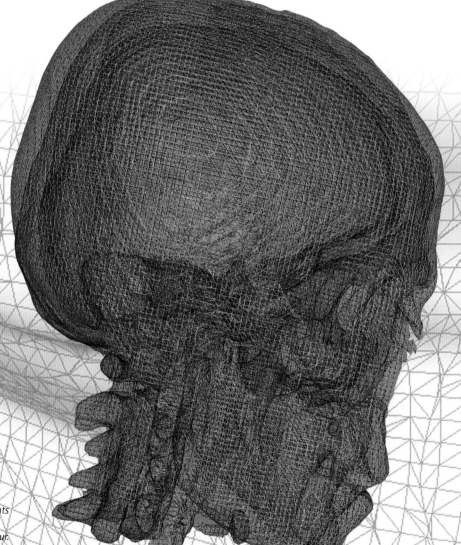

LA TOMOGRAPHIE D'UN CRÂNE ▼
La tomographie (en bleu) plaquée sur le crâne de la victime (en rouge) montre le travail de distorsion qu'il reste à accomplir pour les faire coïncider.

LES POINTS CLÉS ▲
Le programme indique approximativement les emplacements des « chevilles » utilisées pour la reconstitution, emplacements qui seront précisés par la suite par l'opérateur.

LA DISTORSION DE LA TOMOGRAPHIE ▲
Le processus de distorsion de la tomographie pour la faire coïncider au crâne de la victime demande parfois plusieurs tentatives. Les zones en violet sont celles où la tomographie correspond parfaitement au crâne.

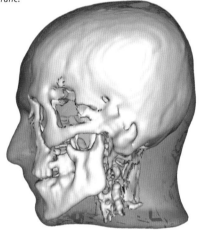

L'ÉPAISSEUR DES TISSUS ▲
Une fois que la tomographie coïncide, on affiche les tissus mous correspondants. La « peau » (en bleu) doit envelopper précisément le crâne.

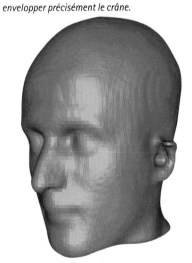

LA TÊTE RECONSTRUITE ▲
À ce stade, la visualisation du visage sur écran, sans texture ni couleur ajoutée, n'est pas très différente de la reconstruction d'argile.

que l'ombre projetée par les os, la tomographie enregistre à la fois les tissus durs et mous, en trois dimensions plutôt que deux. C'est ainsi que les données tomographiques incluent aussi bien la forme du crâne que l'épaisseur des tissus qui l'entourent.

Afin de choisir la tomographie appropriée, les anthropologues utilisent le crâne et d'autres restes pour déterminer l'âge, le sexe et l'origine ethnique du sujet. Tous les indices concernant la stature du sujet, par exemple des vêtements retrouvés avec le cadavre, peuvent aider à ajuster le paramètre d'épaisseur en tenant compte d'une éventuelle obésité ou émaciation.

Puis ils plaquent les deux numérisations l'une sur l'autre, la tomographie sur le crâne (voir illustration). À ce stade, les deux têtes n'ont pas forcément la même forme, et l'étape suivante consiste à appliquer des distorsions à la tomographie de façon à coïncider avec les points clés déterminés sur le crâne. Une fois ajustée au crâne, la tomographie a pris la forme

d'un visage qui correspond approximativement à celui de la victime.

La peau et les cheveux

Pénétrant en profondeur dans les tissus humains, la tomographie manque de précision pour les détails superficiels. C'est pourquoi, à ce stade, la reconstruction ressemble à un moulage en plâtre du visage de la victime. Pour la rendre vivante, il faut y ajouter la texture et la couleur de la peau, les yeux et les cheveux. Pour ce faire, les techniciens « empruntent » le visage d'un individu et le plaquent sur la reconstruction.

Le rendu en 3D demande une « carte » en couleurs de toute la tête. Pour la constituer, on utilise une photo de face et une photo de chaque profil d'une personne dont l'âge, la corpulence et l'origine ethnique correspondent à celle de la victime. Les programmes fondent ces trois vues en une bande qu'ils enroulent sur la reconstruction du crâne pour achever le processus de rendu.

Le résultat peut être vu et manipulé à l'écran, et peut être distribué dans l'un des nombreux formats standard, comme le VRML

ou le Quicktime VR. Si la reconstitution numérique semble plus vivante que sa sœur d'argile, il ne faut jamais oublier qu'elles présentent les mêmes limites. En particulier, la forme de la bouche, celle du nez, des yeux et des oreilles sont recréées intuitivement. Par contre, la possibilité de recréer le visage de la victime sous divers éclairages et sous tous les angles rend cette méthode très parlante.

Dans l'avenir, l'évolution de l'animation numérique permettra sans doute de manipuler plus avant le visage, en lui conférant des expressions telles que le sourire, et la capacité de parler ou de rire à l'écran.

◄ L'AJOUT D'UN VISAGE
Une photographie d'un visage sous éclairage neutre donne des détails de la peau qui doit envelopper la reconstruction. L'ordinateur recrée les ombres et les lumières pour ajouter au réalisme.

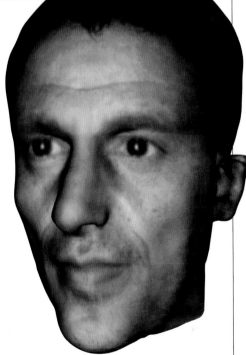

LA TOUCHE FINALE ▲
Les yeux, tirés d'une base de données, ont l'éclat de la vie. La chevelure doit être la plus simple possible tant qu'on ne dispose pas de plus d'éléments.

Les analyses de sang

En permettant de déterminer l'identité par une simple goutte, le sang et les autres fluides corporels peuvent lier un suspect à sa victime, au lieu du crime ou à une arme dans un enchaînement de preuves. Si l'analyse ADN est la technique la plus connue pour établir ce type de liens, elle n'est que l'aboutissement de l'immense domaine de la sérologie médico-légale.

Si l'analyse ADN peut identifier quasi à coup sûr un échantillon comme appartenant à un individu ou à un autre, pourquoi s'encombrer de tests moins précis ? La réponse est simple : le test ADN est encore long et coûteux à mettre en œuvre. D'autres tests moins complexes sont beaucoup moins chers et donnent des résultats quasi immédiats, leur simplicité permettant parfois même de les pratiquer directement sur les lieux du crime.

Est-ce bien du sang ?

Chaque fois qu'ils découvrent une tache suspecte sur les lieux d'un crime, les enquêteurs effectuent un test préliminaire assez simple qui leur permet d'étayer raisonnablement la supposition selon laquelle il s'agit de sang, en cas de résultat positif du test. La plupart de ces tests se présentent sous la forme d'une solution qui change de couleur en présence d'hémoglobine ou d'une enzyme sanguine nommée peroxydase. Un de ces tests préliminaires est le Luminol (p. 84), que l'on pulvérise sur les surfaces et qui fait briller les résidus sanguins dans le noir. Le Luminol est assez sensible pour révéler même une tache effacée. Ces tests n'ont pas valeur de preuve : la pomme de terre et le raifort contiennent la même enzyme, donc un cageot de maraîcher pourrait donner un test positif.

Est-ce du sang humain ?

Le test le plus commun destiné à confirmer qu'un échantillon est bien sanguin permet aussi de déterminer s'il est d'origine humaine. Le biologiste allemand Paul Uhlenhuth l'imagina en 1901. Il injecta une protéine d'œuf à un lapin, et le lapin se mit à produire des anticorps pour lutter contre les antigènes du poulet (les antigènes sont des toxines ou enzymes capables de provoquer une réponse immunitaire). Quand Uhlenhuth mélangea le sang du lapin à du blanc d'œuf, les anticorps réagirent avec les antigènes de l'œuf, provoquant la précipitation d'un dépôt laiteux. En injectant à un lapin des cellules humaines, on peut obtenir des réactions spécifiques aux antigènes humains.

Tel qu'il est employé aujourd'hui dans les laboratoires médico-légaux, ce test de précipitation est un peu plus complexe.

◄ **LES GLOBULES ROUGES**
Les tests sanguins recherchent les enzymes caractéristiques de l'hémoglobine (ci-contre) qui transporte l'oxygène de notre organisme au sein des globules rouges (ci-dessus).

LE PRÉLÈVEMENT SUR TACHES ▲
L'échantillon est prélevé à l'aide d'un coton-tige imprégné de solution saline.

Les sérologistes déposent l'échantillon et la solution de test (contenant les anticorps) dans des creux ménagés dans une gelée, où ils se mettent en contact. Si l'échantillon est du sang humain, il contiendra les antigènes qui réagiront avec les anticorps de la solution à l'endroit où les deux solutions sont en contact, et il se formera alors une bande distinctive de protéines précipitées. Faire passer un courant dans la solution transforme le test en électrophorèse (p. 61) qui accélère le résultat en créant une attraction entre l'anticorps et l'antigène.

Le développement des antigènes monoclonaux (synthétiques) a permis de produire un test utilisable sur le terrain donnant une confirmation immédiate de la nature de l'échantillon.

De qui est-ce le sang, alors ?

Le sang humain contient une centaine d'antigènes différents, mais qui ne sont pas systématiquement présents chez chaque individu. En déterminant lesquels sont présents, on peut indiquer de quel suspect provient le sang trouvé sur les lieux du crime. Le test de tous les antigènes est possible, mais fastidieux. À la place, les sérologistes se cantonnent aux plus spécifiques. Il existe une douzaine de classifications du sang, mais la plus courante est l'ABO, utilisée aussi dans le cas de transfusions pour déterminer la compatibilité entre donneur et receveur (voir encadré ci-dessous).

Les autres fluides

Le sang n'est pas le seul fluide corporel testé par la sérologie. Les enquêteurs envoient aussi des échantillons de salive, de sperme, d'urine ou de sécrétions vaginales. L'ADN qu'on peut en extraire permet de confronter celui d'un suspect à celui identifié dans ces échantillons. Mais avant de lancer un test ADN, les sérologistes commencent par confirmer que le contenu de l'échantillon correspond bien à l'étiquette rédigée par les enquêteurs.

Dans les cas de viols, ils commencent toujours par vérifier que l'échantillon est bien du sperme. Des tests préliminaires par changement de coloration montrent la présence des principaux composants du sperme : la phosphatase acide séminale, la choline et la spermine. Les sérologistes confirment le test par un examen au microscope montrant les spermatozoïdes, car le sperme d'un violeur n'en contiendra pas forcément s'il a subi une vasectomie ou est stérile. L'autre test courant est la recherche de la protéine P30, par un test de précipitation classique.

Karl Landsteiner 1868–1943

Travaillant à Vienne, l'immunologiste et pathologiste Karl Landsteiner démontra en 1901 qu'il y avait au moins trois types de sang humain, qu'il appela A, B et O, distingués par la présence d'antigènes spécifiques dans les globules rouges. Il identifia le groupe AB l'année suivante. Cette découverte (et le développement subséquent du système qui permit de sécuriser les transfusions) lui valut un prix Nobel de médecine.

LE TEST DU GROUPE SANGUIN

Le système ABO cherche deux antigènes, A et B, à la surface des globules rouges. Il utilise généralement deux solutions contenant des anticorps s'attaquant aux antigènes A et B. Le premier fait coaguler le sang contenant des antigènes A, permettant d'identifier les groupes A et AB. Le second produit la même réaction sur les groupes B et AB. Le groupe O ne réagit dans aucun des cas. L'exemple ci-contre indique aussi une solution qui réagit avec A et B ensemble (les solutions ont été colorées pour plus de clarté).

Les groupes sanguins ne sont pas également répartis. Les Américains blancs sont de groupe O dans 45% des cas, A à 41%, B à 10% et AB à 4%. Ces proportions pourraient donner à penser que l'analyse sanguine est de peu d'intérêt, sachant que la plupart des suspects blancs sont statistiquement de groupe A ou O. Pourtant, le test est rapide et peu cher, et si le suspect et les échantillons ne correspondent pas, cela permet de l'innocenter rapidement.

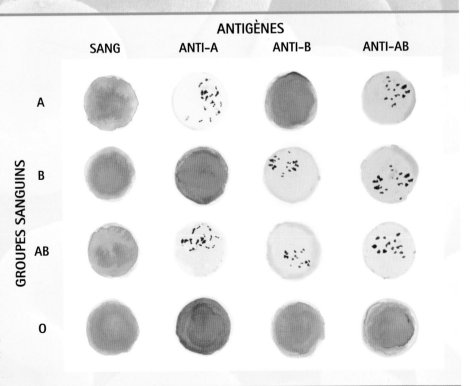

59

Les analyses d'ADN

Replié au cœur du noyau de nos cellules, cette spirale de 2 mètres de long contient le code qui nous décrit, qui fait de nous ce que nous sommes, ainsi qu'un code neutre, répété, que l'on peut compter, et dont la découverte et l'utilisation ont révolutionné le travail d'enquête.

◀ **L'ADN**
La double hélice spiralée de l'ADN le rend très compact. Sa longueur de 2 mètres parvient à tenir, repliée, dans le minuscule noyau de nos cellules.

Cette spirale fondamentale est l'acide désoxyribonucléique ou ADN. Une portion de cette longue molécule contient nos gènes, notre code génétique qui commande au développement de notre structure physique. L'ADN se présente comme une échelle enroulée plusieurs fois sur elle-même, portant trois milliards de barreaux. Chacun de ces barreaux est formé d'une paire de molécules organiques simples nommées bases. Il y a quatre types de bases (encadré ci-dessous) et l'ordre dans lequel elles sont alignées confère son unicité à l'ADN de chaque individu, hormis les vrais jumeaux. Il est donc devenu un outil d'une grande importance pour l'établissement des identités. Il est aussi largement disponible (présent dans toutes les cellules vivantes, y compris les racines des cheveux et les cellules osseuses) et on n'a besoin que d'une faible quantité pour permettre les tests.

Cet ADN « poubelle » si important

En examinant avec attention certaines sections de l'ADN retrouvé sur les lieux d'un crime, on peut les comparer avec de l'ADN prélevé sur le suspect. Une correspondance marquée peut suggérer que le suspect était à la source de cet ADN retrouvé. Mais l'ADN est aussi un outil

Sur cette représentation graphique de l'ADN, (I) marque le début de la section répétitive. La séquence entre (I) et (II) se répète plusieurs fois.

puissant pour identifier les victimes. La moitié de notre ADN est un héritage paternel, l'autre un héritage maternel. Ce qui fait qu'une correspondance de moitié de l'ADN d'une victime non identifiable par ailleurs avec celui des parents d'une personne disparue peut suggérer un lien familial.

Seule une faible portion de notre ADN contient les informations utilisées par l'organisme pour nous faire vivre. Le reste, appelé familièrement « ADN poubelle », ne semble pas servir à quoi que ce soit. Mais c'est cet ADN qui est le plus utile pour l'identification, car il est principalement constitué de courtes séquences de paires de bases qui se répètent, appelées séquences répétées en tandem. Quoiqu'elles soient présentes dans notre ADN à tous, le nombre de fois où elles se répètent varie fortement d'un individu à l'autre. En comptant les répétitions d'un certain nombre de séquences (qui peut aller jusqu'à 30), on peut identifier des individus en toute certitude. Localiser ces séquences et les séparer pour analyse est possible car leurs extrémités portent toujours la même

LES BASES

4 sortes de bases constituent les barreaux de l'échelle : l'Adénine (A) et la Guanine (G) sont des purines. La Cytosine (C) et la Thymine (T) sont des pyrimidines. Les bases apparaissent toujours sous la forme d'une purine liée à une pyrimidine. A avec T, et G avec C.

G GUANINE
C CYTOSINE
T THYMINE
A ADÉNINE

L'AJOUT DES AMORCES ▲
La réaction de polymérase commence par l'adjonction d'amorces à l'échantillon d'ADN, qui sera ensuite chauffé et refroidi plusieurs fois.

séquence caractéristique de paires de bases qui est la même chez tout le monde.

L'extraction

L'analyse débute par l'extraction de l'ADN présent dans l'échantillon. Cela est généralement réalisé grâce à un mélange de chloroforme et de phénol, ou une solution saline utilisée pour séparer l'ADN du reste du matériel cellulaire. Ce procédé ne donne pas forcément suffisamment d'ADN pour procéder directement à l'analyse, et on cherchera donc à en augmenter artificiellement la quantité, grâce à une réaction de polymérase en chaîne.

L'amplification

La polymérase est une enzyme cellulaire dont la fonction est la copie et la réparation de l'ADN. Toute utilisation de l'ADN par la cellule implique qu'il se sépare en deux, créant deux filaments. Dans la mesure où chaque base ne se lie qu'à une base complémentaire, chaque montant de l'échelle peut servir de gabarit à l'autre. La polymérase travaille sur les deux montants, reconstruisant l'autre en y ajoutant les bases complémentaires manquantes pour recréer un ruban d'ADN complet.

La polymérase en chaîne reproduit ce processus naturel en laboratoire. Les techniciens mélangent l'échantillon d'ADN à une solution saline tampon, ajoutent de la polymérase, les quatre bases et des fragments d'ADN appelés amorces. Les amorces sont des

◄ SPIRALES COLORÉES
On attache un colorant fluorescent différent à chaque amorce qui, accrochée à l'ADN, lui confère sa couleur spécifique, permettant l'identification.

fragments simples d'ADN qui s'attachent aux extrémités d'une séquence choisie. Ces amorces sont spécifiques de séquences données et permettent de différencier près de trente séquences répétées en tandem.

En faisant chauffer cette mixture à une température précédant juste l'ébullition, on « ouvre » l'ADN. Quand la solution refroidit, les amorces se lient aux séquences cibles. La réchauffer légèrement permet à la polymérase d'entamer la reconstruction de la branche complémentaire des montants séparés de l'ADN entre les amorces. Le processus est répété jusqu'à une quarantaine de fois, ne répliquant que les séquences cibles, laissant le reste de l'ADN dans son état initial.

La réaction de polymérase peut multiplier la taille d'un échantillon d'ADN d'un facteur de plusieurs millions, ce qui permet d'analyser des échantillons de l'ordre de deux nanogrammes de sang, le quarante-millionième d'une goutte.

L'analyse de l'échantillon

Le résultat de la réaction est une masse de fragments d'ADN dont la longueur varie selon le nombre de répétitions des séquences choisies. Chaque séquence existera en deux longueurs, une pour chacune des branches initiales. Pour les analyser, les fragments sont triés par électrophorèse, une sorte de course électrique. L'ADN a une charge

électrique légèrement négative, et est attiré par une électrode positive, selon le même principe que celui de la boussole.

Dans le cas de l'électrophorèse, le mouvement des fragments est ralenti par une gelée, ou bien par le diamètre d'un tube étroit. Les fragments les plus courts avancent rapidement, tandis que les gros sont plus lents, le procédé permettant de les classer par taille.

Une course ne sert à rien si l'on ne peut déterminer l'ordre d'arrivée des concurrents, c'est pourquoi chaque fragment doit être repéré. Les amorces utilisées dans la réplication servent aussi à ça, chacun d'entre eux étant porteur d'une teinte fluorescente.

Dans les formes les plus automatisées de l'analyse ADN, une charge électrique puissante propulse les fragments au travers d'un tube au bout duquel ils passent par un faisceau laser et un détecteur de couleur connecté à un ordinateur. Le laser fait briller chacun des fragments selon la couleur de son amorce, le détecteur enregistrant l'éclair de lumière, et l'ordinateur l'intégrant à un graphique.

Pour évaluer le résultat, les pics du graphique représentant l'échantillon du suspect sont comparés à ceux des échantillons trouvés sur les lieux du crime. Malgré tout, en l'absence d'autres indices, un graphique correspondant point par point ne constitue pas une preuve, comme on pourra le voir page suivante.

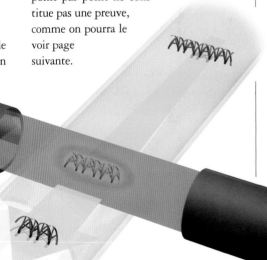

◄ LA LIGNE D'ARRIVÉE
Un fort voltage projette les fragments d'ADN dans un tube capillaire passant par un photodétecteur produisant des pics caractéristiques sur un graphique, permettant de comparer informatiquement les échantillons. En lançant en parallèle un contrôle portant sur un nombre déterminé de fragments, on peut savoir combien de duplications ont eu lieu dans l'échantillon testé.

La comparaison de l'ADN

Vu comme la « balle magique » qui résout toutes les affaires, l'analyse ADN n'a pas déçu. Des échantillons sont à présent comparés à des bases de données pour résoudre des crimes commis des années, voire des décennies auparavant. Malgré tout, la condamnation uniquement sur la foi d'analyses ADN ouvre la voie à des dérives judiciaires et à des critiques.

En décembre 2000, Stephen Snowden fut arrêté pour le vol d'une bouteille de whisky. La police préleva un échantillon d'ADN de sa joue dans le cadre d'un test de routine de crimes non résolus. Quand il fut comparé à la base de donnée, l'ordinateur sortit la fiche d'une affaire de viol survenue dix ans auparavant. Snowden avait à l'époque agressé une femme dont la voiture était tombée en panne sur une petite route de campagne. Il fut alors condamné à douze ans de prison pour agression sexuelle.

La mise en place des bases de données

La condamnation de Snowden démontra la puissance des bases de données ADN et la facilité des recherches qu'elles permettaient. Un profil ADN encode l'identité d'un individu sous forme d'une série de chiffres pas plus longue que quatre numéros de téléphone. Comparer ces séries numériques pour rapprocher un criminel d'échantillons relevés sur les lieux d'un crime est facile et rapide.

Les premières bases de données ADN furent mises en place aux États-Unis dans les années 80, avec le CODIS, système d'indexation de l'ADN du FBI intégrant les données sur le plan national.

Mais si les défenseurs de ce procédé prétendent que les innocents n'ont rien à en craindre, les bases de données ADN ne bénéficient pas d'un soutien universel. Beaucoup de gens craignent que l'intégration et la conservation de ces données mettent en péril les libertés civiques,

◀ **LA COMPARAISON INFORMATISÉE**
Les bases de données ADN comprennent deux index : celui des échantillons relevés sur les lieux d'un crime, et celui des suspects et criminels. Certains pays y ajoutent un index de l'ADN des personnes disparues.

DEUX HOMMES DANS LA FOULE ▼
La probabilité de trouver au hasard dans une foule deux hommes dont l'ADN coïncide parfaitement est de 1 sur 200 milliards, quand on travaille sur 13 séquences.

LA COMPARAISON ▼
Les scanners modernes à ADN simplifient la comparaison en représentant les séquences spécifiques sous forme de pics sur un graphique (voir p. 60). Cela montre les principes de base selon lesquels les échantillons sont comparés. Les échantillons réels comprennent 13 types de séquences, chacun avec sa couleur spécifique.

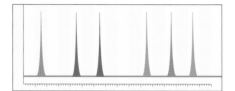

L'ÉCHANTILLON PRIS SUR LES LIEUX DU CRIME ▲
Une tache de sperme trouvée sur les lieux du crime contient l'ADN de l'agresseur, qui peut être utilisé pour la comparaison.

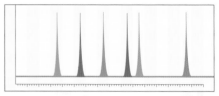

LA VICTIME ▲
Les pics des échantillons pris sur les lieux qui correspondent à l'ADN de la victime sont ignorés.

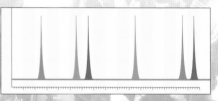

SUSPECT N° 1 (NON CORRESPONDANT) ▲
Sur l'échantillon prélevé sur ce suspect innocenté, la plupart des pics ne coïncident pas avec ceux de l'échantillon de sperme.

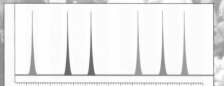

SUSPECT N° 2 (CORRESPONDANT) ▲
Le profil ADN de cet autre suspect correspond avec celui de l'échantillon de sperme.

L'ADN MITOCHONDRIAL

La plupart des analyses ADN travaille sur l'ADN nucléaire (contenu dans le noyau cellulaire), mais il se détériore rapidement et n'est pas toujours présent sur les lieux d'un crime. Une autre option est l'analyse de l'ADN contenu dans un organite cellulaire très particulier : la mitochondrie. Contrairement à l'ADN nucléaire hérité à parts égales des deux parents, l'ADN mitochondrial, ou ADNmt, provient exclusivement de la mère, ce qui le rend idéal pour les recherches généalogiques. Il est aussi beaucoup plus résistant, survivant des siècles durant dans les cellules osseuses. Pour ces raisons, l'ADNmt fut utilisé en 1993 pour analyser les restes attribués à Nicolas II, dernier tsar de Russie.

Nicolas et sa famille avaient été exécutés par les Bolcheviques à l'issue de la révolution de 1917 qui porta les communistes au pouvoir. Si les os étaient bien les siens, alors l'ADNmt serait identique à celui d'un descendant par les femmes de la famille. Les scientifiques prouvèrent l'authenticité des restes en comparant l'ADNmt avec celui du duc d'Édimbourg.

LES LIENS DU SANG ▶
Le prince Philip, mari de la reine Elizabeth II d'Angleterre, est un descendant direct de la belle-sœur du tsar.

---

et la validité des preuves ADN est régulièrement remise en cause devant les tribunaux en raison des possibilités de contamination, malgré tous les efforts engagés pour l'éviter.

La recevabilité devant le tribunal

L'interprétation devant un tribunal des indices fournis par l'ADN pose aussi un certain nombre de problèmes, après que des condamnations eurent été cassées en appel. Pour comprendre l'étendue du problème, imaginons des enquêteurs relevant un échantillon sur les lieux d'un crime, dans un pays de 10 millions d'habitants. L'analyse de l'ADN donne un profil partagé par 1% de la population. La police arrête un suspect, et le test ADN démontre une correspondance parfaite avec l'échantillon. Au procès, l'accusation avance que, dans la mesure où seule 1% de la population possède un ADN aux caractéristiques similaires, il y a 99% de chances que l'accusé soit coupable. Mais la défense a alors beau jeu d'insister sur le fait que, si 1% d'une population de 10 millions possède un ADN similaire, alors il y a 99 999 autres suspects. La présomption d'innocence voulant alors que, dans ce cas où la chance de culpabilité retombe

à 1 chance sur à peu près 100 000, l'accusé ne puisse être condamné sur la foi de ce seul indice.

Cet exemple théorique illustre le danger de se fonder exclusivement sur l'ADN. Bien entendu, une comparaison positive augmente la présomption de culpabilité et, s'il y a suffisamment d'autres indices concluants, l'analyse ADN rend le dossier plus probant encore pour l'accusation. Mais s'il n'y a pas d'autres indices, ou pas assez, l'analyse ADN n'a pas valeur de preuve.

L'avenir de l'analyse ADN

L'identification des suspects ne représente qu'une petite partie de l'utilité de l'analyse ADN dans les enquêtes criminelles. Les scientifiques ont achevé en 2001 le séquençage du génome humain, les analyses subséquentes ayant pour but de découvrir quelles sont les séquences codant les traits héréditaires. À présent, l'analyse ADN d'un échantillon trouvé sur les lieux du crime peut permettre de savoir si le suspect a les cheveux roux. Seuls 6% des Britanniques étant roux, cela permet d'affiner les recherches. Beaucoup de généticiens pensent que d'autres analyses permettront à

terme de prévoir des aspects physiques, tels que l'origine ethnique ou la taille. La possibilité de construire un portrait-robot du suspect à partir d'un échantillon ADN relève encore de la science-fiction, mais il est clair que ce type d'analyses prendra une importance croissante dans l'avenir, à mesure que les généticiens perceront les secrets du génome.

ALEC JEFFREYS

L'identification par l'ADN a été inventée par le généticien britannique Alec Jeffreys en 1984. L'idée lui en est venue au cours d'un «moment Eureka» un matin d'automne. L'après-midi même, il avait trouvé le moyen de l'appliquer à la médecine légale. La méthode fut employée l'année suivante pour acquitter un suspect.

Alec Jeffreys,
né en 1950.

Attaque de dingos ?

La tragédie frappa les vacances d'une famille qui campait dans l'outback australien, quand un dingo (chien sauvage) emporta la petite Azaria, âgée de neuf semaines. La sympathie du public se transforma en colère quand la police accusa Lindy Chamberlain du meurtre de son bébé après avoir trouvé du sang sur une paire de ciseaux dans la voiture familiale.

ACCUSÉE D'INFANTICIDE ▲
Après six ans de prison, la condamnation de Lindy fut cassée en septembre 1988 et elle reçut 1,3 million de dollars australiens en compensation.

ULURU ▼
Vénérés par les aborigènes australiens pour sa place unique dans leur mythologie, Uluru, ou Ayers Rock, attire un demi-million de touristes par an.

« Un dingo a pris mon enfant ! » est le cri de panique que Lindy Chamberlain lança à la ronde dans le camping. Cela semblait tellement impossible, tout était tellement normal jusqu'alors… Comme des centaines d'autres Australiens, Michael et Lindy Chamberlain campaient sur le site d'Uluru en août 1980. Ils étaient en train de préparer le dîner quand, vers 20 heures, ils entendirent un cri provenant de la tente où leur fils de 4 ans et sa petite sœur étaient endormis. Lindy vit un dingo à proximité de la tente et se mit à courir. C'est quand elle entra sous la tente qu'elle réalisa avec horreur que sa fille avait disparu. Il y avait une flaque de sang sur le sol de la tente. La police arriva rapidement et organisa une battue. Des chasseurs aborigènes suivirent les traces du dingo jusqu'à ce qu'elles disparaissent, mais ne parvinrent pas à retrouver la petite Azaria. À 23 heures, effondrés, les Chamberlain quittèrent le campement pour aller loger dans un motel.

La police rend son avis

Le lendemain matin, ils furent interrogés par un officier de la police locale. Il emporta un certain nombre d'objets tachés de sang, mais en laissa aussi beaucoup. Plus tard dans la journée, un inspecteur de police arriva d'Alice Springs. La description qu'avait faite Lindy des évènements de la veille avait éveillé ses soupçons, les dingos n'étant pas connus pour emporter les enfants. Et comment le dingo aurait-il pu porter un bébé de 4 kilos et demi ?

Une semaine passa sans apporter de nouvelles pistes mais, quand un touriste retrouva le pyjama et le gilet d'Azaria dans un terrier de dingo près d'Uluru, la réaction de la police fut désinvolte. Ils ne fermèrent pas les lieux, ni n'envoyèrent les vêtements au laboratoire.

Le manque d'évaluation systématique du lieu du crime et des indices potentiels, et le manque général d'éléments convaincants, amenèrent la police à douter de la véracité des déclarations de Lindy. Il n'y avait ni traces de salive de dingo, ni marques de dents sur le pyjama, mais des coupures et des traces de sang. Les chaussons de l'enfant étaient toujours attachés au pyjama, mais curieusement le gilet était retourné.

LES DENTS DE LA MORT ▼
Les experts canins qui témoignèrent contre Lindy se basèrent sur l'étude des chiens domestiques. Aucun d'entre eux n'était spécialisé en blessures de dingos sauvages.

Les conclusions de l'enquête

En février 1981, la police exprima ses doutes sur la version donnée de la mort d'Azaria, mais le coroner rejeta leurs arguments et critiqua les procédures appliquées. La conclusion fut qu'un dingo avait effectivement emporté la petite

Azaria. À la fin de l'enquête, Michael et Lindy crurent qu'ils pourraient enfin faire le deuil de leur enfant, et reprendre le cours de leur vie.

Mais les médias australiens avaient leur propre opinion. L'histoire était sensationnelle, et la presse avait alimenté la controverse pour nourrir les tirages. Les journalistes se focalisèrent sur le fait que la famille était Adventiste du Septième Jour, ce qui donna lieu à un certain nombre de rumeurs infondées. Il fut même suggéré qu'Azaria avait été tuée dans le cadre d'un rituel religieux. Mais la police n'était pas satisfaite non plus. Sept mois après la fin de l'enquête, des inspecteurs retournèrent chez les Chamberlain avec un mandat de perquisition, signalant à Lindy qu'ils avaient de nouveaux indices : un examen plus poussé des vêtements du bébé avait révélé une empreinte sanglante de la forme d'une main de femme.

La seconde enquête

D'autres indices importants furent découverts au cours de la seconde enquête. Un biologiste avait examiné les taches présentes dans la voiture des Chamberlain et sur une paire de ciseaux qui y avait été découverte. D'autres experts avaient indiqué que les coupures sur les vêtements de la petite ressemblaient plus à des marques occasionnées par des ciseaux qu'à des morsures de chiens. Le dispositif policier se mit graduellement en place autour des Chamberlain.

Et se referma le 2 février 1982 quand le coroner conclut que Lindy Chamberlain avait tué sa fille dans la voiture à l'aide des ciseaux. Lindy Chamberlain fut inculpée de meurtre.

Le procès

Au procès, les policiers présentèrent les indices qu'ils avaient donnés au coroner, et appelèrent des experts supplémentaires à la barre. Malgré les témoignages selon lesquels Lindy était une mère attentionnée, le jury rendit un verdict de culpabilité, et elle fut condamnée à perpétuité. Après deux échecs en appel, elle fut envoyée en prison.

La liberté

Puis, en février 1986, la veste d'Azaria fut découverte partiellement enterrée à Uluru. Cinq jours plus tard, Lindy fut libérée, et dans l'année qui suivit, la Commission Royale la lava complètement de tout soupçon. Il fut précisé que les taches de sang

dans la voiture étaient en fait probablement les restes d'une mousse d'insonorisation pulvérisée par le fabricant, et la conclusion rendue précisa que les marques sur le pyjama ressemblaient bien à des morsures de dingo. Le rapport de la commission désavoua la police pour dissimulation des témoignages d'experts ne correspondant pas à sa thèse, ainsi que pour travail médico-légal inadéquat.

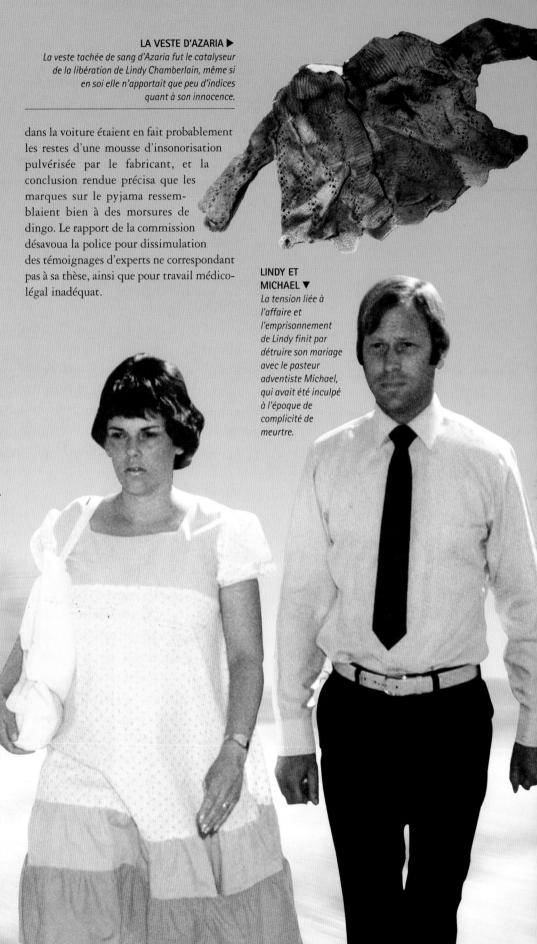

LA VESTE D'AZARIA ▶
La veste tachée de sang d'Azaria fut le catalyseur de la libération de Lindy Chamberlain, même si en soi elle n'apportait que peu d'indices quant à son innocence.

LINDY ET MICHAEL ▼
La tension liée à l'affaire et l'emprisonnement de Lindy finit par détruire son mariage avec le pasteur adventiste Michael, qui avait été inculpé à l'époque de complicité de meurtre.

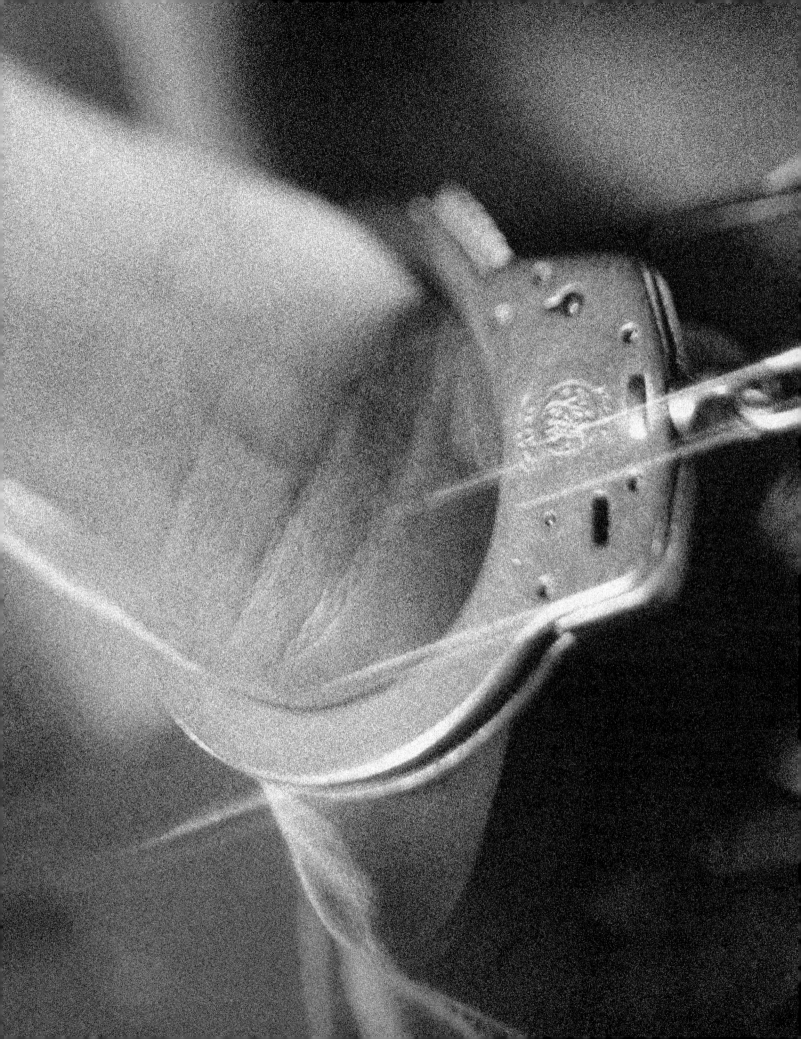

LE SUSPECT

Telle la pièce manquante d'un puzzle, le suspect non identifié est défini par le contour des pièces disponibles. Descriptions de témoins, mauvaises photos, images floues des caméras de sécurité, voix du suspect au téléphone, habitudes ou manières de commettre un meurtre, ce sont ces détails qui aident à lui donner forme. Le profilage, les procédures d'identification et d'autres technologies émergentes aident à faire de ces éléments un tout cohérent.

Profilage psychologique

Dans le cas de viols ou de meurtres, le profilage est un bon moyen de focaliser les recherches. Il se fonde sur le comportement du criminel pour représenter sa vie, ses motivations et son passé. Mais l'image que se fait le public des profileurs est éloignée de la réalité : ils n'ont rien de médiums, et leur travail est bien plus scientifique que spectaculaire.

Les études suggèrent que les tueurs et violeurs qui frappent de façon répétée sont poussés par une étrange et horrible compulsion. C'est elle qui conduit le public à les craindre et la presse à les monter en épingle, mais c'est aussi elle qui affecte leur comportement d'une façon qui peut finir par les faire capturer.

Le profilage psychologique analyse les habitudes et les rituels des criminels compulsifs, tels que les tueurs en série. Il spécule sur les particularités du style de vie du criminel qui, rendues publiques, permettent de le faire reconnaître par leur entourage.

Histoire

Les bases du profilage remontent à un peu plus d'un siècle (ci-dessous). Mais il devint une discipline en soi dans les années 50 aux États-Unis. D'anciens employés du FBI commencèrent à interroger des prisonniers pour rechercher les facteurs communs liant leurs crimes.

Les schémas curieux ressortirent de l'étude des tueurs en série. La plupart avaient été victimes de maltraitances dans leur enfance, ce qui avait pu les conduire à des comportements anormaux, comme la pyromanie, la cruauté envers les animaux ou les enfants, puis à de petits délits et à la méfiance envers l'autorité. La plupart connaissaient une escalade vers des crimes plus violents entre 25 et 30 ans.

Le goût de la manipulation et de la domination les pousse, et leurs motivations peuvent aussi être sexuelles, même si ce n'est pas évident. Ils trouvent le meurtre satisfaisant, il leur donne une sensation de pouvoir et de succès, des concepts absents de leur vie. Certains apprécient la notoriété, ou le fait de collectionner des objets appartenant aux victimes, voire de prendre des trophées arrachés à leur corps pour revivre leurs triomphes.

La pratique du profilage

Les méthodes peuvent différer, mais les profileurs utilisent des approches soit inductives, soit déductives. Le profilage inductif suppose que les criminels auront un passé et des motivations proches de ceux d'autres criminels opérant de façon similaire. Par exemple, un violeur en série s'attaquant exclusivement à des femmes blanches ne sera probablement pas noir, car l'expérience montre que ce type de violeur opère généralement au sein

JACK L'ÉVENTREUR était le surnom d'un tueur en série qui assassina sept prostituées à Londres, dans le quartier de Whitechapel en 1888. Sa signature caractéristique était la dissection partielle de ses victimes, ce qui amena les premières tentatives de profilage psychologique. George B. Philips, chirurgien de la police, nota que les organes d'Annie Chapman, la troisième victime, avaient été enlevés très proprement : seule une personne ayant un passé médical pouvait avoir fait des incisions si précises. Cette observation n'aida pas beaucoup l'enquête et, malgré les lettres que la police reçut de l'assassin, il ne fut jamais capturé.

Vision d'artiste de Jack l'Éventreur

ÉTUDE DE CAS

L'affaire du « sniper de Washington », qui tua neuf personnes à l'automne 2002, illustre bien la fascination qu'exerce le profilage, et les limites de l'approche inductive. Comme beaucoup de tueurs en série, le sniper commettait ses crimes dans une zone préférentielle. Son comportement devint de plus en plus arrogant au cours des trois semaines que dura l'affaire, défiant la police avec des lettres et des coups de téléphone. Sans autres indices que les victimes et des balles correspondant entre elles, les enquêteurs se tournèrent vers le profilage. Le résultat fut la recherche d'un homme seul, blanc, colérique, intelligent et sans enfants. Mais lorsqu'ils furent arrêtés, les suspects étaient noirs, de QI moyen, et l'un d'eux avait quatre enfants. Les profileurs s'excusèrent en expliquant que les particularités de l'affaire rendaient leurs déductions peu fiables.

de son propre groupe ethnique. Ce type de supposition peut néanmoins être trompeur et a connu quelques échecs retentissants (voir encadré ci-dessus).

Le profilage déductif, pour sa part, quoique basé lui aussi sur ce type de ressemblances, évite les généralisations. Il étudie le sujet en détails, adaptant ses déductions à chaque nouvel indice.

Généralement, le profilage déductif suit une stratégie établie par le FBI (voir encadré à droite). Le profil du criminel est construit à partir des actes commis avant, pendant et après le crime. Par exemple, si le criminel a employé une arme improvisée, cela peut indiquer un crime commis sous l'impulsion.

Le profilage déductif se construit sur des connaissances inductives et des théories passées, adaptées aux indices trouvés sur les

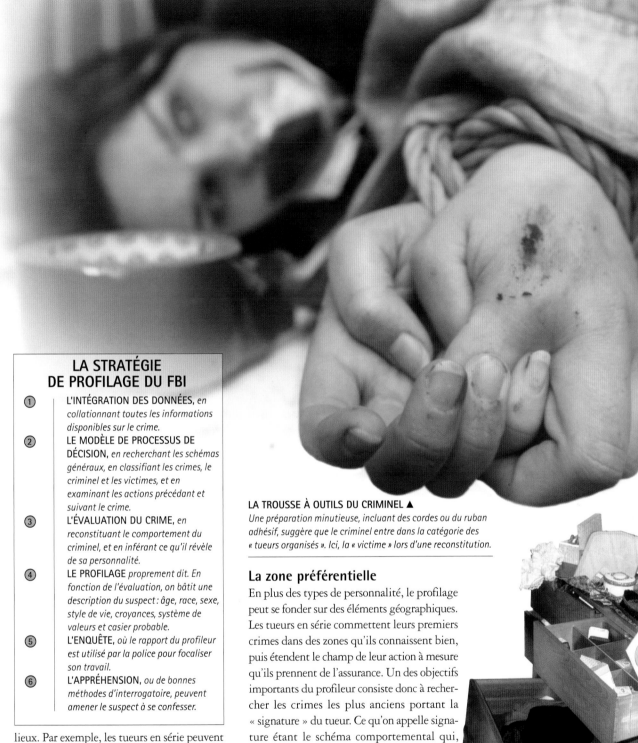

LA STRATÉGIE DE PROFILAGE DU FBI

① **L'INTÉGRATION DES DONNÉES,** *en collationnant toutes les informations disponibles sur le crime.*

② **LE MODÈLE DE PROCESSUS DE DÉCISION,** *en recherchant les schémas généraux, en classifiant les crimes, le criminel et les victimes, et en examinant les actions précédant et suivant le crime.*

③ **L'ÉVALUATION DU CRIME,** *en reconstituant le comportement du criminel, et en inférant ce qu'il révèle de sa personnalité.*

④ **LE PROFILAGE** *proprement dit. En fonction de l'évaluation, on bâtit une description du suspect : âge, race, sexe, style de vie, croyances, système de valeurs et casier probable.*

⑤ **L'ENQUÊTE,** *où le rapport du profileur est utilisé par la police pour focaliser son travail.*

⑥ **L'APPRÉHENSION,** *ou de bonnes méthodes d'interrogatoire, peuvent amener le suspect à se confesser.*

LA TROUSSE À OUTILS DU CRIMINEL ▲
Une préparation minutieuse, incluant des cordes ou du ruban adhésif, suggère que le criminel entre dans la catégorie des « tueurs organisés ». Ici, la « victime » lors d'une reconstitution.

La zone préférentielle

En plus des types de personnalité, le profilage peut se fonder sur des éléments géographiques. Les tueurs en série commettent leurs premiers crimes dans des zones qu'ils connaissent bien, puis étendent le champ de leur action à mesure qu'ils prennent de l'assurance. Un des objectifs importants du profileur consiste donc à rechercher les crimes les plus anciens portant la « signature » du tueur. Ce qu'on appelle signature étant le schéma comportemental qui, quoique non nécessaire, apporte la satisfaction émotionnelle au tueur. L'enquête avance généralement plus vite quand on réussit à découvrir cette signature sur les premiers crimes de la série.

UN CAMBRIOLAGE SAUVAGE ▶
Le saccage de la maison d'une victime après un crime est rarement considéré comme un vrai cambriolage. Des cambrioleurs expérimentés commenceraient par le tiroir du bas, puis remonteraient pour gagner du temps.

lieux. Par exemple, les tueurs en série peuvent être « organisés », planifiant des attaques méthodiques, ou « désorganisés » frappant au hasard et sans préparation.

D'autres indices, ou manques d'indices d'ailleurs, peuvent signer le travail d'un tueur organisé. Ils dissimulent généralement leur identité en portant des gants, parfois un masque, et ont parfois une « trousse à outils » contenant par exemple des cordes et du ruban adhésif pour immobiliser leur victime.

Le cannibale de Milwaukee

CONDAMNÉ

Imaginez le pire tueur sexuel des films d'horreur, ajoutez-y vos pires cauchemars, multipliez par deux, et vous aurez une vague idée de la réalité macabre de l'affaire Jeffrey Dahmer. Quoiqu'il ait collé parfaitement au profil classique du tueur en série, le profilage a été effectué trop tard pour l'empêcher de tuer au moins quinze homosexuels noirs et asiatiques.

Les voisins, à la résidence Oxford, avaient remarqué l'odeur, mais le charmant homme blond de 31 ans avait toujours une explication raisonnable. C'était « de la viande qui avait pourri », avait dit Jeffrey Dahmer, une excuse d'autant plus plausible qu'elle n'était qu'à moitié mensongère.

Mais la police aurait dû avoir des soupçons quand elle trouva un garçon asiatique de 14 ans nu et drogué, courant dans les rues de Milwaukee. Dahmer expliqua que c'était son amant (de 19 ans, croyait-il) qui avait trop bu. Il montra ses papiers aux policiers et leur fit visiter son appartement. Il ne sentait pas bon, mais tout semblait propre et en ordre, et les deux policiers repartirent donc sans poser plus de questions.

Un type étrange

Quelques mois plus tard, vers minuit le 22 juillet 1991, deux policiers en patrouille arrêtèrent un homme qui portait des menottes à un poignet. Il s'avéra que, contrairement à ce qu'ils avaient pu croire, ce n'était pas un prisonnier en fuite. Il bredouilla des choses à propos d'un type étrange qui avait tenté de le menotter, et conduisit les policiers à l'appartement 213 de la résidence Oxford.

Jeffrey Dahmer ouvrit la porte et répondit très calmement et très poliment. Il offrit d'aller chercher dans sa chambre la clé des menottes. Les policiers auraient traité l'affaire comme n'importe quel petit dérapage d'un couple homosexuel, si l'un d'entre eux n'avait pas suivi Dahmer dans sa chambre et n'avait pas remarqué des photos de crânes et de corps horriblement mutilés. Les bonnes manières de Dahmer s'évanouirent quand le policier hurla à son collègue de l'arrêter. Ils parvinrent à le menotter et commencèrent à fouiller l'appartement. Et à y faire des découvertes.

LE PORTRAIT DU TUEUR ▲
Adolescent, Dahmer avait déjà des fantasmes nécrophiles. Il tua pour la première fois à l'âge de 18 ans, enterrant les morceaux de corps emballés dans des sacs en plastique dans les bois derrière sa maison.

Dans le bac à glace

« Il y a une tête dans le frigo ! » hurla un des agents avant d'en claquer la porte, choqué. Et il y en avait trois autres dans le compartiment à glace. Plus deux crânes dans un placard ainsi que des photographies d'horreurs abominables, un saucier contenant des mains en train de pourrir et un pénis, d'autres sexes conservés dans le formol…

La vérité sur ce jeune homme si poli, c'est qu'il tuait pour s'exciter, avant d'avoir des rapports sexuels avec les cadavres. Puis il les démembrait, photographiant méticuleusement chaque stade des opérations, avant de dissoudre les restes dans l'acide, sauf ceux qu'il conservait comme trophées. Et parfois il dévorait leur chair.

Dahmer chassait l'homosexuel, de préférence jeune et typé. Des critiques adressées à la police de Milwaukee pointèrent du doigt après son arrestation le fait qu'il aurait pu être arrêté bien plus tôt, si la police, raciste et homophobe, s'était intéressée de plus près à son cas. Il avait déjà été arrêté en 1988, alors qu'il avait tué cinq fois, quand il avait drogué et attaché un asiatique de 13 ans sans le violer ni le tuer. Condamné pour violence sur mineur, il avait passé dix mois en prison, sous un régime de semi-liberté qui lui permettait de continuer à travailler à l'usine de chocolat qui l'employait. Dahmer recommença

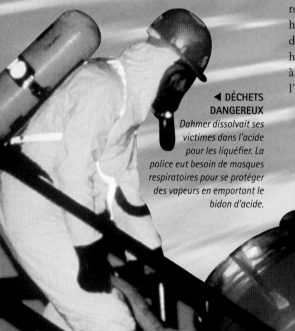

◄ DÉCHETS DANGEREUX
Dahmer dissolvait ses victimes dans l'acide pour les liquéfier. La police eut besoin de masques respiratoires pour se protéger des vapeurs en emportant le bidon d'acide.

à tuer dès sa libération et, quand il fut arrêté en 1991, il tuait à un rythme quasiment hebdomadaire.

Sur le banc des accusés

Le procès de Dahmer fut, comme on pouvait s'y attendre, sensationnel. Des chiens dressés à sentir les bombes surveillaient le tribunal, et chaque membre de la cour fut fouillé et passé au détecteur de métaux à l'entrée.

PIÈCE À CONVICTION DE POIDS ▶
La police vida l'appartement de Dahmer après son arrestation, emportant des pièces à conviction telles que ce réfrigérateur dans lequel il conservait les têtes et d'autres parties du corps de ses victimes.

L'avocat de Dahmer lui conseilla de plaider non coupable, mais ce dernier ignora son avis et préféra plaider la folie, ce qui força la partie civile à prouver qu'il était mauvais, mais pas fou, en utilisant largement les principes du profilage. Le procureur Mike McCann attira l'attention du jury sur le contrôle que Dahmer exerçait sur ses victimes, une caractéristique classique des tueurs en série. Dahmer choisissait des victimes faciles à contrôler, et renforçait son pouvoir sur elles en droguant leurs boissons. Le rituel de leur torture, assassinat et démembrement le faisait se sentir tout-puissant.

Mauvais, mais pas fou

McCann était persuasif. Le jury récusa la thèse de la folie et décréta Dahmer coupable de quinze meurtres. Le « cannibale de Milwaukee » fut condamné à 15 fois la prison à vie, soit mille ans de détention.

Le verdict ne fut pas d'un grand réconfort aux familles des victimes. Ni le fait de savoir que, si la police avait enquêté aux premières disparitions, les profileurs auraient dressé un portrait assez proche de celui de Dahmer. Car il présentait toutes les caractéristiques classiques du tueur en série, un véritable cas d'école. Il avait entre 25 et 35 ans, avait été solitaire à l'école, était brillant mais travaillait dans un emploi sous-qualifié, était charmeur, crédible, tuait de ses propres mains et avait des fantasmes sexuels sadiques.

Dahmer fut un détenu modèle à la Columbia Correctional Institution du Wisconsin où il fut d'abord placé à l'isolement pour sa propre protection. Mais il réclama plus de contacts humains et, persuadée par son sang-froid, la direction de la prison l'autorisa à être enfermé avec les autres. Il n'en profita pas longtemps. Le 28 novembre 1994, Christopher Carver, un détenu noir souffrant de schizophrénie hallucinatoire, le tua d'un coup de manche à balai à la tête.

FACE À SES JUGES ▼
Craignant que Dahmer ne soit assassiné au cours de son procès, les autorités judiciaires firent installer un écran pare-balles.

L'identité judiciaire

L a police est confrontée à un dilemme quand un suspect est identifié grâce à des photos, portraits-robots ou parades. Car les témoins croient trop facilement leur mémoire pour identifier des visages, et les jurés ont tendance à leur faire confiance. Mais l'expérience a prouvé que se fier uniquement à des témoignages visuels peut conduire à des erreurs judiciaires.

LE PORTRAIT-ROBOT À L'ANCIENNE ▲
Jusqu'à ces dernières années, les enquêteurs reconstituaient le visage du suspect grâce à un puzzle de caractéristiques faciales, mais le système manquait de souplesse.

LE PORTRAIT-ROBOT NUMÉRIQUE ▶
Les systèmes modernes tournant sur un ordinateur de bureau permettent un plus grand choix de composants, ainsi que de forcer les caractéristiques proposées pour les faire coller de plus près aux descriptions.

L'histoire est classique : une épicerie est braquée. Le voleur s'enfuit, mais la caissière est persuadée qu'elle pourrait reconnaître son agresseur.

Un moyen classique d'identifier un suspect est la parade d'identité, face au témoin, avec au moins huit personnes ressemblant au suspect. Certaines précautions doivent être prises pour préserver l'objectivité de la procédure. Le suspect doit pouvoir choisir la place qu'il veut dans la file. Il est aussi important de dire aux témoins que, s'ils ne sont pas sûrs d'eux, mieux vaut ne choisir personne. Cela évitera qu'ils choisissent le membre de la parade qui ressemble le plus au criminel, même si ce dernier n'est pas présent.

De par le livre

La parade est un moyen efficace de faire avancer l'enquête quand les enquêteurs pensent savoir qui est impliqué dans un crime. Mais que faire quand il n'y a pas de suspect évident ?

On peut présenter au témoin une sélection de photos de criminels connus, mais cette approche a ses faiblesses. Pour commencer, une recherche exhaustive n'est possible que dans de petites localités, où il y a assez peu de criminels pour que le témoin puisse les passer tous en revue. De plus, cette approche ne présente que des photos de criminels connus et condamnés, et peut conduire la police sur les traces d'un ancien détenu tout à fait innocent, alors que choisir un figurant pour une parade ne prête pas à conséquence. En dernier lieu, une recherche sur photo peut brouiller la validité de toute parade postérieure.

Si ces deux approches ne sont pas praticables, ou échouent, créer un portrait-robot du criminel peut aider à relancer l'enquête. Les forces de police modernes le font de nos jours avec un système de composition numérique : les témoins choisissent les caractéristiques faciales et capillaires dans un menu informatique pour construire un visage qui puisse être utilisé dans les avis de recherche.

LE SUSPECT AU BOUT DU CRAYON

Même si les portraits-robots informatisés semblent plus précis, les artistes de la police maintiennent que rien ne pourra remplacer le bloc-notes et le crayon. Ils considèrent que l'artiste est plus flexible, que le témoin est plus détendu quand il leur parle, et leur en dit plus. À l'appui de leurs dires, une histoire comme celle de l'enquête sur l'attentat d'Oklahoma City en 1995, où un bâtiment fédéral avait été détruit, est édifiante : l'artiste judiciaire avait, en écoutant les témoins, dressé le portrait-robot de l'homme qui avait loué le van utilisé dans l'attentat. Ce portrait permit l'identification du terroriste, Timothy McVeigh.

LE SUCCÈS DU DESSIN ▶
Un ancien collègue et un patron d'hôtel identifièrent McVeigh grâce au portrait réalisé par un artiste judiciaire.

COMME À LA PARADE ▶
Cette fausse parade d'identité présente cinq individus très différents. En réalité, les individus doivent être environ de même taille, de même origine ethnique, et de même stature afin de n'en point compromettre l'objectivité.

La mémoire est faillible

Malheureusement, toutes ces méthodes souffrent du même handicap : la mémoire du témoin. On a trop tendance à surestimer sa capacité à reconnaître un visage, même dans de bonnes conditions. Qui plus est, dans les crimes violents, la victime se concentre naturellement plus sur l'arme dont on la menace que sur le visage de l'agresseur. Le système du jury ne fait qu'amplifier le problème : les jurés attachent naturellement une grande valeur au témoignage oculaire, même face à une preuve médico-légale qui le contredit.

Les problèmes légaux liés aux erreurs judiciaires basées sur des preuves si peu fiables ont conduit les gouvernements à resserrer les procédures et à pousser la police à se concentrer sur les preuves matérielles.

Les témoins qui ne dorment jamais

Quand on y réfléchit superficiellement, les caméras de vidéosurveillance semblent dépourvues des défauts des témoins humains. Et pourtant elles ne sont pas aussi objectives que ce qu'on pourrait croire. Les images vidéo sont souvent floues et indistinctes, et comparer les visages réels à ceux de l'écran est souvent hasardeux. Pour empêcher que ce type d'identification soit systématiquement contesté au

UN VISAGE PARMI TANT D'AUTRES ▲

Les logiciels de reconnaissance faciale aident les opérateurs de vidéosurveillance à repérer les criminels. Ces visages sont enregistrés dans la base de données, et l'ordinateur propose une liste de correspondances possibles.

tribunal, les spécialistes de l'anthropométrie mesurent les distances entre certains points clés du visage du suspect sur le film, et les comparent à celles mesurées sur les photos de l'identité judiciaire (c'est un système similaire qui fut utilisé pour authentifier les interventions télévisées de Saddam Hussein). La valeur de l'identification vidéo s'améliorera à mesure de l'avancée des technologies, mais plutôt que d'être utilisée pour « traquer » un individu, elle servira surtout à l'identifier lors d'évènements précis.

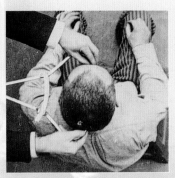

Alphonse Bertillon 1853–1914

Employé aux archives de la police parisienne, Alphonse Bertillon développa l'idée selon laquelle les criminels pouvaient être identifiés par anthropométrie, une mesure précise de leur tête et de leur corps. Il fut ensuite un pionnier du « portrait parlé » (une description méthodique du visage) pour identifier les criminels, et de la photographie pour documenter les lieux de crimes. Le système Bertillon fut très largement utilisé en France, avant d'être supplanté par les fichiers d'empreintes digitales, que Bertillon avait écartés au départ.

6'

5'

4'

3'

Détecteur de mensonges

À la recherche de la vérité, les enquêteurs rêvent d'un moyen infaillible de repérer les mensonges d'un suspect. L'invention du polygraphe, dans les années 20, semblait chargée de promesses en ce sens, mais de nos jours, beaucoup de gens remettent en cause la valeur du « détecteur de mensonges » et cherchent une technologie apte à le remplacer.

Dans la salle d'interrogatoire d'un poste de police, deux inspecteurs interrogent un jeune qui traînait sur un parking. Ses réponses sont calmes, il est confiant, et quand la conversation dérive sur les problèmes de vols de voitures dans la région, il reste d'humeur égale. Mais sa posture change. Ses bras se replient. Quand on lui pose des questions précises, il touche ses lèvres. Et à mesure que l'interrogatoire avance, il se rejette en arrière sur son siège, croise les jambes et met les mains derrière la tête.

Le montrant discrètement du doigt, son collègue chuchote : « C'est lui. » La police continue à le surveiller discrètement après l'avoir relâché, et la semaine suivante, il est repéré en train de voler un autoradio par une caméra de sécurité.

Trahi par le langage corporel

Ces deux inspecteurs se sont tout simplement fiés à leur expérience pour décrypter les attitudes de leur suspect. Ses gestes disaient « Je ne vous aiderai pas ! », puis « Je mens ! » et enfin « Je suis plus malin que vous, vous ne m'aurez pas ! ».

Lire les postures d'un suspect a toujours été une compétence utile, mais jusqu'aux années 60, considérée comme intuitive. Puis les psychologues s'intéressèrent de plus près à la communication non verbale et, en 1971, un livre de Julius Fast popularisa le sujet. De nos jours, c'est une part non négligeable de l'entraînement aux techniques d'interrogatoire.

La foi dans le polygraphe

Malgré toute son utilité, le décryptage postural reste très subjectif. Le polygraphe, par contraste, semble parfaitement objectif, et enregistre en temps réel les réactions du sujet. Par exemple, nous avons à peu près tous les mains moites quand nous sommes sous pression.

Les enfants ont tendance à couvrir leur bouche après un mensonge. Les adultes se contentent souvent de se toucher le menton.

Pianoter, jouer avec sa montre ou avec ses menottes est l'équivalent inconscient du croisement de doigts, un geste qui fait barrage aux idées.

LE LANGAGE CORPOREL ▲
Il est souvent facile de lire le langage corporel, il suffit de regarder la façon dont les gens s'assoient et ce qu'ils font de leurs mains.

◄ TESTONS, TESTONS
Les recrues du FBI doivent subir un test au polygraphe. Certaines entreprises américaines testent aussi leurs employés. Lors de procédures judiciaires, les suspects demandent parfois à être testés pour prouver leur innocence.

LE TEST AU POLYGRAPHE

① Deux plaques attachées aux doigts du sujet mesurent la conductivité de la peau. La transpiration due au mensonge diminue la résistance électrique.

② Une augmentation de la tension artérielle et une accélération du pouls indiquent une situation de stress. Elles sont mesurées via un tensiomètre attaché autour du bras du sujet.

③ Une respiration profonde trahit l'anxiété, deux pneumographes sont donc attachés autour de la poitrine du sujet.

④ Les senseurs envoient leurs données à une boîte d'interface qui les redirige vers un ordinateur portable. L'ordinateur enregistre les résultats du test et permet d'établir une corrélation avec les questions.

La respiration augmente la conductivité de la peau, ce que le polygraphe mesure au moyen d'électrodes fixées aux doigts. La machine enregistre aussi l'intensité de la respiration, le pouls, la tension artérielle, compilant les mesures de ces indicateurs de stress sur un ruban de papier ou, de nos jours, sur un écran d'ordinateur.

Pour mener un test au polygraphe, l'examinateur doit d'abord poser une série de questions innocentes, qui permettront de déterminer des valeurs normales pour le sujet et donc de calibrer la machine et de comparer ces valeurs à celles obtenues lors de questions concernant le crime lui-même. En théorie, le corps du suspect doit le trahir, et le polygraphe enregistrer des pics sur le graphique.

Les problèmes du polygraphe

En pratique, les réponses du sujet sont rarement tranchées. Un certain nombre de facteurs physiques peuvent fausser les mesures, comme la faim, l'absorption d'alcool ou l'usage de drogues. Des mythomanes (au sens médical du terme) peuvent tromper la machine, et des techniques simples comme la douleur auto-infligée (en se mordant la langue, par exemple) peuvent empêcher un calibrage précis. Les résultats peuvent être complètement faussés si l'examinateur n'est pas capable, par manque d'expérience, de calibrer correctement son appareil au départ.

Le doute profitant à l'accusé, un test au polygraphe sans autre indice extérieur sera très rarement invoqué comme preuve devant un tribunal. Mais les suspects craignent sa réputation, et certains plaident parfois coupable après avoir échoué au test, voire même avant d'être testés, tant ils ont peur du résultat.

Un crime dans la tête

Les nouvelles technologies pourraient réussir là où le polygraphe échoue. Les techniques les plus prometteuses emploient l'électroencéphalogramme (EEG) utilisé depuis les années 30 par les chercheurs pour étudier les champs électromagnétiques générés par l'activité cérébrale.

La plupart des chercheurs travaillant sur les applications de l'EEG comme détecteur de mensonges s'intéressent à l'onde P300, qui s'amplifie à la vue de quelque chose de connu.

Une organisation a travaillé avec le FBI et la CIA pour développer un test « d'empreinte cérébrale ». Ce test fonctionne en suivant l'évolution de l'onde P300 quand on présente au suspect des images ou des sons liés aux lieux du crime, et d'autres qui ne le sont pas. L'étincelle du souvenir, la « connaissance coupable », induit dans cette onde cérébrale un changement détecté par l'équipement EEG. Des suspects accusés à tort, qui n'ont jamais mis les pieds sur les lieux du crime, réagiront de la même façon à toutes les images.

Même si ce test peut ressembler au polygraphe, il est plus difficile de le tromper. Les gens présentant une connaissance coupable ne pourront s'empêcher d'y réagir et, jusqu'à présent, il n'y a pas eu de faux positif.

L'esprit magnétique

L'EEG reste malgré tout une technologie ancienne, supplantée par de nouvelles méthodes, comme l'IRM (imagerie par résonance magnétique). Elle révèle les zones du cortex cérébral (l'écorce du cerveau, où se déroulent la plupart des processus mentaux) où les nerfs sont les plus actifs. Cette technique pourra peut-être un jour permettre aux criminologues d'entrer de plain-pied dans l'esprit des criminels. Mais pour l'instant, l'IRM n'est pas encore parvenue à donner un détecteur de mensonges simple et efficace.

Ironiquement, il est possible qu'une nouvelle technique très simple en vienne à supplanter le polygraphe. Des recherches à l'Université du Michigan semblent démontrer que les menteurs hésitent très brièvement avant de parler. Même entraînés, ils ne peuvent dissimuler cette légère pause. La nouvelle technique de détection fondée sur ce fait n'est pas encore mûre, mais c'est un bon moyen de mener l'interrogatoire. Simple, et bon marché. Tout ce qu'il faut est un PC ordinaire, sans électrodes.

◀ **LE FEU AUX MÉNINGES**
Cette tomographie positronique en fausses couleurs souligne les aires corticales activées à la reconnaissance d'une image.

LE BANDEAU DE VÉRITÉ ▶
Le test d'empreinte cérébrale demande moins de senseurs que le polygraphe. Des électrodes sur un bandeau captent les ondes cérébrales et les réponses du sujet sont analysées par un ordinateur.

LE PORTRAIT DU MENSONGE

Le son de votre voix peut-il trahir vos mensonges ? C'est une question que se posent depuis longtemps les phonéticiens judiciaires. Ces experts, après huit ans d'études de phonétique et de linguistique, sont finalement aptes à apporter leur aide à la justice. Ils doivent être en mesure de déduire l'âge, le sexe et l'origine ethnique d'un sujet rien que d'après le son de sa voix, ainsi que d'identifier l'auteur de différents coups de téléphone.

La spectrographie vocale, popularisée dans les années 60, utilise la représentation graphique d'un son. Celle représentée ci-dessous montre le son émis par quelqu'un disant « baby ». Le graphique mesure l'amplitude (la puissance du son dans le temps) et montre les deux syllabes comme des explosions de lignes sur le graphique. Mais ces graphiques ne sont pas la seule application de la phonétique judiciaire. Les experts entraînés doivent interpréter les graphiques en combinaison avec l'analyse phonétique et les mesures acoustiques.

D'autres experts ont contesté la valeur de ces graphiques pour l'identification d'un suspect, et le consensus général veut que l'évaluation du stress psychologique par l'étude des vibrations de la voix ne soit pas une façon fiable de détecter le mensonge.

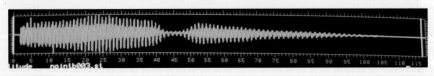

Ivan le Terrible

J ohn Demjanjuk n'était, pour ses voisins de Cleveland, qu'un mécanicien à la retraite. Puis un rapport l'identifia à Ivan le Terrible, un garde sadique des camps de concentration nazis. Cette accusation, portée par des survivants de la Shoah qui n'avaient pas vu Demjanjuk depuis 40 ans, aurait pu signer l'arrêt de mort de cet Ukrainien de 55 ans.

ACQUITTÉ

ENFIN LIBRE ? ▲
Toujours vêtu de son uniforme de prisonnier israélien au moment où on lui apprit la nouvelle de sa libération en 1990. Mais en 2002, Demjanjuk fut à nouveau privé de sa citoyenneté américaine, quand il fut à nouveau accusé de crimes de guerre.

La foule réclamait sa tête dans la salle des audiences du tribunal de Jérusalem, au moment où le juge rendit son verdict : « C'est comme si Treblinka existait toujours, qu'Ivan le Terrible empoisonnait et poignardait encore, même si son visage a vieilli, qu'encore il tranchait les seins et ouvrait les ventres, tuait les enfants et perçait les chairs. Entendu ce qui a été dit, nous le condamnons à mort. » De son fauteuil roulant, John Demjanjuk cria : « Je suis innocent ! »

Le garde des chambres à gaz

Les crimes dont on l'accusait remontaient à la Seconde Guerre mondiale et au camp d'extermination de Treblinka, en Pologne. C'est là que 900 000 Juifs furent gazés, sous la supervision de centaines de gardes ukrainiens. L'un d'eux, que les détenus avaient surnommé Ivan le Terrible, était connu pour ses actes d'indicible cruauté, et faisait personnellement tourner les machines de mort.

John Demjanjuk avait émigré aux États-Unis en 1951, s'était installé à Cleveland dans l'Ohio, et travaillait dans l'industrie mécanique. Il menait une vie tranquille et sans histoires, jusqu'en 1975, quand son nom apparut sur une liste de criminels de guerre nazis compilée par l'Union Soviétique.

Le ministère américain de la Justice lança une procédure visant à priver Demjanjuk de sa citoyenneté afin de pouvoir l'extrader vers Israël. Les services de l'immigration et de la naturalisation (INS) étudièrent la demande qu'il avait faite à l'époque, et découvrirent qu'il avait dit avoir été « fermier en Pologne pendant la guerre, dans un village appelé Sobibor ». Les dossiers soviétiques indiquaient que Demjanjuk était en fait garde dans le camp de la mort de Sobibor.

Les chasseurs de nazis enquêtent

L'INS fournit des photos de Demjanjuk, tirées de son dossier de naturalisation, à la police

◄ CRIMES CONTRE L'HUMANITÉ
Ces prisonniers affamés ont échappé à la mort, mais plus de 15 millions de personnes sont mortes dans les camps de concentration et d'extermination nazis. Quoi qu'il ait été lavé des accusations concernant Ivan le Terrible, Demjanjuk est toujours suspecté de crimes de guerre.

israélienne, qui enquêtait sur un autre personnage, suspecté d'avoir travaillé à Treblinka.

Ils montrèrent des recueils de photos d'identité à des survivants de Sobibor et Treblinka. Les photos de Demjanjuk et du deuxième suspect étaient plus grandes et plus claires que celles des autres. Plusieurs survivants identifièrent Demjanjuk à Ivan le Terrible de Treblinka. Puis, à une réunion de survivants de Treblinka, ceux qui avaient identifié Ivan rencontrèrent d'autres témoins à qui on devait montrer les photos peu après. En dépit de ces irrégularités, d'autres survivants ne l'identifièrent pas, et il n'y avait pas de preuves concrètes que Demjanjuk ait travaillé à Treblinka. Malgré tout, l'INS conclut qu'il avait été identifié et, en 1981, le priva de sa citoyenneté, avant de l'expédier en Israël en 1986 pour son procès.

Question de vie ou de mort

Quand le procès commença l'année suivante, l'identification visuelle par les survivants était cruciale pour la partie civile, qui produisit aussi un certificat semblant prouver que Demjanjuk s'était porté volontaire pour la SS et avait gazé des Juifs à Sobibor, sinon à Treblinka. La défense mit en cause l'authenticité du certificat et jeta le doute sur l'identification par les survivants. Mais en dépit de ces arguments, le tribunal rendit un verdict de culpabilité. Demjanjuk fit immédiatement appel et, quand il comparut en 1990, fut en mesure de produire des témoignages réunis en Union Soviétique, qui identifiaient Ivan le Terrible à un autre homme, Ivan Marchenko. Le précédent verdict fut cassé et Demjanjuk put retourner aux États-Unis, libre. L'affaire Demjanjuk est un bon exemple pour illustrer les dangers de l'identification visuelle, surtout quand le passage du temps a changé l'apparence physique du suspect et brouillé la mémoire des victimes.

LE CERTIFICAT TRAWNIKI ▲
Le dossier SS de Demjanjuk montra qu'il avait suivi un stage dans un camp d'entraînement pour gardes de camps de la mort, Trawniki. Les avocats de Demjanjuk tentèrent de démontrer que la carte était un faux réalisé par le KGB (les services secrets soviétiques) pour nuire à leur client.

AU PROCÈS À JÉRUSALEM ▶
Demjanjuk assis entre deux gardes lors du procès. Il eut souvent des problèmes à comprendre les procédures, son traducteur ukrainien étant aussi un témoin de la partie civile.

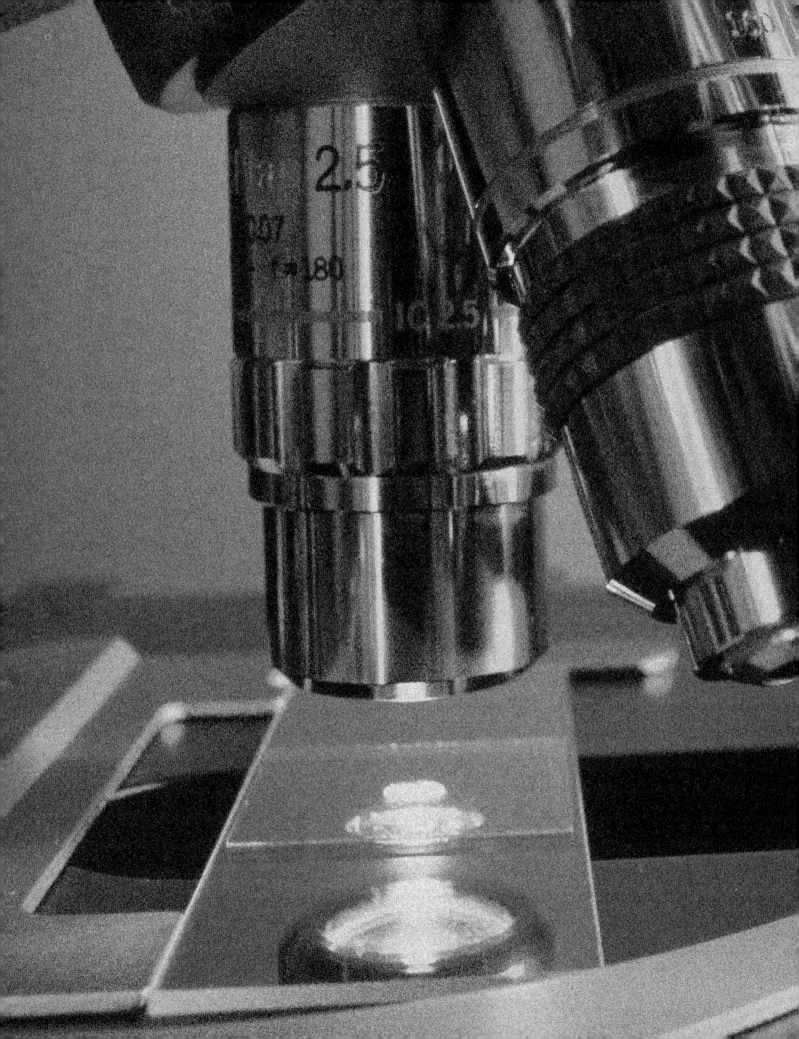

L'ANALYSE DES INDICES

Dans les caricatures des investigations criminelles, les détectives et inspecteurs contemplent les traces de pas suspects à l'aide d'une magnifique (et énorme) loupe. Même si les enquêteurs modernes n'ont pas forcément totalement abandonné la loupe, ils l'ont complétée avec un large éventail de techniques analytiques et d'instruments de diagnostic. Certaines méthodes sont si sensibles qu'elles détectent les traces incriminantes même diluées au milliardième, ce qui revient à retrouver une aiguille dans une grange de bottes de foin.

Le laboratoire

C'est au cœur du laboratoire de criminologie que les indices dévoilent leurs secrets. Un peigne apparemment propre peut dénoncer son propriétaire. Le tube digestif de l'asticot peut contenir le poison qui a tué son hôte. Les laborantins d'aujourd'hui emploient des techniques stupéfiantes pour analyser les indices susceptibles de lier le suspect au crime.

Un grand laboratoire de criminologie de niveau national peut réunir sous le même toit la plupart des disciplines des sciences médico-légales. Il peut employer des techniciens polyvalents, comme des spécialistes très pointus de l'ADN ou des insectes. Certains laboratoires sont attachés à des universités ou à des services de police, d'autres sont indépendants. Par contre, le laboratoire d'une petite ville ne pourra guère qu'effectuer les tests les plus classiques, souvent grâce à un seul scientifique.

Quelle que soit leur taille, les laboratoires de police scientifique suivent des procédures

LA COMPARAISON D'ÉCHANTILLONS D'ADN ▲
Les laboratoires se doivent d'appliquer une procédure standard pour l'analyse de l'ADN, afin de comparer leurs résultats avec les bases de données nationales.

similaires. Les scientifiques doivent s'assurer que les éléments d'indices ne sont jamais mis en présence de quoi que ce soit pouvant les contaminer. Chaque objet est stocké et indexé avec précautions, afin d'assurer une traçabilité complète au sein du laboratoire.

Les tests commencent par le plus simple (cette tache est-elle vraiment du sang ?) avant de passer à des procédures plus précises, mais aussi plus coûteuses (de qui est-ce le sang ?). Les tests risquant de détruire l'échantillon sont toujours pratiqués en dernier.

Les rouages de la machine

Tous les laboratoires de criminologie ont une unité spécialisée dans les empreintes digitales, car certains des tests ne sont pas praticables sur les lieux du crime. Les enceintes de fumigation, où l'on pratique la fumigation au cyanoacrylate, sont alignées sur les murs du laboratoire (ci-contre). Et le laboratoire dispose aussi des sources de lumière spéciale utilisée dans la révélation des empreintes (voir p. 46). Les traces de pneus et de chaussures arrivent aussi ici.

L'unité d'analyse des indices à l'état de traces représente une part importante de l'activité du laboratoire. L'équipe examine les échantillons de cheveux, de fibres, de sable, de tissus ou de poussière. Leur expertise est parfois mise à contribution pour compléter les analyses de la dentisterie judiciaire, ou pour étudier des squelettes.

Les chimistes et les autres

L'unité de chimie est encombrée de tubes à essai et de matériel d'analyse complexe, ressemblant en cela à n'importe quel laboratoire de recherche classique. Ici, les toxicologues analysent l'urine et le sang, à la recherche de poisons, alcools et autres drogues (p. 82). Ils analysent aussi des échantillons synthétiques, de type peinture, teinture et médicaments. Les laboratoires de chimie se fient beaucoup aux techniques de pointe, en utilisant massivement chromatographes gazeux, microscopes divers et spectromètres de masse pour identifier les signatures chimiques de certains composés incriminants (p. 88).

L'unité de sérologie analyse la nature du sang et des fluides corporels. Le séquençage de l'ADN prend de plus en plus d'importance dans ce domaine, les avancées récentes ayant permis de mettre le test ADN le plus courant, la réaction de polymérase en chaîne,

LES SÉROLOGISTES AU TRAVAIL

1. *Les réactifs habituels pour les tests préliminaires font partie de la dotation de base de chaque poste de travail.*
2. *Les échantillons contenus dans des tubes à essai sont alignés dans des porte-tubes permettant de les faire passer dans des appareils d'analyse automatisée.*
3. *Malgré l'évolution de l'analyse ADN, les sérologistes ne dédaignent pas les instruments traditionnels comme le microscope optique.*
4. *Les échantillons arrivent sous emballages scellés pour éviter toute manipulation des preuves. On n'ouvre les emballages qu'avec des gants.*
5. *Les étiquettes à code-barres permettent de suivre la progression de l'échantillon dans le laboratoire.*

LE LABORATOIRE DE SÉROLOGIE DU FBI ▲
La sérologie est normalement l'étude du sérum sanguin, mais les unités de sérologie médico-légale analysent tous les fluides corporels, y compris la salive et le sperme.

à la portée des plus petites structures. Les tests plus spécialisés, comme celui sur l'ADN mitochondrial, restent par contre l'apanage des grands laboratoires.

L'unité de photographie est un rouage essentiel du laboratoire, car la photo est un des moyens les plus usuels de documentation des indices. L'unité comprend un laboratoire de développement avec chambre noire et une

LE MICROSCOPE ÉLECTRONIQUE À BALAYAGE ▲
Il est utilisé pour obtenir un grossissement maximal lors de l'étude d'objets comme les cheveux, fibres, poussières et spores fongiques.

LE TEST DES ARMES À FEU

Tirer un coup avec l'arme du suspect permet aux experts en balistique d'analyser les douilles et les balles pour les comparer avec des bases de données, comme Drugfire, au FBI. Cela donnera aussi des informations intéressantes, comme par exemple la trajectoire d'éjection des douilles, qui permet de déterminer où se tenait le tueur quand il a tiré. Connaître le taux de dispersion des plombs de chasse permet aussi d'avoir une indication de la distance.

Une balle retrouvée sur les lieux du crime peut être comparée avec une balle tirée au labo.

◄ RECHERCHE DE DROGUES DANS LES CHEVEUX

Les cheveux sont la poubelle de l'organisme, servant à éliminer nombre de déchets. C'est pourquoi on analyse les cheveux de personnes suspectées de se droguer. En analysant les fragments, les toxicologues peuvent non seulement déterminer quelles drogues ont été utilisées, mais aussi en dresser une chronologie. En l'absence de cheveux, les ongles sont utilisés de la même façon.

Cet échantillon de cheveux est collé à une fiche de classement qu'on peut être amené à mettre sous scellé pour éviter toute interférence.

Le cheveu est découpé en tronçons de 1 cm correspondant à des dates spécifiques. Les drogues et leurs métabolites peuvent être extraits à l'aide de solvants et être identifiés par chromatographie gazeuse et spectrométrie de masse.

équipe de terrain. Elle se doit de garantir l'authenticité des clichés, et ses spécialistes peuvent aussi être appelés pour des opérations de surveillance et de photographie aérienne.

Le matériel, les armes et le logiciel

Une unité des matériaux analyse les alliages, céramiques, peintures et autres vernis, sols et bois pour traquer le criminel ou pour lier un suspect aux lieux du crime. Les matériaux biologiques, comme les graines, sont analysés par une équipe de biologistes.

L'unité spécialisée dans les armes à feu fait la synthèse entre la précision des analyses et le fracas des stands de tir. Tester une arme implique de faire feu avec, afin d'étudier les marques caractéristiques laissées sur les balles, les douilles et la cible. Les grands laboratoires ont aussi des équipes spécialisées dans les incendies et les explosifs, des unités d'analyse des photos, documents vidéo et enregistrements audio, alors que les petites structures font appel à des consultants extérieurs.

Les collaborateurs

Tout laboratoire de criminologie se doit d'avoir des scientifiques pour effectuer les tests, mais ils n'arriveraient à rien sans des laborantins et des manutentionnaires pour préparer et stocker les indices, assurer la maintenance, et aider au calibrage des instruments complexes.

Ces collaborations vont au-delà de la structure elle-même. Un résultat isolé peut s'avérer intéressant, mais la comparaison avec des tests similaires peut lui donner une importance imprévue. L'analyse des stries d'une balle relevée sur les lieux d'un crime peut conduire à l'arme d'un suspect, mais la comparaison avec les bases de données nationales peut lier l'arme à d'autres crimes. C'est pourquoi la plupart des criminologues ont à portée de main un ordinateur leur permettant de faire des recherches et des comparaisons.

▼ ÉCHANTILLONNAGE DU SANG

Pour tester des taches de sang desséchées, il faut découper les échantillons, ou les humidifier puis les prélever avec un coton-tige.

La toxicologie

Les méthodes analytiques employées par les toxicologues peuvent, par l'analyse d'une mèche de cheveux, prouver qu'un suspect a employé des drogues quelques semaines plus tôt, ou détecter des traces infimes de poison dans le sang d'une victime de meurtre. Mais l'essentiel du travail du laboratoire de toxicologie porte sur une drogue légale : l'alcool.

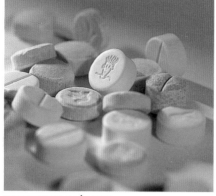

LES DROGUES ILLÉGALES ▲
Les tests immunologiques sur les amphétamines déterminent si le sujet a pris de l'ecstazy (MDMA).

Si souffler dans le ballon permet d'avoir une mesure approximative de l'alcoolémie d'un chauffard, ce test n'est pas toujours recevable devant un tribunal. C'est pourquoi les laboratoires de toxicologie ont souvent à tester l'urine ou le sang de conducteurs ivres. Le nombre d'échantillons à tester a conduit à l'automatisation du procédé, toujours aussi rigoureux que d'autres analyses toxicologiques.

L'abus de drogue

Les tests d'autres drogues suivent les mêmes principes : un test simple permettant de déterminer la présence ou l'absence de la substance recherchée, suivi d'une procédure plus complexe qui mesure les quantités et apporte la preuve définitive. Le test initial est généralement immunologique, il change de couleur quand la drogue présente dans l'urine réagit avec les anticorps. Si le résultat est positif, on emploie des tests plus techniques. Ce type de tests n'est pas mené uniquement dans le cas de délinquants ou d'athlètes, mais aussi dans les entreprises qui suivent une politique de surveillance de leurs employés.

L'identification et la mesure

Dans les cas de drogues et d'alcool, ces tests emploient généralement la chromatographie, une méthode de séparation des corps chimiques selon la vitesse à laquelle ils se déplacent dans un gaz ou un liquide. Le chromatographe gazeux est de toute façon un appareil indispensable dans tout laboratoire de toxicologie. Il contient un tube étroit, généralement rempli de granulés solides. On y fait passer un gaz non réactif, comme de l'azote, appelé gaz porteur. Quand l'échantillon vaporisé y est injecté, les corps chimiques s'y déplacent à différentes vitesses. En chronométrant le moment où les composés atteignent le senseur à l'extrémité du tube, il est possible d'identifier les constituants de n'importe quel mélange. Les sorties du senseur

VEUILLEZ SOUFFLER DANS LE BALLON ▼
La police britannique fait passer plus de 200 000 tests par an sur les routes. 1 conducteur sur 25 présente un résultat positif.

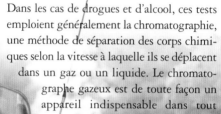

permettent une représentation graphique sur ordinateur. Les substances apparaissent comme des pics sur le graphique ; les pics correspondant à ceux d'une substance identifiée indiquent alors un résultat positif. Deux autres techniques de chromatographie sont utilisées selon les substances recherchées : la chromatographie liquide à haute performance, dont le porteur est un gaz plutôt qu'un liquide, et la chromatographie sur couche mince (voir photo en haut à droite).

SPECTROMÉTRIE DE MASSE

Le chromatographe gazeux est souvent relié à un spectromètre de masse. Cet instrument casse les corps composés, les séparant en ions électriquement chargés. En accélérant ces ions dans un champ magnétique et en mesurant leur charge, relativement à leur masse, on obtient un spectre caractéristique qui identifie la substance en question.

L'empoisonnement

La chromatographie est aussi largement employée pour identifier des poisons, l'autre grande branche de la toxicologie. Que l'empoisonnement soit un suicide, un homicide ou un accident, le sujet du test n'est plus le suspect mais la victime, et plus précisément les échantillons transmis par le médecin légiste. Les échantillons de sang et de foie sont les plus courants, mais les légistes envoient parfois d'autres échantillons. La bile, par exemple, concentre les antidépresseurs, la morphine et l'héroïne. Les substances volatiles de type solvants seront dans les poumons, et les cheveux donneront un état chronologique d'un empoisonnement (à l'arsenic, par exemple). Les toxicologues analysent ces échantillons de la même manière que le sang et l'urine des sujets vivants : tests immunologiques puis chromatographie.

La première colonne est un échantillon de contrôle contenant de la méthadone, sur le premier point.

Le premier point de l'échantillon du suspect est monté à la même hauteur, suggérant la présence de méthadone dans son sang.

En pulvérisant un réactif sur la plaque ou en l'examinant à la lumière ultraviolette, on peut voir les trajectoires jusqu'alors invisibles.

▲ LA CHROMATOGRAPHIE SUR COUCHE MINCE
Les points sont des échantillons (sous forme liquide) repoussés sur une plaque recouverte par un solvant organique coulant par la base. Les composants se séparent en avançant à des vitesses différentes.

Le travail du limier

L'image d'Épinal de la toxicologie est le meurtre inexplicable résolu par un savant échevelé (ou chauve, selon les versions). Mais la réalité est bien plus prosaïque. La plupart des poisons laissent des symptômes évidents à l'autopsie, et le meurtre par empoisonnement est beaucoup plus rare dans les faits que dans les romans d'Agatha Christie.

Les urgences biologiques comme l'affaire des courriers à l'anthrax qui terrorisa les États-Unis fin 2001 sont exceptionnelles, mais mettent les toxicologues sous le feu des projecteurs. Ils prennent des échantillons et les analysent sur les lieux, étudient les effets des agents toxiques sur les plantes et les animaux, analysent la façon dont on peut contenir les infections et supervisent les traitements des victimes.

Quelques affaires, néanmoins, correspondent à l'image du limier de laboratoire. En 1979, le dissident bulgare Georgi Markov, installé à Londres, sentit un coup à sa jambe. Regardant autour de lui, il vit un homme avec un parapluie monter dans un taxi. La minuscule blessure de la jambe de Markov s'infecta, et il mourut quatre jours plus tard. Les pathologistes suspectèrent un poison, mais

ne trouvèrent aucune trace de toxine, juste une minuscule bille dans sa jambe. Les enquêteurs concluent que l'homme montant dans le taxi était un agent bulgare qui avait tiré la bille empoisonnée sur Markov à l'aide de son parapluie (les « parapluies bulgares » se retrouvèrent par la suite dans d'autres affaires similaires). Les symptômes de Markov donnent à penser que le poison était à base de ricine, qui est rapidement métabolisée par le corps et disparaît sans laisser de traces.

ALERTE BIOLOGIQUE ▼
Quand les terroristes frappent, les toxicologues ne prennent pas de risques. Les combinaisons stériles qu'ils portent pour prélever les échantillons sont décontaminées méticuleusement (à droite) et de retour au laboratoire, ils étudient les spécimens dans des boîtes de manipulation étanches.

Les traces de sang

Sur les lieux d'un crime, les taches de sang peuvent littéralement désigner l'assassin. En analysant leur forme, leur taille et leur position, les enquêteurs peuvent déterminer non seulement l'endroit où se tenait l'assaillant, mais aussi sa taille, le nombre de coups et même s'il était droitier ou gaucher.

◄ SUR LES LIEUX D'UNE FUSILLADE
Les balles ont frappé la victime avec une telle force que le sang a été projeté à haute vitesse, se vaporisant en toutes petites gouttes. Sur les lieux de cette exécution par un gang, les plus petites gouttes sont masquées par de larges traînées provenant d'une artère qui avait été touchée.

Dans une agression violente, le sang peut gicler un peu partout, et est très dur à nettoyer : même l'eau de Javel ne suffit pas à tout effacer. Cela fait des taches de sang un allié précieux des criminologues cherchant à reconstituer les évènements.

Si le sang du suspect est trouvé sur les lieux, l'analyse ADN peut aider à l'identifier (p. 60). Mais le sang de la victime est d'une grande aide aussi : la dispersion des taches donne des informations très intéressantes sur les circonstances de l'agression. Par exemple, si le suspect affirme n'avoir porté qu'un coup de couteau et qu'il y a plusieurs traînées au plafond, alors il est probable qu'il ment. Quand les taches sont nombreuses et bien définies, les enquêteurs peuvent reconstituer les évènements dans le détail.

La révélation des taches cachées

Mais pour pouvoir utiliser à fond ces taches, les enquêteurs doivent toutes les trouver. Une source de lumière à haute intensité, filtrée en violet, aide à repérer les traces sanglantes. Si elle ne révèle rien, ou si l'endroit a été nettoyé, les enquêteurs emploient des révélateurs, comme le Luminol et la fluorescéine, qui peuvent rendre visible du sang dilué au douze-millième. Quand le Luminol est pulvérisé dans une pièce non éclairée, il devient fluorescent au contact de toute trace de sang, la plus ténue soit-elle. La fluorescéine est plus sensible, mais ne brille qu'illuminée aux ultraviolets. Ces deux substances réagissent en fait au fer contenu dans l'hémoglobine.

La torche à UV est petite et manœuvrable, permettant d'éclairer les endroits les plus difficiles d'accès.

Les lunettes de l'enquêteur le protègent des UV et augmentent le contraste.

LE PIED SANGLANT ▼
Passée au révélateur, puis illuminée aux UV, cette trace de pas sanglante était presque invisible, mais peut maintenant être photographiée et utilisée comme pièce à conviction.

Des dessins qui parlent

L'analyse des traces de sang utilise le dessin des éclaboussures pour reconstituer l'acte qui les a provoquées. Quand une goutte de sang frappe une surface, la forme de la marque indique la direction dont elle provenait, et la force à laquelle elle a été projetée. Par exemple, le sang qui goutte d'une faible hauteur forme des gouttes larges et circulaires sur le sol, alors que le sang violemment projeté produit des gouttes plus petites. Si elles frappent obliquement une surface, elles dessinent une traînée pointant vers la source.

Si le dessin est clair, couvrant les murs, le sol et le plafond, les enquêteurs peuvent analyser chaque marque pour déterminer où se tenait l'agresseur, et où était la victime quand les coups sont tombés. Traditionnellement, les inspecteurs considéraient que les gouttes volent en ligne droite, et utilisaient des fils pour la reconstitution. Les programmes

LES MARQUES DE SANG

L'Écossais John Glaister (1892-1971), professeur de médecine légale, fut le premier à décrire méthodiquement les taches de sang dans les années 30, et son système de catégories est toujours en usage. Sur les lieux d'un crime, les traces sont rarement aussi bien définies que sur les exemples ci-contre, et des surfaces rugueuses ou poreuses peuvent rendre l'analyse impossible.

CIRCULAIRES : *quand le sang est projeté sans force sur une surface perpendiculaire à la trajectoire.*

CRÉNELÉES : *quand le sang est projeté très violemment ou tombe d'une grande hauteur.*

ELLIPTIQUES : *quand le sang tombe obliquement. De l'élongation de la tache on calcule l'angle.*

GICLURES : *quand l'angle selon lequel le sang frappa la surface était inférieur à 30°.*

TACHES : *quand le sang est projeté par une artère.*

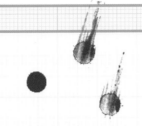

FLAQUE : *elles indiquent généralement que la victime était statique et encore vivante, car la mort finit par arrêter l'écoulement du sang.*

TRAÎNÉES : *elles peuvent être entourées de giclures secondaires qui indiquent la direction du mouvement.*

TACHES ÉTALÉES : *elles suggèrent qu'un objet a été pressé contre la surface, et qu'il sera lui aussi taché.*

---

informatiques peuvent à présent automatiser ce travail, en intégrant les distorsions dues à la gravité pour donner des trajectoires légèrement arquées, plus réalistes et donc plus précises.

L'usage des armes

Quand les traces sont vraiment claires, il est possible d'en extraire encore plus d'informations. Le dessin fait par le sang projeté par la pointe d'une arme est particulièrement révélateur. Les agresseurs ne donnent pas des coups de couteau en ligne droite, et la courbure de la traînée vers la droite ou la gauche indique quelle main tenait l'arme. La largeur de la marque est révélatrice de la taille de l'arme : un couteau laissera une trace plus fine qu'un bâton de baseball, par exemple. Les traces peuvent enregistrer aussi la férocité de l'assaut; des traînées multiples, projetées puissamment, indiquent une attaque frénétique et déterminée.

L'absence d'éclaboussures est tout aussi révélatrice. Une « ombre » sans traces suggère qu'il y avait un objet ou une personne entre la source du sang et la surface sur laquelle les gouttes ont été projetées. L'objet en question portera fatalement un dessin correspondant à ceux des lieux du crime, comme la pièce manquante d'un puzzle.

L'ANALYSE DES TRAJECTOIRES ▶
Pour retrouver l'origine d'une éclaboussure, les spécialistes marquent d'abord le mur avec des rubans ou des fils dans l'axe de chaque trace. Pour déterminer à quelle distance du mur se trouvait la victime, ils emploient l'élongation des gouttes pour déterminer l'angle.

La forme de l'ellipse révèle à quel angle le sang a frappé la surface.

Les fils rouges convergent, donnant la position de la source en deux dimensions.

Un matelas maculé de sang plaqué contre le mur a laissé cette tache.

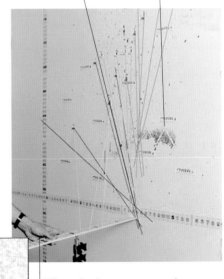

L'élongation des gouttes permet de déterminer l'angle des fils blancs, donnant la position de la source dans l'espace.

Le sang parle

En se défendant contre une attaque au couteau, un fermier anglais fit feu avec son fusil de chasse. Cela ressemblait à la conclusion tragique d'une campagne locale de haine contre lui, jusqu'à ce que les enquêteurs, regardant l'affaire et les traces de sang sur le plancher de la ferme de plus près, présentent d'autres conclusions.

Le regard vide de la tête de mouton fixée à la barrière de la ferme Widden Hill, ainsi que le message épinglé dessus, portant les mots « Tu es le suivant ! » étaient éloquents. Pour Graham Backhouse, le fermier, c'était une menace claire, et il amena le tout à la police. Il leur parla aussi de coups de téléphone et de lettres anonymes, et de la vendetta que le village menait contre lui. Mais la police n'était pas en mesure de faire grand-chose, d'autant que les policiers pensaient qu'il s'agissait d'une de ces querelles de voisinage courantes à la campagne. Celle-ci tourna différemment.

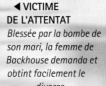

◀ VICTIME
DE L'ATTENTAT
Blessée par la bombe de
son mari, la femme de
Backhouse demanda et
obtint facilement le
divorce.

Dix jours plus tard, le 9 avril 1984, Margaret Backhouse n'arriva pas à démarrer sa voiture, et elle emprunta les clés de la Volvo de son mari. Quand elle mit le contact, une bombe placée sous le siège du conducteur lui emporta la moitié de la cuisse.

Dynamite artisanale

L'enquête révéla que la bombe était faite d'une longueur de tuyau, remplie de nitroglycérine et des amorces de huit cartouches de fusil de chasse. Elle avait été mise en place de façon à ce que la déflagration se propage vers le haut. C'était une chance que Mme Backhouse n'ait pas été tuée dans l'explosion.

Dans la mesure où il semblait évident que la vraie cible était Graham, la police lui demanda qui pouvait lui en vouloir à ce point. Au départ, il nia avoir des ennemis, puis, pressé de questions, admit que deux personnes du village lui reprochaient des choses. L'une était un cantonnier, dont Backhouse fréquentait la femme. Il avait donc un mobile, et l'expérience des explosifs. L'autre était un voisin, le charpentier Colyn Bedale-Taylor, qui s'était querellé avec Backhouse à propos d'un droit de passage.

DES CICATRICES
NE PROUVANT PAS L'INNOCENCE ▲
Graham Backhouse avait été un bon coiffeur pendant des années, avant de venir s'installer à la campagne. Les permanentes et les shampooings ne l'avaient sans doute pas préparé aux rigueurs de la vie à la ferme.

Autodéfense

La police proposa de surveiller Backhouse jour et nuit, mais moins d'une semaine après, ce dernier les appela pour mettre fin à l'arrangement, prétendant être capable de se protéger lui-même. Voulant néanmoins assurer sa sécurité, la police lui fournit un bouton d'alerte qu'elle installa dans la maison et relia au commissariat. Le 30 avril, Backhouse l'activa. Un agent se rendit en catastrophe à la ferme Widden Hill, et y découvrit Bedale-Taylor, mort de deux coups

LA VOITURE PIÉGÉE ▼
Backhouse prétendit ne pas avoir entendu l'explosion ni les cris de sa femme, étant dans une grange à l'écart, la radio allumée.

de fusil de chasse, un couteau à la main. Backhouse avait des entailles à la joue. Entre deux sanglots, il expliqua que Bedale-Taylor avait frappé à sa porte, prétendant venir réparer une chaise. Quand Backhouse lui répondit qu'il n'y avait besoin de réparations nulle part, le charpentier avoua avoir posé la bombe et, hurlant qu'il avait été envoyé par Dieu, sortit son couteau.

Backhouse raconta ensuite qu'il avait couru à la cuisine pour récupérer son fusil de chasse et qu'il avait tiré deux fois, en légitime défense. La fouille de l'atelier de Bedale-Taylor permit de corroborer la version de Backhouse : les enquêteurs découvrirent un bout de tuyau correspondant à celui employé pour la bombe artisanale.

Les lettres anonymes reçues par Backhouse faisaient partie d'un plan destiné à faire croire au harcèlement.

Indices sanglants

Mais quand les inspecteurs de la criminelle commencèrent à examiner la ferme Widden-Hill, ils eurent des doutes sur la version de Backhouse. Les traces de sang dans la cuisine étaient très révélatrices. S'il y avait eu une lutte violente, comme Backhouse l'avait prétendu, il y aurait eu du sang répandu avec une certaine force, laissant des marques allongées avec des queues caractéristiques. Mais le sol de la cuisine ne présentait que des taches rondes, caractéristiques du sang gouttant d'une blessure. Une chaise renversée recouvrait certaines traces, suggérant un objet placé après coup. Plus révélatrice encore était l'absence d'une traînée allant vers la cuisine, sur le chemin que Backhouse prétendait avoir suivi, blessé, pour aller chercher son fusil.

Il y avait d'autres incohérences : le mort tenait un couteau en main, mais le légiste ayant pratiqué l'autopsie indiqua qu'il aurait

dû le lâcher dans sa chute. Les blessures de Backhouse elles aussi étaient curieuses, il ne présentait pas d'entailles aux mains, et la lacération continue qu'il portait suggérait presque qu'il était resté debout sans opposer de résistance quand il avait reçu les coups.

Une arnaque à l'assurance

En poussant leur enquête, ils découvrirent d'autres faits troublants : Backhouse était endetté jusqu'au cou. C'était un fermier incompétent, qui avait perdu deux récoltes consécutives. En mars 1984, il avait doublé la prime d'assurance décès de sa femme. Sa mort aurait couvert l'ensemble de la dette.

La police inculpa Graham Backhouse du meurtre de Colyn Bedale-Taylor et de la tentative d'assassinat contre sa femme. Au procès, la partie civile fit le portrait d'un tueur cynique et calculateur. Non content de mutiler sa femme dans sa tentative de toucher l'assurance, il était prêt à tuer de sang-froid son voisin innocent, et à se balafrer lui-même pour égarer les soupçons.

Les inspecteurs réussirent même à prouver que la tête de mouton faisait partie du plan. L'écriture sur le papier était habilement déguisée, et on ne pouvait l'attribuer à Backhouse. Mais un examen attentif du papier montra l'impression en creux d'un gribouillage qui correspondait parfaitement

À L'ENSEIGNE DU MEURTRE ▲
Malgré cette accroche optimiste, Backhouse avait 70 000 livres (100 000 euros) de dettes, qui furent le mobile de ses crimes.

à celui d'un bloc-notes retrouvé à la ferme. Backhouse nia les faits, mais n'arriva pas à convaincre les jurés. Ce tueur qui se croyait ingénieux fut condamné à deux fois la prison à vie le 18 février 1985. Il mourut d'une crise cardiaque neuf ans plus tard.

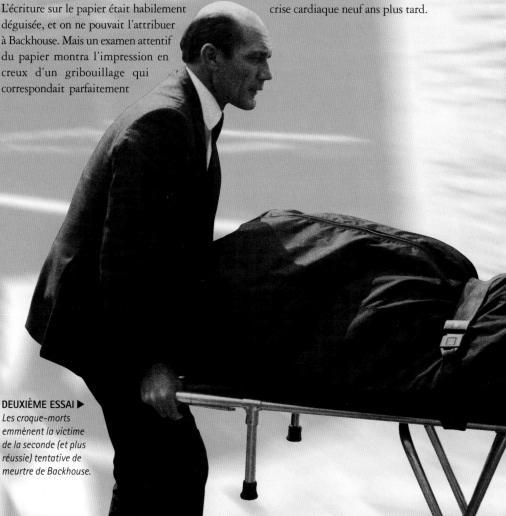

DEUXIÈME ESSAI ▶
Les croque-morts emmènent la victime de la seconde (et plus réussie) tentative de meurtre de Backhouse.

Les traces pertinentes

Par l'adage « chaque contact laisse des traces », le criminologue Edmond Locard établit le principe qui guide toutes les enquêtes sur les lieux de crimes. Les criminels ne peuvent empêcher certaines traces, et ils emportent toujours à leur corps défendant des indices.

LE MICROSCOPE ÉLECTRONIQUE À BALAYAGE ▼
En bombardant les spécimens spécialement préparés d'un flux d'électrons, le microscope électronique peut révéler des détails de surface de l'ordre du nanomètre, c'est-à-dire du cent-millième de l'épaisseur d'un cheveu. (En insert, une fibre de laine vue au microscope électronique.)

La simplicité du principe d'échange de Locard est trompeuse. Elle peut sembler évidente, mais ses implications vont beaucoup plus loin. Malgré toutes les précautions prises par les criminels, ils ne peuvent pas quitter les lieux du crime exactement dans l'état où ils les ont trouvés. Ils laissent toujours quelque chose derrière eux pouvant conduire à leur identification, et l'inverse est vrai aussi : ils ne peuvent empêcher la présence sur eux de traces qui peuvent les lier au crime.

Quand Locard formula son idée pour la première fois, en 1920, l'ADN n'avait pas encore été découvert, et il n'aurait pas pu imaginer qu'un nanograme de sang, un quarante-millionième de goutte, serait suffisant pour identifier un criminel de façon concluante. Les traces auxquelles il pensait étaient

des cheveux, écailles de peinture, poussières, éléments du sol, fibres ou minuscules éclats de verre, objets si petits que l'on ne les remarque généralement pas.

Locard appliquait ce principe d'échange dans son travail bien avant de le formuler. En 1912, il solutionna l'affaire Émile Gourbin, un employé de banque suspecté d'avoir étranglé sa petite amie. Gourbin semblait avoir un alibi en béton pour l'heure du meurtre, mais quand Locard gratta sous ses ongles, il y trouva de petits fragments de peau, qui plus est couverts de la même poudre de riz rose qu'employait la victime pour se maquiller. Face à cette preuve, Gourbin avoua.

Les traces que traquait Locard allaient de ce genre de fragments de peau à des résidus de coups de feu. La plupart de ces traces font à présent l'objet de branches spécialisées de la criminologie et du médico-légal. Le terme d'indice trace ne se réfère d'ailleurs plus qu'à quelques catégories ciblées : fibres, cheveux, peintures, vernis, sol et fragments botaniques.

EDMOND LOCARD

Le virtuose de la criminologie Edmond Locard étudia la médecine et le droit avant de monter son propre laboratoire médico-légal à l'âge de 33 ans. Au cours de sa vie dédiée à son travail, il exerça une influence énorme sur toutes les méthodologies de sa spécialité.

Edmond Locard
1877–1966

Comment trouver les traces ?

La nature même de ces traces les rend évanescentes et éphémères. Les vêtements du criminel peuvent avoir accroché des fibres et des saletés des lieux du crime, mais elles retomberont pour la plupart dans les heures suivantes. Le brossage et le nettoyage finissent par éliminer le reste. Sur les lieux du crime, ces indices sont de toute façon invisibles à l'œil non entraîné. Les enquêteurs sont souvent confrontés au problème d'avoir à trouver quelque chose qu'ils ne peuvent voir.

Comment s'y prennent-ils ? Pour commencer en opérant un balayage méthodique des lieux du crime et en faisant des suppositions éclairées sur ce qu'ils cherchent et sur l'endroit où ils sont susceptibles de le trouver. Sur les vêtements, par exemple, poches et coutures retiennent plus de fibres que le reste du tissu.

DE TRÈS PRÈS

Le microscope est un instrument essentiel de la police scientifique. Plusieurs types de microscopes sont employés, selon la nature de l'indice, allant de modèles s'arrêtant à la surface de l'échantillon à d'autres qui permettent de voir au travers.

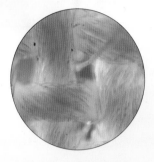

LES MICROSCOPES À LUMIÈRE ▲
Ils permettent aux enquêteurs de regarder les indices de l'intérieur. Leurs possibilités peuvent être étendues par l'emploi de binoculaires ou de sources d'éclairage spéciales.

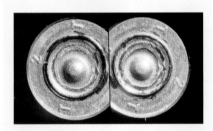

LES MICROSCOPES COMPARATIFS ▲
Le double système optique de ce type de microscopes permet de projeter l'image de deux objets dans le même viseur, permettant de simplifier le travail de comparaison de deux échantillons proches.

LA LUMIÈRE POLARISÉE ▲
Un filtre qui polarise la lumière n'admet que le passage d'ondes lumineuses se propageant selon le même plan. Les indices placés entre le filtre et l'objectif diffusent la lumière et les couleurs d'une façon permettant de révéler certains détails de structure.

Comment les collecter ?

La collecte de ces traces demande autant d'expérience et de compétence que leur découverte. Les plus gros fragments peuvent être récupérés manuellement, parfois à l'aide de pinces à épiler et d'une loupe, mais pour les plus petites traces il faut recourir à des aspirateurs spéciaux, dont le filtre en papier permet de les conserver pour analyse ultérieure. Un remplacement régulier et précautionneux des filtres permet d'identifier par la suite l'endroit précis où les échantillons ont été prélevés. Pour des petites surfaces, l'adhésif est également un moyen efficace de récupérer les traces. Les enquêteurs emballent et emportent les petits objets susceptibles de porter des particules analysables. En les lavant ou les grattant au laboratoire, on peut révéler des traces qui auraient sinon échappé aux recherches.

▲ *Une entrée par effraction crée beaucoup de traces : une écaille de peinture qui s'accroche aux vêtements a une couleur, une composition et un ordre de couches qui rendent son identification assez facile.*

▲ *Les fibres que peuvent perdre les vêtements sont hautement distinctives, et sont facilement transférées. On peut en laisser des milliers rien qu'en s'asseyant sur un fauteuil.*

Comment les examiner ?

Une inspection rapprochée est nécessaire pour révéler les secrets de ces indices traces, ce qui fait du microscope l'instrument le plus précieux dans le laboratoire. Il a un avantage précieux sur les techniques plus avancées : il n'implique pas de détruire l'échantillon, ce qui est crucial quand l'échantillon est si petit qu'il ne peut être fractionné pour analyse. Dans la plupart des cas, les spécimens n'ont besoin d'aucune préparation ni d'aucun traitement. Et le microscope est souvent le seul moyen de différencier deux catégories de traces : aucun protocole d'analyse chimique ne permet de déterminer l'ordre selon lequel des peintures ont pu être appliquées sur une surface, alors que l'ordre des couches est immédiatement apparent sous fort grossissement.

◄ *Nous perdons tous trois ou quatre cheveux à l'heure, dont l'examen au microscope peut révéler la couleur et la structure, et les lier à leur propriétaire.*

◄ *Les chaussures, en plus de laisser des empreintes, peuvent emporter des traces, comme des éclats de verre provenant du lieu du crime.*

La couche rouge adhérant mal à la peinture verte d'origine rend la combinaison facile à identifier.

Ces couches de peintures recouvrent une surface corrodée.

▲ UNE VOITURE REPEINTE

[Graphique spectral]

3000 2500 2000 1500 1000 500
Raman Shift (cm⁻¹)

LES COMPARAISONS DES PEINTURES ▲
Le microspectrophotomètre peut distinguer deux échantillons de peinture de couleur identique à l'œil nu. La composition de chaque échantillon est analysée et modélisée sous forme de graphique. Ci-dessus, trois échantillons d'origines différentes.

Les témoins matériels

Pour l'expert, la moindre particule de verre, de fibre ou de peinture peut raconter une histoire intéressante. Ces matériaux fabriqués ont une variété quasiment infinie de couleurs qui enrichit notre environnement de tous les jours, et permet aussi d'en faire un outil puissant pour relier un suspect au lieu d'un crime.

En ouvrant le nuancier d'un décorateur, on découvre la variété des teintes de peinture disponibles chez un fabricant. En multipliant cette quantité par le nombre de fabricants, on imagine bien que si une surface peinte sur les lieux d'un crime correspond à de la peinture trouvée sur un suspect, on a de bonnes chances qu'il y ait un lien. De plus, la peinture est rarement appliquée en couche unique. Si le nombre et la couleur des couches concordent, alors le lien est établi de façon sûre.

La peinture à carrosserie des automobiles varie aussi grandement suivant les constructeurs et les modèles. Si l'échantillon pris sur les lieux d'un accident concorde avec le véhicule suspect, les chances qu'un autre véhicule soit impliqué sont de 1 sur 16 000.

De plus près

Même à faible grossissement, les couleurs de chaque couche d'une écaille de peinture sont bien visibles. Si le simple examen visuel s'avère non concluant, une découpe et un polissage de l'écaille peuvent rendre plus visible la séquence des couleurs. Parmi les méthodes plus techniques et plus subtiles figure la microspectrophotométrie, une étude électronique des longueurs d'ondes spectrales absorbées et émises par l'échantillon.

Dans le cas de crimes où l'on a déjà des suspects, les échantillons pris chez eux et sur les lieux du crime peuvent être comparés directement, mais la peinture est aussi un indice dans des cas où il n'y a pas de suspect. Les forces de police disposent d'une base de

◄ DÉLIT DE FUITE
Les accidents de la route laissent des traces sur le véhicule aussi bien que sur la victime. La carrosserie peut emporter des fibres incriminantes provenant des vêtements, et laisser derrière elle des éclats de peinture, de verre ou de plastique.

LES TYPES DE FIBRES

Les enquêteurs ne s'attachent pas qu'à l'origine des fibres, mais à d'autres facteurs aussi : le décompte des fibres, les torsions qu'elles ont pu subir, l'épaisseur de l'échantillon ou le canevas du tissu.

◄ LA FOURRURE ANIMALE, *généralement plus fine que le cheveu humain, diffère selon l'espèce. Les brins de cette fourrure de chat sont couverts d'écailles spécifiques faisant le tour du poil.*

► LES FIBRES SYNTHÉTIQUES *sont moins distinctives que les fibres naturelles sous le microscope. Leur méthode de fabrication leur donne une texture régulière, mais pouvant varier selon les échantillons.*

◄ LES FIBRES VÉGÉTALES *ont des formes spécifiques. Les fibres de coton ont une forme en ruban tordu. Les fibres de lin ressemblent à des tubes noueux, pointus à chaque extrémité.*

► LES PLANTES SAUVAGES, *comme cette ortie, sont faciles à distinguer des plantes cultivées, mais seuls les botanistes savent différencier les espèces.*

◄ LES FIBRES DE VERRE *peuvent, en groupe, renseigner sur leur emploi. Alignées, comme ici, elles servent au renforcement structurel des plastiques, comme sur les bateaux de plaisance.*

LA RÉFRACTION ►
L'indice de réfraction peut lier une écharde de verre à une vitre cassée lors d'un crime. Pour mesurer l'indice, les techniciens plongent l'échantillon dans une huile dont le propre indice de réfraction varie avec la température. Une fois atteinte la bonne température, l'échantillon devient invisible. Pour les plus gros morceaux de verre, la mesure est effectuée par laser.

données des peintures utilisées dans l'industrie automobile, qui peut aider à affiner les recherches en pointant vers une marque, un modèle et parfois même une série. Il est aussi parfois possible de replacer l'éclat retrouvé sur la surface dont il provient. Ce type de concordance physique est bien évidemment une preuve de taille.

Transparences

Les éclats de verre peuvent parfois être recomposés de la même manière que la peinture, comme les pièces d'un puzzle. Quand cela n'est pas possible, les enquêteurs peuvent trouver la concordance en vérifiant l'indice de réfraction (l'angle selon lequel la lumière est déviée) et la densité de l'échantillon. Différents types de verres ont des indices de réfraction différents (voir ci-dessus pour la méthode de mesure de la réfraction). La mesure de la densité s'effectue en comparant le verre avec deux liquides de densité diffé-rente. Le verre flotte sur le liquide le plus dense, et coule dans le plus léger. Les techniciens mélangent ensuite les liquides jusqu'à ce que l'échantillon ne remonte ni ne coule plus, puis calculent la densité de l'échantillon grâce aux proportions du mélange.

Si ces deux méthodes donnent des résultats concordants pour deux échantillons, les enquêteurs font une recherche dans la base de données des types de verres, qui leur indiquera si leur verre est courant ou rare.

La concordance des fibres

À l'œil non averti, la plupart des fibres de même couleur est identique. Mais sous le microscope, les différences sont de taille. Les fibres végétales ont des formes et une section très variables. Les fibres animales ont des écailles caractéristiques en surface, et peuvent varier en épaisseur. Les fibres synthétiques

sont encore plus variées, mais peuvent être identifiées par leur solubilité et leur point de fusion, ainsi que par leur indice de réfraction, leur forme et leur analyse chimique.

Les teintures ajoutent une autre dimension à la recherche, puisqu'on peut analyser leurs composants par chromatographie (p. 82) ou par microspectrophotométrie et ainsi les différencier de fibres par ailleurs similaires.

Rare ou commun ?

Les traces de peinture, de verre ou de fibres ont toujours fourni aux enquêteurs d'importantes pistes dans leurs enquêtes, et leur récupération fait partie intégrante de la routine policière. Mais leur valeur comme preuve dépend de leur rareté. Une seule fibre d'un tissu rare peut suffire à traîner un suspect devant les tribunaux. Mais le coton non teint est si courant que ses fibres sont systématiquement écartées lors des enquêtes.

◄ UNE BOUCLE DE CHEVEUX
Sous le microscope, la section d'un cheveu ou d'un poil révèle où il a poussé. Les poils des aisselles sont ovales, les poils de barbe plutôt triangulaires, et les cheveux eux-mêmes ronds.

L'énigme des fibres

Quand, à l'été 1979, on commença à découvrir des corps d'enfants étranglés à Atlanta, la police municipale ne pensait pas avoir affaire à un tueur en série. Mais après 30 morts en 10 mois, les parents demandèrent des actions fortes. Puis, le 22 mai 1981, des policiers en planque aperçurent un homme qui jetait quelque chose de lourd dans le fleuve Chattahoochee.

Les enquêteurs suivirent Wayne Williams jusqu'à sa voiture, garée non loin du pont James Jackson, et l'arrêtèrent. Que faisait-il là un vendredi à 2 heures du matin ? Le producteur musical dit qu'il recherchait l'adresse d'une jeune femme dont il espérait diffuser la musique. Et qu'avait-il jeté dans le fleuve ? Des ordures, répondit-il.

La police commença à éprouver des soupçons forts quand il leur donna une fausse adresse et un faux numéro de téléphone pour son soi-disant talent prometteur. Mais la fouille de sa voiture ne donna rien de concluant, ni la fouille du fleuve sous le pont. Dans le doute, la police fit suivre Williams.

Le dimanche suivant, le corps de Nathaniel Cater fut découvert à quelques centaines de mètres en aval du pont. Il était porté disparu depuis quelques jours. Il avait été étouffé, et son corps était nu, mais on retrouva une fibre de nylon dans ses cheveux.

La piste des fibres

Quelques mois plus tôt, les laboratoires de la police d'État de Géorgie avaient commencé à s'intéresser de près à l'étude des fibres dans ces affaires de meurtres. Les corps des premières victimes avaient été jetés tout habillés, et l'étude de leurs vêtements avait révélé des fibres similaires sur quasiment chacun d'entre eux. C'était une fibre un peu rêche, de couleur jaune-vert. Au microscope, la section des fibres était d'une forme caractéristique des moquettes et des tapis. La piste ne donna rien au départ, car les experts n'arrivèrent pas à remonter jusqu'à la source des fibres. Puis il y eut une fuite, et l'information fut dévoilée par la presse. Le tueur d'Atlanta continua à étrangler ses victimes, mais commença à les déshabiller et à les jeter dans le fleuve pour faire disparaître ce genre de traces.

La fibre de nylon retrouvée dans les cheveux de Cater était jaune-vert, et de même section que les précédentes. La police obtint un mandat de perquisition.

La concordance

Le 3 juin, ils fouillèrent la voiture de Williams et la maison où il vivait avec ses parents, et prirent des milliers d'échantillons de fibres. L'inspecteur Larry Peterson passa sa nuit au laboratoire, comparant les fibres

---

MACABRE DÉCOUVERTE ▼
Le 30 mars 1981, la police d'Atlanta retira du fleuve le corps du jeune Timothy Hill, 13 ans, qui fut la dernière victime de ce tueur spécialisé dans les jeunes hommes.

LE TUEUR D'ENFANTS ▲
Wayne Williams avait lancé sa carrière de producteur de musique grâce à l'argent de ses parents. Mais il manquait de compétence pour découvrir des talents et eut rapidement la réputation d'en promettre plus qu'il ne pouvait tenir.

retrouvées sur les victimes avec celles issues de la perquisition.

Il fit une découverte remarquable : les poils trouvés sur certaines des victimes correspondaient à ceux de l'animal de compagnie de Williams, Altasian. La plupart des victimes portaient aussi des fibres identiques à celles d'une descente de lit trouvée dans la maison. Et la fibre jaune-vert correspondait à la moquette vert-olive qui couvrait l'essentiel des sols. Au petit matin, Larry appela Hal Deadman au laboratoire d'analyse microscopique du FBI, qui

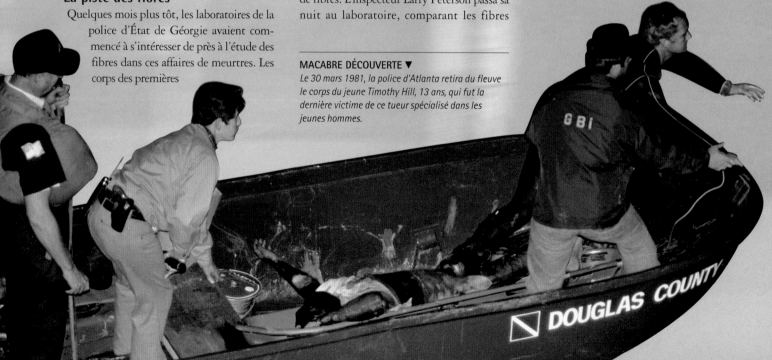

travaillait lui aussi sur l'affaire. « J'ai trouvé des concordances. Tu devrais venir voir. »

Hal s'habilla et fila au laboratoire. Les deux hommes étudièrent les fibres, arrivant à la conclusion que quelqu'un chez les Williams était lié aux meurtres.

Probabilités et combinatoire

Ils savaient que cette concordance ne valait rien si ce type de fibres était courant, et ils recherchèrent donc le fabricant, Wellman Inc., qui avait vendu ce fil de nylon, la 181B, entre 1967 et 1974. Plusieurs fabricants l'achetaient, mais un seul le teignait en jaune-vert pour en faire la moquette modèle « Luxaire English Olive ». Ce fabricant en avait produit 13 710 mètres carrés, de quoi recouvrir approximativement 2 terrains de football, ou 52 cours de tennis. En comparant les chiffres de vente et les tailles des chambres, Hal et Larry calculèrent qu'il y avait 1 chance sur 7 792 de trouver ce type de moquette dans une maison prise au hasard à Atlanta.

Mais ce n'était qu'un des types de fibres retrouvés. Et les autres concordaient. Quatre victimes portaient des fibres provenant du tapis de sol des Chevrolet de 1970 (le modèle que conduisait Williams),

dont il n'y avait que 680 exemplaires en circulation dans toute la ville. Les chances de retrouver par hasard ces fibres sur un des enfants étaient de 1 sur 3 828. Combinées, ces probabilités donnaient 1 chance sur 29 millions. Et certains des corps portaient jusqu'à 10 types de fibres différents, correspondant tous à des échantillons prélevés chez les Williams. Il était virtuellement impossible que le hasard seul permette une telle concordance.

Les témoins matériels

Wayne Williams protesta de son innocence lors d'une conférence de presse qu'il tint chez lui. Grave erreur, puisque la publicité donnée à cette affaire amena des témoins à dire qu'ils avaient vu Williams avec certaines des victimes. Deux employés d'un studio d'enregistrement se souvinrent qu'ils l'avaient vu avec des griffures aux avant-bras, du style que les victimes peuvent infliger en tentant de se défendre quand on les étrangle.

Le procureur d'Atlanta hésita devant une affaire où tant de pièces à conviction étaient des fibres microscopiques, donnant lieu à des dépositions très techniques de nature à porter la confusion au sein du jury. Mais sous la pression médiatique, ils poursuivirent l'instruction.

Wayne Williams fut condamné pour deux des meurtres à deux fois la prison à vie.

L'ARRESTATION ▼
La police avait assez de preuves pour arrêter Williams, malgré le fait que son père et lui aient nettoyé la maison et brûlé des photos compromettantes.

SUR LES RIVES DU CHATTAHOOCHEE ▲
Lors du procès, les avocats de Williams prétendirent que les corps avaient été mis en présence des fibres dans l'eau du fleuve. Mais les mêmes fibres étaient présentes sur des corps retrouvés dans les rues et dans les bois.

Indices contextuels

On s'essuie les pieds sur le paillasson avant de rentrer chez soi et on passe l'aspirateur sur la moquette. Pourtant, en cas de crime, les fibres, poussières, minéraux et autres particules peuvent contenir la signature des lieux dont elles proviennent, donnant des indices précieux sur les habitudes d'un suspect, son travail et ses déplacements.

La boue et la poussière nous sont si familières qu'on ne les remarque qu'au moment de les nettoyer. Même ainsi, on se préoccupe rarement de leur provenance ou de leur composition. Pourtant, pour la police scientifique, elles sont riches d'implications, pouvant orienter toute l'enquête, et fournir les indices liant un suspect aux lieux du crime. La composition du sol est majoritairement minérale et végétale, mais peut inclure des éléments manufacturés et des matériaux de construction suivant l'endroit. En extérieur, la poussière du sol est plutôt fine et sèche; en intérieur, elle est principalement fibreuse.

Le ramassage des poussières

Sur les lieux d'un crime, les enquêteurs emploient du ruban adhésif pour prélever la poussière superficielle, ou des aspirateurs spéciaux pour récupérer la poussière incrustée dans un tapis ou sur un fauteuil de voiture. Sur des vêtements, il est plus pratique de travailler directement au laboratoire. Les techniciens prélèvent les plus grosses particules avec des pinces à épiler, les plus petites avec un aspirateur.

Une analyse complète d'un échantillon de poussière ou de terre prend énormément de temps, et est rarement utile. La plupart du temps, les enquêteurs ont besoin de réponses

CHASSE AUX ÉCHANTILLONS

① *Un tamisage progressif permet de trier les particules du sol par taille.*

② *Un quadrillage au cordeau permet des mesures et une localisation de la découverte de chaque indice, localisation reportée sur un plan.*

③ *Des drapeaux indiquent la localisation d'autres indices.*

④ *Ici, les enquêteurs prennent de gros échantillons, mais l'analyse en elle-même ne nécessite que de petites quantités.*

LES INDICES DU SOL

◀ LA COULEUR
De la terre sur les lieux du crime et sur le suspect peut sembler similaire, mais seul un examen au microscope pourra prouver cette similarité.

▶ LA TAILLE DES PARTICULES
Elle est souvent hétérogène. Les gros grains sont du sable. Il y a aussi de l'argile, mais trop fine pour être vue.

◀ LES GRAINES *et les pollens résistent bien à la décomposition dans le sol et peuvent généralement être identifiés par leur taille ou leur forme.*

Les semelles ramassent facilement de la terre.

L'INDICE ÉTAIT DANS LA TOMBE ▼
Les enquêteurs retrouvant des restes humains prennent des échantillons de sol pour les comparer aux traces relevées sur les vêtements du suspect, ses chaussures et son véhicule. Des traces de pollen sur le corps peuvent permettre de déterminer s'il a été déplacé, et le sol peut contenir des résidus de drogues ou de substances chimiques provenant du corps.

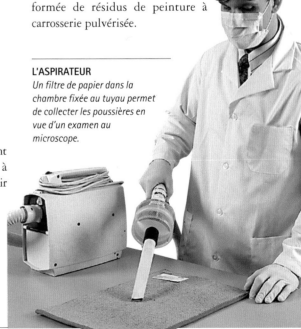

Les policiers placent l'échantillon prélevé sur les lieux du crime dans un flacon propre et scellé. Puis ils se changent avant de prélever des échantillons sur le suspect pour ne pas contaminer les indices.

L'ÉCHANTILLONNAGE
Les enquêteurs prélèvent des échantillons même quand rien ne donne à penser au départ qu'ils puissent être utiles. Mais quand les lieux sont rendus au public, le sol finit fatalement par être contaminé.

à des questions très ciblées, comme : « La boue sur le jean de ce suspect correspond-elle à celle retrouvée sur les lieux du viol ? »

Les scientifiques répondront à cette question par une comparaison directe des deux échantillons : couleur, pH, types et taille des particules. Les particules minérales ont les propriétés de la roche dont elles sont issues, comme le quartz ou l'argile. Leur forme est aussi déterminante : le sable de l'océan et celui des déserts ont des grains très différents. Le matériel botanique (débris de feuilles, graines, pollens ou spores fongiques) est tout aussi important, tant en quantité qu'en qualité. En 1960, lors d'une affaire d'enlèvement en Australie, les enquêteurs identifièrent le coupable grâce à une graine trouvée sur la victime, provenant d'un type rare de cyprès poussant dans le jardin du meurtrier. En outre, la proportion des pollens découverts sur les vêtements du suspect, la « signature pollinique », a été utilisée pour resserrer les recherches de corps de victimes enterrées. Les pollens et les graines donnent aussi des indications biologiques. Les plantes ne les dispersent qu'à certaines périodes de l'année, et leur présence sur un suspect ou une victime ne donne pas seulement une indication de lieu, mais aussi de temps, indiquant la saison où ils étaient présents sur ce lieu.

Sous le microscope
L'analyse initiale de la poussière et du sol se fait par identification visuelle, grâce à un microscope optique comparatif et à la lumière polarisée. D'autres détails spécifiques demandent un examen au microscope électronique à balayage. Les spécialistes s'aident de collections de référence des types les plus communs (la plupart des laboratoires les constituent au fil du temps, mais il est possible aussi d'acheter ce genre de collections de sable et de poussière). L'analyse microchimique et la spectroscopie aux rayons X permettent au besoin d'affiner l'information.

LA POUSSIÈRE DE MAISON
Ces images à fort grossissement, montrant deux échantillons de poussières de deux maisons différentes, prouvent que trouver deux échantillons similaires est un indice tout à fait probant. Ils contiennent poils d'animaux, squames de peau, acariens et fibres de vêtements ou tapis.

La poussière qui accuse
Plus important, les poussières et le sol peuvent donner aux inspecteurs de nouvelles pistes à suivre. Les échantillons de sol peuvent contenir des minéraux provenant d'une zone extérieure au lieu du crime, ou des pollens et des graines de plantes ne poussant pas dans le secteur. Dans ces cas-là, les minéralogistes et les botanistes peuvent orienter l'enquête vers d'autres lieux.

La poussière est tout aussi spécifique. La poussière de maison, par exemple, peut indiquer de quelle pièce elle provient. La poussière de la salle de bain contiendra sans doute du talc et des cosmétiques, la poussière de la cuisine un peu de farine ou d'épices. Les travailleurs industriels peuvent être porteurs d'une poussière qui identifiera leur profession. Les boulangers porteront des spores de levure, les imprimeurs des gouttelettes d'encre et des fibres de papier. Une affaire datant des années 60 illustre l'intérêt de l'analyse des poussières. La poussière trouvée sur les corps de plusieurs prostituées londoniennes assassinées contenait de microscopiques sphères de peinture qui ont conduit directement les inspecteurs à l'assassin, un homme qui fréquentait régulièrement un atelier de peinture automobile, dans lequel toutes les surfaces étaient couvertes d'une poussière formée de résidus de peinture à carrosserie pulvérisée.

L'ASPIRATEUR
Un filtre de papier dans la chambre fixée au tuyau permet de collecter les poussières en vue d'un examen au microscope.

L'affaire Festina

Les coureurs cyclistes d'équipes prestigieuses comme Festina semblent avoir des capacités surhumaines, mais sont rarement testés positifs lors des contrôles antidopage. C'était trop beau pour être vrai, et en effet toute la profession fut mise sur la sellette en 1998, quand les douanes françaises arrêtèrent un masseur parti assister au Tour de France.

WILLY VOET ▲
Âgé de 54 ans lors du procès, Voet fut dans sa jeunesse un cycliste prometteur dans les circuits amateurs, qui abandonna quand l'entraînement devint trop dur.

Pour les spectateurs des courses cyclistes, le peloton passe comme une flèche colorée et n'est visible qu'un bref instant, le temps de prendre une bouteille de boisson isotonique à un soigneur avant de disparaître au prochain tournant. Pour les voir autrement que dans le flou de la vitesse, il faut les attendre sur la ligne d'arrivée, de préférence sur une hauteur. Épuisés par l'effort, les concurrents semblent douloureusement humains. Mais quand ils descendent de leur vélo, un autre sport commence.

La triche

Les super-héros du cyclisme se dirigent vers la caravane des tests antidopage pour voir qui doit uriner dans le flacon. L'Union Cycliste Internationale est très vigilante à propos des drogues de type hormone de croissance,

amphétamines, antalgiques ou EPO (voir encadré). Ceux qui ont été désignés pour le test entrent dans la caravane.

L'Union ne laisse rien au hasard : les cyclistes sont observés en permanence et doivent se déshabiller complètement. Ainsi, ils ne sont pas censés pouvoir dissimuler de faux échantillons d'urine. Et pourtant, les performances sur la route sont parfois suivies de performances de prestidigitation. Le coureur qui a quelque chose à cacher peut dissimuler un préservatif rempli d'urine « propre » dans son anus, un tuyau camouflé entre ses cuisses permettant, en enlevant discrètement le bouchon et en relâchant l'anus, de donner aux examinateurs un échantillon à la température du corps, qui sortira négatif à l'issue des tests toxicologiques.

Une autre technique est employée par les coureurs gavés à l'EPO. Avant le test, les soigneurs leur font une perfusion de sérum physiologique. Au bout de 20 minutes, le taux d'hématocrite (la proportion de globules rouges) retombe à 50 %, permettant de passer le test.

Tenir à tout prix

Les équipes gardaient bien entendu pour elles leurs petites astuces. Pour l'Union et pour les spectateurs, le cyclisme était un sport propre. Et les coureurs se donnaient des

excuses pour le dopage. Comme a pu le dire Willy Voet, le soigneur de l'équipe Festina : « Ce ne sont pas les drogues qui font les champions. » Et dès que quelques coureurs se dopaient, les autres n'avaient plus le choix s'ils ne voulaient pas être distancés.

Car rester en arrière était hors de question. C'est pourquoi Willy Voet se tenait informé des « dernières technologies disponibles » venant d'Espagne ou du Portugal. Il transportait dans sa voiture les produits en suivant son équipe. Les coureurs étaient piqués au cours des massages, les soirs précédants les compétitions, et les produits administrés oralement étaient cachés dans leurs bouteilles d'eau et dans leurs vêtements.

LE DIRECTEUR SPORTIF DE FESTINA ▼
Bruno Roussel, le directeur sportif de l'équipe, a été le plus lourdement condamné pour son rôle central dans l'obtention et l'administration des substances interdites.

RICHARD ET WILLY ▶
Les sportifs et leurs soigneurs sont proches, par la force des choses, et Virenque et Voet ne faisaient pas exception. Ici, Willy Voet montre une photo que Richard Virenque lui a dédicacée.

L'EPO

Au cœur de l'affaire Festina, on retrouve l'érythropoïétine, ou EPO, une hormone naturellement présente dans le corps. Secrétée par le foie, elle stimule la production de globules rouges par la moelle osseuse, permettant une meilleure oxygénation des muscles, ce qui en fait une alliée de choix pour les sports d'endurance comme le cyclisme, où l'oxygénation est la clé de la performance, évitant fatigue et courbatures.

L'injection d'EPO de synthèse donne aux cyclistes ce supplément de souffle, avec l'avantage énorme de l'indétectabilité du produit en lui-même. Mais elle n'est pas sans danger. Les globules rouges surnuméraires augmentent la viscosité sanguine et donc le risque de thrombose. En l'absence de test permettant de détecter l'EPO, l'Union Cycliste décida en 1997 de rechercher le taux d'hématocrite, la proportion de globules rouges, fixant à 50 % le seuil autorisé.

Pris

C'est pourquoi, un mercredi matin de juillet 1998, Willy Voet avait deux pleines glacières de produits dopants derrière le siège passager de sa voiture aux armes de l'équipe Festina quand il traversa la frontière entre la Belgique et la France. Il avait pris les petites routes et, quand un homme en uniforme lui fit signe de se ranger sur le bas-côté, il en fut surpris. Ralentissant, il commença à paniquer quand il vit la camionnette blanche garée non loin et les quatre autres douaniers qui s'approchaient de sa voiture.

« ON M'AURAIT MENTI ? » ▶
Quoique l'affaire ait sérieusement écorné sa réputation, Richard Virenque put reprendre la compétition en 2001.

« Rien à déclarer ? » Voet répondit qu'il n'avait que des vitamines destinées aux coureurs. L'un des douaniers se pencha vers les glacières, demandant ce qu'elles contenaient. « Je ne sais pas », répondit le soigneur. « De quoi les aider à récupérer, je pense. »

Les douaniers le conduisirent au poste le plus proche et lui posèrent à nouveau les questions, alignant des rangées de flacons et d'ampoules sur le bureau devant lui, questions auxquelles il répondit en s'en tenant à sa version. Dans le doute, les douaniers envoyèrent le tout pour analyse à un laboratoire lillois.

Les résultats tombèrent le vendredi suivant : hormone de croissance, EPO et testostérone. Voet tenta d'abord de protéger ses collègues en prétendant que ces produits étaient pour son usage personnel, mais devant le ridicule de ces dénégations, la presse s'empara de l'affaire.

Plus dure sera la chute

Oui, il avait administré les drogues. Mais il n'était pas le seul. Tout le monde savait ce qui se passait, des directeurs aux médecins, en passant par les cyclistes, y compris le capitaine de l'équipe, Richard Virenque. Les aveux de Voet firent du bruit, d'autant plus que l'affaire tombait au tout début du Tour de France. L'impact initial sur Festina fut d'emblée dévastateur : l'équipe fut disqualifiée. Mais le pire était à venir. Quand Voet fut présenté devant le tribunal, il n'était pas seul. Le directeur sportif, Bruno Roussel, le médecin, Erik Rijkaert, Virenque, seul coureur à comparaître, et six autres membres de l'encadrement. Au début du procès, Virenque nia la prise de drogues. Mais mis face à l'évidence, il avoua : « Ce n'était pas de la triche. C'était comme un train qui partait. Si je n'étais pas monté, je serais en arrière. »

En bout de course

Le train de Virenque dérailla à la fin du procès, juste avant Noël 2000. Il fut acquitté, mais l'Union Cycliste l'interdit de course, quoique son immense popularité lui permît d'être réintégré en 2001. Les autres accusés furent condamnés à de lourdes amendes et à de la prison avec sursis. L'affaire Festina secoua le petit monde du cyclisme, mais n'eut sans doute pas de réel effet à long terme. Le Tour parcourt encore les routes de France tous les étés, les coureurs passant si vite qu'il est difficile de croire que la seule force musculaire les propulse.

LE PASSEUR ▼
Voet pense que quelqu'un l'a « balancé » aux douaniers. Sa voiture le rendait d'autant plus facile à repérer.

LES ARMES DU CRIME

Pris de colère, le tueur se servira de la première arme à sa portée, couteau ou pistolet, voire ses propres mains. L'instrument de mort le plus meurtrier restant encore la pédale de l'accélérateur. Mais l'homicide n'est pas toujours le résultat de l'impulsion du moment. Certains assassins préparent méticuleusement leur coup, et tuent leur victime à l'aide de poisons, de bombes ou d'incendies. D'autres, par contre, tueront par négligence, dans des incendies accidentels, des carambolages sur la route ou des explosions industrielles.

Armes à feu sur place

Dans les milieux criminels, les armes à feu sont avant tout un symbole de statut. Elles servent principalement à impressionner les ennemis et les victimes. Mais aussi, parfois, à donner la mort. Les balles sont une mine d'indices, quoi qu'il en soit, liant la victime, l'arme et le tireur le long d'une piste qui commence sur les lieux du crime.

« Quand les brutes défouraillent, les indices volent » pourrait être un proverbe policier remanié par Audiard. Le premier de ces indices est bien entendu la balle elle-même. Le second est la douille correspondant à la balle, qui est généralement éjectée par l'arme après usage. Le troisième est la poudre à demi brûlée pulvérisée par le canon et les fentes du mécanisme de l'arme. Et bien sûr le bruit du coup de feu, qui peut avoir été entendu par des témoins.

Chacun d'entre eux peut aider les policiers quand ils enquêtent sur une fusillade. Leur premier travail est d'en ramasser le plus possible. Mais avant d'expliquer comment les policiers s'y prennent, autant expliquer comment ces indices sont arrivés là.

Les types d'armes à feu

Toutes les armes à feu fonctionnent suivant le même principe. En pressant la détente, on libère un percuteur qui frappe l'arrière de la cartouche, faisant exploser une petite charge très sensible appelée amorce. L'amorce boute alors le feu à la poudre contenue dans la douille, éjectant la balle (ou les plombs, dans un fusil de chasse) au travers du canon, vers la cible.

Les pistolets les plus simples doivent être rechargés après un coup ou deux. Mais la plupart des armes modernes ont un chargeur ou un barillet contenant cinq balles ou plus. Dans le cas des armes semi-automatiques, la force de l'explosion qui propulse la balle vers l'avant est aussi employée pour éjecter la douille, charger une nouvelle cartouche et réarmer le percuteur, l'arme étant alors prête à servir à nouveau. Avec les armes automatiques, garder la détente appuyée permet à l'arme de continuer à tirer sans nouvelle intervention, jusqu'à ce que le chargeur soit vide.

Où sont les balles?

Les assassins professionnels qui tuent d'une seule balle sont rares. Dans la plupart des fusillades, l'essentiel des balles sont perdues

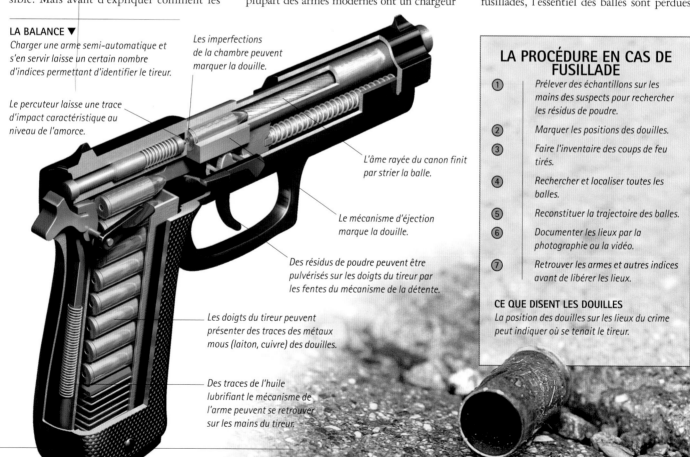

LA BALANCE ▼
Charger une arme semi-automatique et s'en servir laisse un certain nombre d'indices permettant d'identifier le tireur.

Les imperfections de la chambre peuvent marquer la douille.

Le percuteur laisse une trace d'impact caractéristique au niveau de l'amorce.

L'âme rayée du canon finit par strier la balle.

Le mécanisme d'éjection marque la douille.

Des résidus de poudre peuvent être pulvérisés sur les doigts du tireur par les fentes du mécanisme de la détente.

Les doigts du tireur peuvent présenter des traces des métaux mous (laiton, cuivre) des douilles.

Des traces de l'huile lubrifiant le mécanisme de l'arme peuvent se retrouver sur les mains du tireur.

LA PROCÉDURE EN CAS DE FUSILLADE

① Prélever des échantillons sur les mains des suspects pour rechercher les résidus de poudre.

② Marquer les positions des douilles.

③ Faire l'inventaire des coups de feu tirés.

④ Rechercher et localiser toutes les balles.

⑤ Reconstituer la trajectoire des balles.

⑥ Documenter les lieux par la photographie ou la vidéo.

⑦ Retrouver les armes et autres indices avant de libérer les lieux.

CE QUE DISENT LES DOUILLES
La position des douilles sur les lieux du crime peut indiquer où se tenait le tireur.

avant qu'il n'y ait des victimes. Pour reconstituer la scène, les policiers doivent déterminer précisément où est allée chaque balle et comment elle y est arrivée. Le premier objectif de l'enquêteur est donc de déterminer combien de coups ont été tirés.

Les témoins ont pu compter, ou l'agresseur peut avoir perdu son arme, ce qui permet de déduire le nombre de coups maximal par l'inventaire des balles manquantes. Les douilles sont aussi comptées.

Ensuite il faut retrouver les balles. Les victimes de fusillade sont passées aux rayons X, le plomb apparaissant très distinctement sur les radiographies. Les inspecteurs passent les lieux au peigne fin pour retrouver les autres. Une

LES TYPES D'ARMES À FEU

(Les armes ne sont pas à l'échelle.)

REVOLVER
Appuyer sur la détente fait tourner le barillet, mettant la cartouche en position, puis arme et lâche le chien.

PISTOLET SEMI-AUTOMATIQUE
Plus rapides à utiliser et à charger que les revolvers. Certains chargeurs peuvent contenir jusqu'à 30 cartouches.

MITRAILLETTE
Avec les fusils d'assaut, ils peuvent tirer en modes automatique et semi-automatique, avec des munitions de plus gros calibre.

FUSIL DE TIR
L'éjection de la douille est manuelle, grâce à une tirette à côté de la culasse, qui engage la nouvelle balle dans la chambre.

FUSIL DE CHASSE
Ce type de fusil projette de la grenaille de plomb qui se disperse, la célèbre chevrotine. Cela réduit le besoin de précision.

canon de l'arme jusqu'à l'impact final. On fait généralement la reconstitution à l'aide de fils et de baguettes, ou en repérant les divers objets traversés par une même balle. Les lasers sont aussi utilisés, mais doivent être photographiés sous certaines conditions d'éclairage pour être vus.

Les douilles

Répandues sur le lieu de la fusillade, les douilles aident non seulement à identifier l'arme utilisée, mais aussi à indiquer où se tenaient les tireurs. La plupart des armes éjectent les douilles vers la droite, et un essai à l'aide d'une arme similaire permet de déterminer à quelle distance et dans quelle direction elles tombent, quoique la posture du tireur puisse affecter aussi la trajectoire.

Les marques sur les douilles donnent des informations précieuses sur l'arme qui les a tirées : l'impact du percuteur emboutit l'amorce laissant une empreinte identifiable, et le mécanisme d'éjection érafle le métal d'une façon caractéristique.

Les résidus de poudre

Les enquêteurs cherchent aussi les résidus sur la victime, autour de la blessure, et sur le suspect, principalement sur ses vêtements et ses

mains. Sur une victime abattue à bout portant, le tour des points d'impact est généralement brûlé par la poudre éjectée en même temps que la balle. Le diamètre de cet anneau « tatoué » donne une idée de la distance dont le coup de feu a été tiré.

Les résidus trouvés en certains endroits de la main du suspect permettent de déterminer s'il a fait feu récemment, mais l'absence de résidus n'est pas une preuve d'innocence. Toutes les armes ne produisent pas de résidus, et le lavage emporte la plupart des dépôts. Pour cette raison, les enquêteurs examinent aussi les vêtements, et parfois le visage du suspect.

Un suspect peut porter d'autres types de traces : le remplissage du chargeur peut laisser aussi des traces d'huile et de métal sur les doigts.

LES PRÉLÈVEMENTS ▼
Chaque partie de la main du suspect est échantillonnée séparément, car la localisation des résidus peut indiquer s'il a fait feu, ou s'il a juste tenu l'arme. Ci-dessous, un résidu de poudre au microscope électronique.

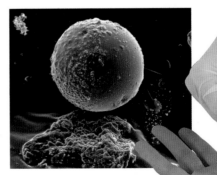

LES TRAJECTOIRES ▲
Des fils ou des baguettes très visibles sont utilisés pour reconstituer la fusillade. Ils sont ensuite photographiés pour être utilisés lors d'un éventuel procès.

balle incrustée dans un matériau mou est particulièrement intéressante, les stries présentes permettant d'identifier le type d'arme qui l'a tirée. Si des armes ont été récupérées sur les lieux, les comparaisons permettront de vérifier quelle arme a tiré quelle balle.

Il faut retrouver même les balles écrasées sur des surfaces dures, pour lesquelles l'analyse est impossible, car elles permettent aux enquêteurs de reconstituer les trajectoires, du

Armes à feu au labo

Tout laboratoire de criminologie a une section spécialisée dans les armes à feu, reconnaissable à l'odeur d'huile lubrifiante et de poudre brûlée. L'expert se doit d'être à la fois limier et bon tireur, et d'avoir ce sens du maniement des armes qui ne s'acquiert que par la pratique sur le stand de tir.

Quoique souvent qualifié de « balistique », le service spécialisé dans les pistolets et les munitions est, dans l'usage correct, le « service d'identification des armes à feu ». La balistique en elle-même, l'étude des trajectoires des projectiles, n'est qu'un à-côté de sa mission. Les spécialistes des armes à feu passent le plus clair de leur temps à étudier les petites rayures, stries et marques trouvées sur les munitions (voir encadré en face). Les tests des armes saisies chez les suspects pour comparaison sont aussi une partie essentielle du travail.

La comparaison des munitions

Quand les enquêteurs trouvent une balle, une étude minutieuse des marques permet de déterminer quel type d'arme l'a tirée. Et quand l'arme d'un suspect a été retrouvée, les spécialistes peuvent aller plus loin. Charger l'arme avec les munitions appropriées et faire feu, dans un réservoir d'eau ou dans une boîte de gelée spéciale, laisse des marques distinctives sur la balle et la douille, aussi caractéristiques qu'une empreinte digitale. Pour comparer les stries et éraflures de la balle test et de celle retrouvée sur la victime, l'examinateur emploie un microscope comparatif (p. 89). La concordance entre les deux prouve qu'elles ont été tirées par la même arme.

L'examen au microscope des douilles permet des analyses comparables, révélant d'emblée le type d'arme qui a tiré la balle et, quand on dispose de l'arme du suspect, permettant la comparaison d'une douille test avec celles qui ont été retrouvées sur les lieux de la fusillade.

◀ LE SUIVI DES GRIFFES
Cet instrument utilise un stylet pour mesurer les griffures d'une balle afin de les comparer avec celles des balles tirées par l'arme du suspect.

La comparaison informatisée

Les balles retrouvées peuvent être comparées avec celles provenant d'autres enquêtes. Travailler au microscope prendrait un temps monstrueux, mais il est possible de faire des milliers de recherches grâce aux bases de données informatiques.

La plus connue d'entre elles est Drugfire, mise en place par le FBI. Elle fonctionne selon le même principe que d'autres bases de données : les laborantins montent la balle ou la douille sous un microscope spécifique, entrent l'information initiale, comme le numéro de dossier, dans l'ordinateur, et commencent la recherche. Un scanner crée une image numérique de l'indice, et le système recherche des images similaires dans le fichier pour permettre une comparaison visuelle.

Tout comme la comparaison informatisée des empreintes digitales, ce système représente un gain de temps énorme. Il permet aussi aux enquêteurs d'établir des liens entre l'affaire en cours et d'autres enquêtes, dont certaines avaient pu être abandonnées faute de pistes.

Le test des armes

Les experts doivent aussi tester si une arme peut tirer accidentellement, ce qui est une ligne de défense souvent invoquée dans les affaires d'armes à feu. Ils peuvent aussi être conduits à démonter les armes, pour découvrir par exemple comment une arme semi-automatique a été convertie en arme automatique, ou comment un pistolet à grenaille a été modifié pour tirer à balles réelles.

Le test des fusils de chasse permet de déterminer le taux de dispersion des plombs en fonction de la distance.

Par le passé, les enquêteurs employaient des règles de calcul pour déterminer approximativement la distance du tir à partir de la dispersion des plombs, mais l'expérience a prouvé que

LES MARQUES SUR LES MUNITIONS

Charger une arme et faire feu marque les munitions de multiples façons. Plusieurs parties de l'arme laissent des traces caractéristiques. Le chargeur laisse des éraflures. L'impact du percuteur laisse un creux distinctif dans la protection métallique de l'amorce. L'explosion qui suit imprime sur la douille toutes les imperfections de la chambre. Puis le mécanisme d'éjection produit à nouveau des rayures.

Les marques sur la balle proviennent de l'âme rayée du canon, cette rainure en spirale qui fait tourner la balle sur elle-même pour stabiliser sa trajectoire. Les éraflures sur la balle indiquent l'espacement des rayures, leur sens (dans le sens des aiguilles d'une montre ou à l'inverse), et leur angle. Combinées avec le calibre de la balle, ces informations permettent de déterminer le type d'arme employé, ou de rapprocher la balle d'une arme retrouvée ou saisie.

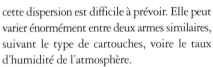

L'ÂME RAYÉE
Les enquêteurs interrogent les bases de données pour comparer les balles grâce aux stries que le canon a gravées sur la balle.

LE PERCUTEUR
Le microscope comparatif présente les deux douilles côte à côte, en une image divisée. Cela permet de déterminer si le même percuteur a laissé sa marque sur le métal mou de l'amorce.

LES STRIES
Spécifiques de chaque arme, ces stries sont créées par les petites imperfections du canon.

cette dispersion est difficile à prévoir. Elle peut varier énormément entre deux armes similaires, suivant le type de cartouches, voire le taux d'humidité de l'atmosphère.

Le test sur stand permet aussi de déterminer la façon dont les résidus de poudre et d'amorce se dispersent. La surface couverte par les brûlures dues à la poudre autour d'une blessure par balles est un bon indicateur de la distance de feu, et permet de corroborer ou d'infirmer la déposition d'un suspect. L'exécution à bout portant est un classique des affaires de bandes rivales, mais la légitime défense peut aussi expliquer un coup de feu

contre une personne menaçante se rapprochant dangereusement, ce qui conduit à requalifier le crime.

Qui a pressé la détente ?

Le plus souvent, ce ne sont pas les résidus eux-mêmes qui sont les plus incriminants, mais leur présence ou leur absence. L'absence de résidus sur les mains d'une personne qui semble s'être tiré une balle dans la tête indique l'homicide plutôt que le suicide.

Divers tests et examens au microscope servent à authentifier les résidus. Le spectrophotomètre à absorption nucléaire est l'instrument le plus utilisé. Il identifie les traces de baryum, de plomb et d'antimoine employés dans l'amorce. Les particules de l'amorce ont aussi une forme tout à fait caractéristique, bien reconnaissable au microscope électronique. L'analyse grâce à la dispersion énergétique des rayons X peut confirmer leur composition.

LE TEST DE LA DÉTENTE ▼
La pression nécessaire pour faire feu est un facteur déterminant dans les cas où le suspect prétend avoir tiré accidentellement.

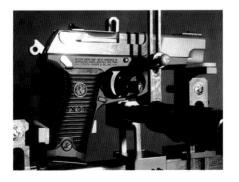

LE RÂTELIER ▶
Des revolvers de tous types font partie de la collection de référence des laboratoires du FBI.

Les autres armes

D ans le jargon froid de la morgue, contusion, lacération ou asphyxie désignent généralement des formes de meurtre. Mais ce langage scientifique est impuissant à masquer la brutalité de la mort. Bâton, couteau ou corde peuvent mettre fin à une vie. Les marques dues à ces armes sont moins parlantes que les blessures par balles mais peuvent cependant donner des indices tout à fait probants.

LE CORPS DES DÉLITS

Cette image composite du corps humain a été créée grâce à plusieurs techniques d'imagerie médicale. Les inserts montrent comment les blessures peuvent éventuellement aider à déterminer le type d'arme employé, et même ses caractéristiques particulières. Les blessures ne sont pas forcément visibles : un coup de couteau fatal, par exemple, peut se refermer partiellement, le rendant à peine visible sur la peau, et ne produire qu'un saignement léger.

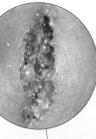

Une fracture enfoncée est typique d'un coup porté avec un objet contondant de petite taille. La radiographie montre ici une ombre en Y.

FRACTURES DU CRÂNE ▶

Un coup violent à la tête porté à l'aide d'une arme de grande taille peut briser la boîte crânienne sans laisser de trace permettant d'identifier l'arme elle-même. Les armes plus petites sont plus évocatrices aux enquêteurs : une clé anglaise à molette comme massue, par exemple, marquera l'os d'une façon qui permettra de déterminer sa taille, les marques sur la peau indiquant la forme.

LES LIGATURES

Les marques sur le cou d'une victime de strangulation informent sur le moyen employé, par le biais des hématomes et de la texture de la peau, permettant même de déterminer si un ruban était torsadé, ou si le tueur s'y est repris à plusieurs fois. Malgré tout, des matériaux très souples comme des bas de nylon ne laissent que peu de marques en surface. La strangulation à la main ne laissera pas non plus de marques suffisamment claires, les hématomes restant flous.

UN COUP DE COUTEAU ▼

Les simples coupures ne révèlent pas grand-chose sur l'arme, mais les coups de poignard sont plus éloquents. Leur forme indique si la lame était à un ou deux tranchants (encadré) et la garde peut laisser des marques sur la peau. La dissection permet généralement d'estimer la longueur de la lame.

LES MARQUES SUR LA PEAU ▼

Abrasions et contusions peuvent parfois montrer dans le détail la forme de l'arme employée. Les chaussures peuvent laisser une empreinte presque aussi distincte que celles qu'elles laissent dans le sable. Mais souvent, les marques sont moins caractéristiques. Un coup de bâton ne laissera que deux hématomes parallèles, indiquant juste sa taille et la direction de l'attaque.

LES BLESSURES AU POUMON ▲

Un poumon ne donnera pas forcément en lui-même d'indices sur l'arme qui l'a atteint, mais les blessures associées peuvent être parlantes. Les coups de couteau profonds portés au thorax peuvent perforer le poumon, et un coup contondant violent peut donner le même résultat si une côte brisée pénètre en profondeur. Sur cette photo, le poumon de droite est atteint.

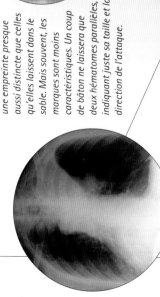

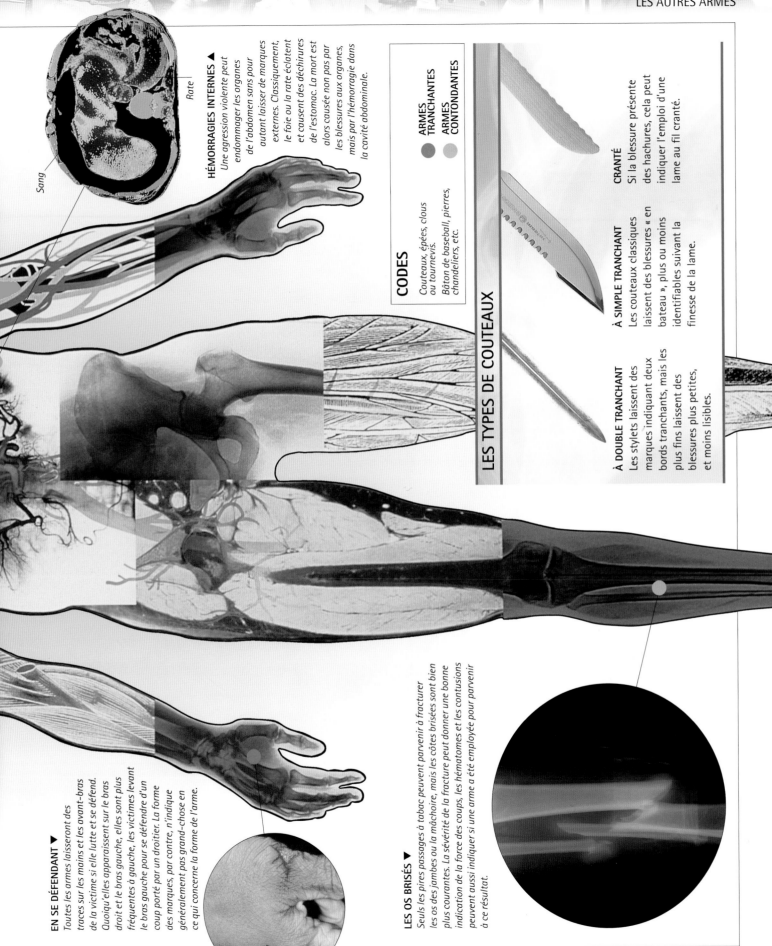

Sang

Rate

HÉMORRAGIES INTERNES ▲
Une agression violente peut endommager les organes de l'abdomen sans pour autant laisser de marques externes. Classiquement, le foie ou la rate éclatent et causent des déchirures de l'estomac. La mort est alors causée non pas par les blessures aux organes, mais par l'hémorragie dans la cavité abdominale.

CODES

Couteaux, épées, clous ou tournevis.

Bâton de baseball, pierres, chandeliers, etc.

● ARMES
TRANCHANTES
● ARMES
CONTONDANTES

LES TYPES DE COUTEAUX

CRANTÉ
Si la blessure présente des hachures, cela peut indiquer l'emploi d'une lame au fil cranté.

À SIMPLE TRANCHANT
Les couteaux classiques laissent des blessures « en bateau », plus ou moins identifiables suivant la finesse de la lame.

À DOUBLE TRANCHANT
Les stylets laissent des marques indiquant deux bords tranchants, mais les plus fins laissent des blessures plus petites, et moins lisibles.

EN SE DÉFENDANT ▼
Toutes les armes laisseront des traces sur les mains et les avant-bras de la victime si elle lutte et se défend. Quoiqu'elles apparaissent sur le bras droit et le bras gauche, elles sont plus fréquentes à gauche, les victimes levant le bras gauche pour se défendre d'un coup porté par un droitier. La forme des marques, par contre, n'indique généralement pas grand-chose en ce qui concerne la forme de l'arme.

LES OS BRISÉS ▼
Seuls les pires passages à tabac peuvent parvenir à fracturer les os des jambes ou la mâchoire, mais les côtes brisées sont bien plus courantes. La sévérité de la fracture peut donner une bonne indication de la force des coups, les hématomes et les contusions peuvent aussi indiquer si une arme a été employée pour parvenir à ce résultat.

Les poisons

Grâce aux avancées de la toxicologie, le poison est bien plus facilement détecté et identifié de nos jours. Mais loin du cliché de l'héritier impatient ou de la grand-mère maniant l'arsenic, les empoisonneurs d'aujourd'hui sont généralement des terroristes cherchant à semer le chaos.

LA MORT EN FLACONS
Les symboles macabres de ces bouteilles du XIXᵉ siècle avertissent du danger que représente leur contenu. Le manque total de réglementation permettait de se procurer facilement les poisons les plus mortels.

Dans une chambre de l'hôtel Louxor, un palace égyptien, le magnat de la chimie industrielle John Allan verse discrètement une poudre blanche dans le verre de gin de sa riche fiancée. Elle ne remarque pas l'odeur d'amandes, et boit. Avant même d'avoir fini son verre, elle se plaint d'une migraine et de palpitations cardiaques. Son ami la regarde agoniser pendant dix minutes, avant d'appeler du secours. Le responsable qui se précipite dans la chambre soupçonne Allan quand il refuse de faire du bouche-à-bouche à la mourante. L'autopsie révélera la présence de cyanure dans l'estomac. C'est un cas classique d'homicide par empoisonnement : un an plus tôt, Allan avait fait modifier en sa faveur le testament de sa victime. Lors de sa condamnation en 2000, les journaux du monde entier titrèrent « Mort sur le Nil », tant la ressemblance de l'affaire avec une intrigue d'Agatha Christie était flagrante, le tueur naïf pensant pouvoir échapper à la justice.

Des armes inhabituelles

Ce meurtre cynique était aberrant. Le poison est de nos jours si peu utilisé qu'il apparaît à peine dans les statistiques de la police. Un contrôle strict des toxiques est en partie responsable, ainsi que l'amélioration des moyens de détection à l'autopsie. Il y a un siècle, pourtant, il était assez facile aux empoisonneurs d'échapper au bourreau. Les assassins employaient des plantes vénéneuses, des métaux et des substances chimiques pour abréger la vie de leurs partenaires sexuels ou d'affaires. Contrairement à d'autres armes, le poison ne requiert ni force, ni courage. Une connaissance superficielle des toxiques et des doses permettait de simuler facilement une mort naturelle et, en l'absence de tests médico-légaux, seuls les moins précautionneux des tueurs étaient condamnés. La plupart des assassins modernes emploient d'autres méthodes, à l'exception notable du personnel médical et des terroristes.

Meurtre sur ordonnance

Il est rare que des membres des professions médicales fassent délibérément du mal à leurs patients, mais quand cela arrive, l'empoisonnement est facilement administré, et rarement suspecté.

ATTAQUE AU GAZ À TOKYO

① *Près de 5 000 personnes ont été intoxiquées par le gaz sarin qui a été répandu dans le métro de la capitale japonaise.*

② *Par coïncidence, la police locale avait reçu la semaine précédente les combinaisons protectrices anti-chimiques.*

③ *Les médecins et infirmiers non protégés durent également être traités, ayant fini par être également intoxiqués.*

LES VICTIMES DU SARIN
Des passagers victimes du gaz neurotoxique attendent leur ambulance à l'extérieur d'une station de métro en mars 1995.

Ils ont facilement accès à des substances potentiellement toxiques, et une bonne connaissance de leur emploi. Les patients leur confient leur vie, et ils ont l'habitude de la mort. Ces empoisonneurs ont aussi beaucoup d'opportunités pour tuer, en administrant de fortes doses de médicaments d'usage courant. Leurs motivations sont variables : certains apprécient l'excitation liée au meurtre, d'autres la sensation de pouvoir qu'il apporte. Ils peuvent trouver du profit à tuer, parfois par le biais d'un testament. Et enfin, il en est qui tuent, poussés par la compassion.

La force du dogme

Les terroristes empoisonneurs, à l'inverse, sont unis dans la motivation. Tous croient fanatiquement en une cause dont la défense justifie les pires extrémités, y compris les tueries. Ils ont aussi généralement un avantage tactique par rapport aux assassins conventionnels : ils sont prêts à sacrifier leur vie.

Plutôt que de se focaliser sur une cible unique, les terroristes veulent tuer le plus de victimes possible, la seule raison de leur discrétion étant de permettre au poison de se répandre suffisamment pour en maximiser l'effet. Ils peuvent choisir différents poisons, de préférence biologiques ou chimiques, les fameuses armes de destruction massive des militaires les moins fréquentables. Certaines de ces toxines sont remarquablement simples à fabriquer. Un diplômé de chimie est généralement en mesure de fabriquer le sarin que la secte Aum Shinrikyo répandit dans le métro de Tokyo en 1995. Par chance, la dispersion efficace de ce type d'armes est bien plus délicate à mettre en œuvre. L'attentat de Tokyo ne tua que 12 personnes, et les attaques à l'anthrax de 2001 aux États-Unis moins encore.

S'adapter au terrorisme

Afin de limiter l'impact de ce type d'incidents, la police scientifique a dû s'adapter. Les toxicologistes ont développé des instruments portables permettant une identification rapide de l'agent chimique ou biologique responsable sur les lieux. Et lors des attaques à l'anthrax, ils ont développé des formes de séquençage ADN permettant d'identifier les souches et de remonter à leur source.

ÉTUDE DE CAS

Pour les habitants de Hyde, dans la banlieue de Manchester, Harold Shipman était un médecin de famille tout à fait charmant. Mais sous ses manières policées se dissimulait une passion meurtrière. Shipman fut un des empoisonneurs les plus prolifiques au monde, tuant plus de 200 vieilles dames et quelques hommes en leur injectant des dérivés de morphine. Le bon docteur établissait lui-même le certificat de décès, donnant toutes sortes de causes inexactes. Il fallut 15 ans à la police pour avoir des doutes suffisant à lancer une enquête. Un de ses mobiles était l'appât du gain – il fut pris en 2000 à falsifier le testament d'une de ses victimes – mais il avoua aussi s'être pris au jeu, et apprécier de jouer à Dieu, ayant pouvoir de vie ou de mort.

LA BOÎTE À MALICES DE L'EMPOISONNEUR

Jusqu'aux progrès actuels de l'analyse chimique pour détecter les poisons dans le corps, l'empoisonnement était courant, par des substances chimiques, métalliques et végétales. Elles étaient faciles à obtenir, rapides et leurs symptômes n'attiraient pas la suspicion.

L'ARSENIC ▶
Quasiment insipide, cette poudre blanche avait les faveurs de la société victorienne.
Symptômes : *Vomissements, pouls faible et extrémités bleues.*
Action : *Tube digestif.*

◀ LE CYANURE
Extrait des feuilles de laurier, il peut tuer en cinq minutes.
Symptômes : *Étourdissements, convulsions, perte de conscience, asphyxie.*
Action : *Empêche le sang de porter l'oxygène.*

◀ L'ANTIMOINE
Goût métallique prononcé, et donc généralement administré à petites doses sur de longues périodes.
Symptômes : *Vomissements, crampes, suées, dépression, pouls irrégulier.*
Action : *Arrêt cardiaque.*

LE PLOMB ▶
Employé sous forme de sucres à l'acétate de plomb. Un quart de sucre suffit à tuer.
Symptômes : *Douleurs à l'estomac, vomissements, diarrhée, coma.*
Action : *Cerveau, foie et circulation.*

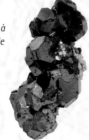

◀ LE THALIUM
Ses composés se dissolvent dans l'eau. Invisible et insipide.
Symptômes : *identiques à la grippe, plus chute des cheveux.*
Action : *Nerfs et cellules.*

◀ L'AMANITE PHALLOÏDE
Utilisée par l'empereur romain Néron sur Claude, son prédécesseur. Les symptômes peuvent durer plusieurs jours avant de tuer.
Symptômes : *Crampes d'estomac, vomissements, diarrhée, hallucinations, coma.*
Action : *Tube digestif, puis foie.*

LA BELLADONE ▶
Un des poisons favoris des Italiens de la Renaissance, la famille Borgia en tête.
Symptômes : *Bouche sèche, fièvre, pupilles dilatées, hallucinations, coma.*
Action : *Paralysie des poumons et du cœur.*

◀ LA STRYCHNINE
Très amère. Les victimes sont conscientes lors des convulsions douloureuses et fatales.
Symptômes : *Agitation, puis spasmes forts qui déchirent les ligaments musculaires.*
Action : *Paralysie respiratoire.*

Le feu

Les flammes montent le long des fenêtres du bâtiment qui brûle, dévorant tout sur leur passage. Tout ? Non. Les enquêteurs spécialisés savent lire les indices, même dans une ruine fumante et à demi effondrée. Ils peuvent prouver qu'un incendie est criminel et, s'il y a des victimes, l'accusation d'incendie criminel se double d'une accusation de meurtre.

Quand les enquêteurs arrivent sur les lieux d'un incendie, leur premier réflexe est d'interroger les témoins. Ceux qui ont donné l'alarme ou qui sont arrivés avant les secours peuvent donner des informations permettant de déterminer quand et où le feu a commencé. Et même avoir pris des photos permettant de reconstituer une partie des évènements.

Une fois le feu sous contrôle et la température retombée, sécuriser le bâtiment est une priorité. Les enquêteurs doivent affronter des dangers évidents – risque d'écroulement de l'immeuble – et des dangers plus insidieux – fumées toxiques, poussières d'amiante et oxydes de béryllium (provenant des installations électriques), voire vapeurs cancérigènes.

L'ARNAQUE À L'ASSURANCE

Un des mobiles les plus typiques pour l'incendie criminel est l'escroquerie à l'assurance. Classiquement, le propriétaire d'une affaire qui périclite emporte la meilleure partie du stock avant de mettre le feu au bâtiment. Les enquêteurs fouillent alors les décombres pour retrouver tout ce qui pourrait remettre en cause la demande de remboursement. Même dans le cas d'un stock de vêtements, il reste des boutons, des fermetures éclair, ainsi que des cintres en métal. Toute absence de ce type d'éléments peut induire le soupçon.

Prenez un siège

Les enquêteurs cherchent avant tout l'origine du feu. Les incendiaires dissimulent leur travail et allument en plusieurs endroits. Par contraste, un incendie accidentel commencera plutôt en un endroit unique, et la cause sera généralement évidente et visible.

Pour l'observateur extérieur, la découverte du foyer de l'incendie dans un bâtiment en ruine, sous des couches de cendres et de gravats, peut sembler mission impossible. Mais les enquêteurs ont de l'expérience et savent « lire » les lieux. Le feu se déplace vers le haut, et commence donc plutôt en bas des zones brûlées. Les signes leur indiquant le foyer de l'incendie sont la chaleur résiduelle, l'épaisseur des cendres et des débris, les traînées de fumée, les distorsions du plastique, du verre et du métal, les dégâts au plafond et l'ordre dans lequel sont intervenus les dommages structurels.

Une fois que les enquêteurs ont situé le départ du feu, ils fouillent les décombres pour retrouver sa cause. L'outil de base de l'incendiaire est l'accélérateur, c'est-à-dire tout ce qui brûle bien et permet de faire démarrer le feu rapidement, comme de l'essence, par exemple, et de quoi allumer. Cela peut aller de la minuterie électronique à un mégot rougeoyant

Les indices sont placés dans des bocaux hermétiques, afin de conserver aussi les vapeurs suspectes.

LE RENIFLEUR ▶

Ces détecteurs de vapeurs d'hydrocarbures aspirent l'air et le passent par une flamme d'hydrogène. Tout réchauffement de la flamme indique la présence d'un accélérateur.

LE FEU DU TEMPLE ▲

Les enquêteurs suisses recherchent des indices dans les restes carbonisés d'un chalet, après que les adeptes de l'Ordre du Temple Solaire ont mis le feu au quartier général de la secte et se sont suicidés d'une façon étrange.

dans une boîte d'allumettes. Curieusement, les traces de l'accélérateur et du dispositif d'allumage résistent généralement au feu violent qui en est parti.

Pas besoin d'être un expert pour sentir l'incendie criminel. Les vapeurs d'hydrocarbure et de solvants ont des odeurs caractéristiques. Les accélérateurs liquides laissent des traces visuelles, comme des marques de flaques bien définies sur le sol, avec parfois une marque de brûlure dans les rainures du sol, indiquant que le liquide en feu s'y est répandu. Si aucun de ces indicateurs n'est présent, la recherche peut passer par l'emploi d'un renifleur (détecteurs d'hydrocarbures) servant à identifier les traces de vapeurs d'essence. Quand le renifleur trouve quelque chose de suspect, l'objet dont semblent émaner les vapeurs est envoyé au laboratoire.

Les indices sont traités avec des précautions particulières. Les accélérateurs sont volatils, et

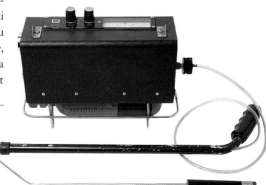

sans une conservation appropriée, les indices peuvent littéralement s'évaporer. Il faut un récipient hermétique, comme des flacons scellés à bouchon spécial, des tonneaux de métal similaires aux pots de peinture, et des sacs de polyvinyle (de type sac à congélation).

L'œuvre au noir

Une enquête approfondie sur les lieux du crime peut renforcer ou dissiper les soupçons d'incendie criminel. Les enquêteurs recherchent quelles parties du système anti-incendie n'ont pas fonctionné, et si elles ont été désactivées délibérément. Ils recherchent aussi des traces autour du bâtiment et les méthodes d'entrée et de sortie.

Les enquêteurs emploient leur matériel habituel, blocs-notes, mesures, plans, photos et vidéo. Ils font particulièrement attention à la position des objets partiellement brûlés qui n'ont pas bougé, comme les meubles, car le côté brûlé indique la direction d'où venait le feu.

FACE AU BRASIER ▼
Tous les incendiaires ne sont pas discrets. Le cocktail Molotov que ce manifestant s'apprête à lancer dans les flammes combine de façon pratique à la fois l'accélérateur et le dispositif incendiaire.

Les instruments de détection

De retour au laboratoire, les techniciens emploient la chromatographie gazeuse couplée à la spectrométrie de masse (p. 82) pour identifier les accélérateurs. Ils ne travaillent généralement pas sur les objets brûlés eux-mêmes, mais sur les vapeurs qu'ils émettent quand on les chauffe, récupérées dans les bocaux scellés servant à stocker les indices.

Les composés volatils de ces vapeurs donneront des pics caractéristiques sur les graphiques des résultats, identifiables par une base de données informatisée. La spectroscopie infrarouge est parfois utilisée aussi, généralement pour identifier les plastiques brûlés et les matériaux synthétiques. Le travail du laboratoire peut aussi inclure un examen au microscope des indices à la recherche des restes d'une éventuelle machine incendiaire. Si quelqu'un est mort dans l'incendie, l'autopsie fera elle aussi partie de l'enquête (p. 38). Par exemple, s'il n'y a aucun signe d'inhalation des fumées, il est clair que l'individu était mort avant le début de l'incendie, suggérant alors un possible homicide.

LES OUTILS

LA TRONÇONNEUSE ▶
Les enquêteurs peuvent être conduits à employer de l'équipement lourd pour prélever des portions de sol imbibées d'accélérateur. Pratiques, les tronçonneuses doivent être maniées avec précautions, toute fuite de carburant contaminant les indices.

LA LAMPE TORCHE ▶
Un objet banal comme une torche électrique peut sauver des vies. Les immeubles incendiés n'ont généralement plus l'électricité, et les planchers sont souvent dangereux.

LA HACHE ▶
La hache est utile pour prélever certains gros indices sans crainte de les contaminer.

LE KIT D'ANALYSE DES GAZ ▶
Les cristaux à l'intérieur du tube changent de couleur quand ils sont mis en présence de traces d'accélérateur dans l'air.

LES MOBILES DU PYROMANE

① *Tuer, ou faire passer un meurtre pour une mort accidentelle.*

② *Escroquer l'assurance.*

③ *Dissimuler les indices de différents délits, comme double comptabilité, en détruisant les livres de comptes.*

④ *Se débarrasser d'un concurrent.*

⑤ *Se venger.*

⑥ *Pour le plaisir de créer de jolies flammes, pour l'excitation. C'est le seul mobile de l'authentique pyromane.*

Les explosifs

Il n'a jamais été si aisé de fabriquer une bombe. Les fanatiques de toutes sortes et les révolutionnaires peuvent trouver les méthodes de fabrication sur Internet, et les matériaux sont simples à trouver. Les services de police ne peuvent empêcher la fabrication des engins, mais ils peuvent les retrouver en analysant les indices laissés sur les lieux de l'explosion.

UN ATTENTAT DE L'IRA ▲
En 1993, un camion piégé de l'IRA explosa dans un quartier d'affaires londonien, tuant une personne, en blessant 44 autres et causant des dégâts matériels estimés à plusieurs centaines de millions de livres.

L'anatomie d'une bombe est simple. Un minuteur ou une télécommande est nécessaire pour lancer le processus. Il allume une amorce, une petite charge très réactive qui lancera l'explosion (la minuterie et l'amorce constituent le détonateur). C'est l'explosif principal allumé par l'amorce qui fera le travail, se transformant en gaz d'un coup, créant alors une onde de choc qui fera les dégâts.

Sur les lieux de l'attentat

Une explosion ne consume pas entièrement ses composants. Au contraire, elle répand une partie des morceaux, ne détruisant réellement qu'environ un vingtième de l'emballage et du mécanisme. Avec tant d'indices potentiels, les lieux d'attentats sont une mine pour les enquêteurs.

La procédure de recherche des indices est globalement similaire aux procédures employées sur les autres lieux de crimes. Le responsable détermine approximativement l'épicentre de l'explosion, estime la distance à laquelle les débris ont été projetés, puis fait boucler la zone ainsi calculée, y rajoutant 50%. Les mesures et la cartographie suivent, les lieux étant quadrillés pour permettre d'enregistrer les lieux précis de découvertes d'indices.

Par tous les bouts

La fouille des indices commence généralement par une traversée lente des lieux, les chercheurs au coude à coude, prêts à ramasser tout indice visible. Ce qu'ils recherchent en priorité, ce sont les fragments déchiquetés, parfois couverts de suie. Dès que la fouille est terminée, les gravats et débris sont placés dans un coffre, carré par carré, au moyen d'outils neufs ou stérilisés afin d'éviter toute contamination. Chacun étant passé au tamis à la recherche d'indices.

Le nettoyage des lieux permet de repérer précisément le foyer de l'explosion. C'est là qu'on a le plus de chance de retrouver des traces d'explosifs, les enquêteurs prennent donc tous les échantillons possibles, recherchent les empreintes digitales et ramassent une partie de la terre du cratère pour analyse.

Si la bombe était dissimulée dans un véhicule, les restes sont emballés dans deux bâches l'une sur l'autre, afin de n'en rien perdre sur le chemin menant jusqu'aux laboratoires.

L'analyse de l'explosif

La recherche de l'explosif en cause commence alors, grâce à des réactifs changeant de couleur face à des résidus d'essence et à des renifleurs (p. 108). Mais la recherche sur les lieux donne rarement grand-chose sous ce rapport, l'essentiel des découvertes étant faites par la suite en laboratoire.

Les fragments susceptibles de porter des traces d'explosifs sont d'abord examinés au microscope pour étudier les formes des particules de résidus, puis lavées dans l'eau et l'acétone afin d'obtenir une solution analysable. Tous les résidus extraits sont d'abord soumis à des tests réactifs chimiques.

Ils sont ensuite analysés au moyen de la chromatographie sur couche mince, de la

Le boîtier est là principalement pour dissimuler la bombe, et aussi pour projeter des fragments susceptibles de blesser les personnes alentour.

Les bombes les plus frustes sont basées sur le court-circuit d'une batterie, dont la chaleur finit par déclencher l'explosion.

Les minuteurs artisanaux les plus simples (et les moins fiables) utilisent des contacts électriques placés sur les aiguilles d'un réveil.

Les explosifs industriels permettent des bombes compactes. Les explosifs artisanaux nécessitent généralement des quantités plus importantes pour être efficaces.

L'ANATOMIE D'UNE BOMBE

LA PROCÉDURE SUR LES LIEUX

1. *Traitement des blessés, extinction des feux, sécurisation des bâtiments.*
2. *La récupération des cadavres doit respecter les indices : l'un d'entre eux peut être le poseur de bombe.*
3. *Sécurisation et cartographie des lieux.*
4. *Recherche des gros indices.*
5. *Fouille des débris sur les zones quadrillées afin de retrouver les débris de la bombe.*
6. *Nettoyage du foyer de l'explosion, prélèvement des échantillons et analyse des restes d'explosifs.*
7. *Recherche d'empreintes digitales.*

L'ATTENTAT D'OKLAHOMA CITY

Les enquêteurs ont été en mesure d'estimer la taille de la bombe à l'engrais et au gasoil en étudiant les dommages causés au bâtiment.

LES TYPES D'EXPLOSIFS

Il existe un certain nombre de types d'explosifs que des personnes déterminées peuvent se procurer, si elles ont les bons contacts. D'autres peuvent être fabriqués dans une cuisine avec des produits ménagers.

MILITAIRES
Les munitions sont plus contrôlées que les explosifs industriels, même si les composants chimiques sont souvent les mêmes.

ARTISANAUX
Le pétrole et le gasoil brûlent de façon explosive quand ils sont mélangés à un oxydant. De grandes quantités sont nécessaires.

INDUSTRIELS
Utilisés dans les carrières, le percement de tunnels et l'industrie, ils sont stables et généralement peu sensibles à l'eau. Le semtex est utilisé à la fois par l'armée et l'industrie.

À FORTE PUISSANCE
Le pétrole et les oxydants sont mélangés à un niveau moléculaire. Un petit détonateur suffit à les faire se décomposer très rapidement (comme dans le cas du PETN), créant une onde de choc très étendue.

À FAIBLE PUISSANCE
La poudre à fusil est peu puissante, mais permet la construction de bombes terrorisantes. Le terroriste du « Mardi gras » l'employa pour cette bombe camouflée en boîtier vidéo.

chromatographie liquide à haute performance ou de la chromatographie gazeuse couplée à la spectrométrie de masse (p. 83).

Les analystes emploient des méthodes similaires avec les explosifs non détonnés, parfois en fouillant l'atelier où la bombe a été construite ou en testant la présence d'explosifs sur les mains, vêtements ou possessions du poseur de bombe présumé.

L'étude des autres traces

Quoique réduits à des fragments, le boîtier et le détonateur peuvent conduire les enquêteurs chez leur fabricant. Les fragments des composants de la bombe portent parfois des empreintes digitales, et la plupart du temps on peut aussi remonter à la source des morceaux.

Un petit morceau de circuit imprimé aida par exemple à remonter la piste du terroriste de Lockerbie (p. 116). Pour faciliter les recherches, l'unité spécialisée dans les explosifs du FBI conserve une vaste collection de composants usuels dans la fabrication des bombes : batteries, détonateurs, systèmes de contrôle et autres. Une base de données des fragments de bombes retrouvés permet aux enquêteurs de trouver les liens entre plusieurs attentats.

Comprendre comment la bombe a été mise en œuvre peut aider les services de sécurité à trouver des contre-mesures. Par exemple, la découverte de contrôleurs radioguidés d'aéro-modélisme dans des bombes de l'IRA permit de brouiller les fréquences employées par ces systèmes. Les terroristes passèrent alors à une autre technique, contrôlant la bombe avec des systèmes radar employés par la police pour mesurer les excès de vitesse. Quand d'autres contre-mesures rendirent cette méthode inefficace, les poseurs de bombe employèrent un système d'asservissement utilisé par les photographes pour synchroniser les flashs sans fil. Quand le système détectait un éclair de lumière venant d'un flash photographique classique, il fermait le circuit du détonateur. Ce petit jeu de l'épée et du bouclier se poursuivit jusqu'au cessez-le-feu politique.

◀ LA RECHERCHE FINE
Les composants de la bombe étant réduits à des fragments parfois minuscules, il n'y a souvent pas d'alternative à la recherche nez au sol. Ici, une bombe avait explosé dans une poubelle d'une rue passante.

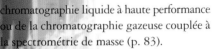

La voiture

On ne se souvient jamais assez du potentiel mortel de l'automobile, jusqu'à ce qu'un chauffard ne vienne nous le rappeler pour de bon. Les véhicules à moteur font plus de morts que les armes à feu, mais prouver l'intention homicide et faire condamner le conducteur demande parfois des recherches et une argumentation serrées.

La familiarité nous conduit à voir la voiture familiale comme une forme de transport sans danger. Mais les trois affaires ci-dessous démontrent que l'automobile peut aussi être employée comme une arme mortelle.

À Londres, un toxicomane s'empara du sac à main d'une femme et se rua dans une voiture qui l'attendait. Quand la victime tenta de le poursuivre, il accéléra et la renversa, la tuant sur le coup.

À Hasama, au Japon, un charpentier attaqua une autre conductrice à la barre de fer après une collision mineure, puis lui roula dessus pour terminer le travail.

À Chicago, un conducteur écrasa un cycliste qui avait heurté sa voiture de sport.

Pour réagir à ce genre de comportement, plusieurs pays ont adopté une législation spécifique pour les cas d'homicides automobiles. Ainsi, si l'intention malveillante est prouvée, les conducteurs peuvent être poursuivis pour meurtre plutôt que pour négligence.

L'instruction

Dans les exemples ci-dessus, l'intention meurtrière des conducteurs était évidente, mais la condamnation pour meurtre n'a pas été automatique. Le procureur (ou le juge d'instruction, suivant le pays) se fie alors aux experts pour bétonner l'instruction. Dans des affaires moins évidentes, l'expertise médico-légale est plus importante encore dans l'établissement des faits. Les enquêteurs rechercheront des indices spécifiques de la vitesse et de la direction prise par le véhicule, de la visibilité qu'avait le conducteur et des coups de volant éventuels. Des indices oubliés au départ sont perdus à jamais et, quand les lieux du crime sont une route très fréquentée, les enquêteurs travaillent souvent sous la pression du temps, la voirie voulant rétablir le trafic le plus vite possible.

L'INTERROGATOIRE DES TÉMOINS ▲
Les passants peuvent fournir des informations précieuses mais les estimations de la vitesse par les témoins sont souvent peu fiables.

L'examen de la route est particulièrement important, avec une mesure exacte et une localisation précise des traces de pneus et de coups de freins. Dans une certaine mesure, la photographie peut aider à combler les trous dans les données, les logiciels modernes permettant de déduire les distances même à partir de clichés pris

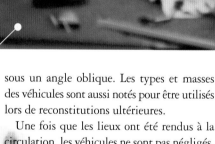

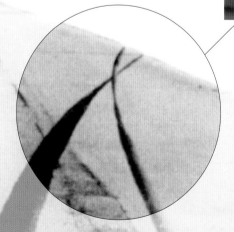

LES TRACES SUR LA ROUTE ▲
La longueur des traces de pneus et leur rayon sont souvent de bons indicateurs de la vitesse d'un véhicule qui a freiné. Un coup de volant à haute vitesse laisse aussi des traces caractéristiques quand le véhicule dérape.

sous un angle oblique. Les types et masses des véhicules sont aussi notés pour être utilisés lors de reconstitutions ultérieures.

Une fois que les lieux ont été rendus à la circulation, les véhicules ne sont pas négligés. Ils sont traités avec le même soin que les autres indices. Un ingénieur peut les étudier à la recherche de signes de pannes mécaniques, voire de sabotage, par exemple du système de freinage. Les dommages corporels peuvent également aider à établir la vitesse du véhicule et son orientation.

Qui conduisait ?

La question mérite d'être posée. Les occupants du véhicule peuvent avoir été éjectés de leur siège, et un conducteur survivant peut tenter

LES BLESSÉS ▶
La priorité va bien sûr aux soins aux blessés. Mais dès que les services de secours sont sûrs qu'il n'y a plus de danger immédiat, les inspecteurs doivent pouvoir accéder aux survivants. Les traces sur leurs vêtements et leur peau, et la photographie des blessures, peuvent aider la partie civile.

L'ENQUÊTE SUR LA ROUTE

① *Traitement des blessés.*

② *Prise d'échantillons en vue de test de l'alcoolémie et de l'usage de drogues.*

③ *Enregistrement des véhicules et des marques sur la chaussée.*

④ *Enregistrement des dommages aux véhicules.*

⑤ *Interrogatoire des témoins.*

⑥ *Enregistrement des blessures des survivants.*

⑦ *Préservation des véhicules en tant que pièces à conviction.*

LES DOMMAGES AUX VÉHICULES ▲
Des véhicules de tailles similaires sont généralement construits selon les mêmes normes de sécurité. L'examen des dommages reçus à l'impact donne une indication fiable de la vitesse à laquelle ils sont entrés en collision. La détermination de la vitesse particulière de chacun est par contre plus complexe.

EXAMEN D'UN ACCIDENT SUSPECT ▲
Une bonne gestion est vitale pour une enquête efficace. Emporter des morceaux de véhicules sans examen poussé peut détruire des indices précieux.

de rejeter la culpabilité sur un passager mort dans la collision.

Les indices traces et les rapports médicaux peuvent aider à établir qui était effectivement au volant. Les airbags, par exemple, gardent des traces des cheveux, du maquillage et de la peau, et causent souvent aussi des marques au visage. Les pédales du véhicule et les semelles du conducteur peuvent éventuellement se marquer les unes les autres. Si les occupants de la voiture portaient leur ceinture, l'examen des hématomes aux épaules indiquera de quel côté ils étaient assis, et permettra d'identifier le conducteur.

La reconstitution du choc

Déterminer les intentions et la responsabilité du conducteur dans le choc fatal est plus simple si on peut le reconstituer, avec un établissement des temps de réaction et des lignes de visée. Certains logiciels, comme PC-Crash, fonctionnent « à l'envers ». L'opérateur entre les données de l'accident, comme l'endroit où ont été retrouvés les véhicules, leur masse et type, ainsi que la longueur et le rayon des traces de pneus relevées sur la chaussée. Le logiciel travaille alors rétrospectivement, utilisant de complexes systèmes de calcul pour estimer la vitesse et la trajectoire de tous les mobiles impliqués dans l'impact. Le résultat final est une animation qui peut être montrée aux jurés lors du procès.

LA RECONSTITUTION ▲
Les logiciels de reconstitution se fondent sur des informations très variées : mesure des lieux de l'accident et des traces de freinage, positions des véhicules et des piétons, qualité de la chaussée et état des pneus. L'apparence et les performances du véhicule sont extraites d'une base de données intégrée.

Les accidents majeurs

L ors de naufrages ou d'accidents aériens, les enquêteurs doivent travailler dans des ambiances de carnage pour en déterminer les causes. Leurs trouvailles aident à prévenir la répétition de ces désastres, contribuent à poursuivre les responsables de négligences ou de sabotage et permettent de donner des explications précises aux familles des victimes.

LES ENREGISTREURS DE VOL ▲

Les accidents peuvent mettre à rude épreuve la résistance des boîtes noires. Celle-ci, provenant du vol 587 qui s'était écrasé en 2001 sur Queens, à New York, révéla que des turbulences avaient arraché la queue de l'appareil.

LES PROCÉDURES EN CAS DE DÉSASTRE

① Secourir l'équipage et les passagers prisonniers de l'épave.

② Sécuriser la zone le plus rapidement possible.

③ Fouiller les corps, puis les envoyer à la morgue pour identification.

④ Documenter et enregistrer l'état des lieux et rechercher les indices.

⑤ Interroger les témoins.

⑥ Enlever sélectivement les morceaux pouvant être analysés.

LE DÉRAILLEMENT D'ESCHEDE

En 1998, un train express heurta un pont à Eschede en Allemagne, quand une de ses roues lâcha. L'accident tua plus de 100 passagers.

Les catastrophes dans les transports sèment la mort et la destruction à très grande échelle. Quand les lieux d'un crime livrent rarement plus d'une poignée de corps, les accidents aériens en livrent des centaines, souvent répandus sur de larges surfaces. Le travail d'enquête dans ces cas-là passe aussi par la localisation et l'identification des victimes, les corps étant en eux-mêmes des indices pouvant servir à identifier la cause ou les responsables.

La coopération et le commandement

Beaucoup de services sont impliqués dans ces enquêtes traumatisantes : les spécialistes de la police et du ministère des transports, les représentants de la compagnie ayant affrété, les enquêteurs des assurances, etc. Pour éviter le chaos, les parties intéressées décident très tôt qui conduira l'enquête. En cas de soupçons d'activités criminelles, c'est la police qui s'en charge.

Quel que soit le service qui commande, le but des enquêteurs est le même : retrouver des indices prouvant que le désastre a été causé par une erreur humaine, un incident mécanique, un incident de signalisation ou un sabotage délibéré. Leur méthodologie est déterminée par l'habituel besoin de préserver les indices, à la différence près que l'échelle du désastre implique une rigueur et une logistique particulière. Impossible d'emballer un ferry pour l'analyser au laboratoire.

Les spécialistes sur les lieux

Étant donné la nature hautement technique de ce type d'enquête, les experts jouent invariablement un rôle crucial. Dans les cas de

L'HERALD OF FREE ENTERPRISE ▲
Près de 200 personnes perdirent la vie quand les vagues retournèrent ce ferry en 1987, non loin du port belge de Zeebrugge. Les enquêteurs découvrirent que, pressé par l'horaire, l'équipage fit démarrer le bateau avant que la porte d'embarquement des véhicules ne soit fermée.

catastrophes aériennes, les experts peuvent se voir affecter chacun un secteur, comme les moteurs, le contrôle aérien, la météo, les performances de l'équipage, le dossier de l'avion, etc.

La récupération des indices éphémères

Dès que les équipes médicales ont évacué les lieux, les enquêteurs doivent mener à bien les tests les plus urgents, comme la mesure de la température des pièces du moteur, ou les procédures permettant de déterminer l'efficacité des freins.

Les enquêteurs emploient ensuite la photo et la vidéo pour enregistrer les indices ne pouvant être préservés, comme les rails cassés devant être remplacés pour permettre la reprise du trafic. Chaque fois que c'est possible, les éléments importants pour la suite de l'enquête, comme la cabine de la locomotive, sont emportés. Les catastrophes aériennes sont traitées suivant des protocoles bien établis : chaque

LE VOL 1 141 POUR SALT LAKE CITY ▶
Cet avion parti de Dallas s'écrasa au décollage en 1988 car l'équipage avait mal positionné les volets des ailes. En analysant l'alarme qui aurait dû les avertir du problème, les inspecteurs découvrirent qu'elle était en panne.

débris et chaque fragment est récupéré, et l'avion est reconstitué dans un hangar pour tenter de découvrir la cause de l'accident.

Les témoins muets

Les accidents d'avion sont généralement si destructeurs que les seuls témoins sont les enregistreurs de vol, les fameuses boîtes noires. Les retrouver est une priorité absolue pour les enquêteurs. Montées en série sur les avions depuis les années 60, elles sont peintes en orange bien visible (et non en noir, comme on pourrait le croire) et contiennent des enregistreurs sur bande spécialement renforcée, ou des systèmes numériques. Elles sont censées résister à l'impact du crash, au feu et à l'immersion dans l'eau. Les boîtes noires des avions enregistrent 88 paramètres par seconde, dont l'altitude, la direction, l'état des moteurs et sont capables de stocker 25 heures de données. L'enregistreur audio du cockpit conserve deux heures de conversations des pilotes.

Mais les boîtes noires n'existent pas que dans les avions. Les trains modernes et certains bateaux en sont aussi équipés. Lors du déraillement d'Eschede, les enquêteurs retrouvèrent rapidement les enregistreurs, qui montrèrent que sur certaines sections de voies, le train avait atteint jusqu'à trois fois la vitesse autorisée.

ÉTUDE DE CAS

L'équipage de l'Estonia était habitué aux violentes tempêtes de la Baltique, et ne s'inquiéta pas face aux vagues de 6 m qui frappaient le navire le 28 septembre 1994. Mais à 1 h 15 du matin, une voie d'eau se déclara, et deux heures plus tard, le ferry avait coulé. Sur les 989 personnes à bord, 852 moururent dans les eaux glacées. L'inspection de l'épave par des plongeurs et deux sous-marins radiocommandés confirma que le pont des véhicules avait été inondé quand les vagues avaient arraché les portes arrière. Les enquêteurs mirent l'accident sur le compte de la vitesse excessive et d'une maintenance insuffisante.

L'attentat de Lockerbie

Pour Alan Topps, le vol 103 n'était qu'un autre vol pour New York quand il entra dans l'espace aérien qu'il contrôlait, le 21 décembre 1988. Mais juste après 19 heures, il arriva quelque chose qu'il n'avait jamais vu : sur l'écran radar, le point indiquant la position de l'avion se sépara en cinq.

LE POSEUR DE BOMBE ▲

L'agent secret lybien condamné pour cet attentat travaillait pour les Libyan Arab Airlines. Sa connaissance des procédures de sécurité lui permit d'envoyer la bombe dans un bagage non accompagné.

L'ÉPAVE ▶

Curieusement, des sections complètes de l'avion atteignirent le sol d'une seule pièce, malgré une chute de 10 kilomètres.

Topps tenta par tous les moyens de contacter l'avion par radio, sans succès. Quelques instants plus tard, le pilote d'un autre avion signala un incendie au sol, « comme si un réservoir de pétrole avait explosé ». C'étaient les ailes pleines de kérosène du vol 103, qui avaient percuté le sol et explosé avec la force d'un tremblement de terre.

L'avant de l'avion tomba en un seul morceau, avec les pilotes encore attachés à leurs sièges, le reste s'étant éparpillé sur près de 1 600 kilomètres carrés.

La recherche des épaves

Le lendemain du crash, la recherche des corps commença. Puis des bénévoles partirent en quête des débris. Certains étaient tombés dans des régions boisées peu accessibles, et il fallut mettre à contribution les satellites de l'armée et des hélicoptères équipés de caméras à infrarouges pour les localiser. Chaque fragment fut récupéré et numéroté pour la reconstitution. Les débris furent d'abord mis en sachets et réunis à la mairie de Lockerbie, où les enquêteurs en firent un inventaire informatisé. On enregistra ainsi 200 000 objets, certains plus petits qu'un ongle.

Le 747 fut virtuellement reconstruit pièce par pièce grâce aux morceaux retrouvés. Il devint vite clair que l'explosion avait fait un trou dans le fuselage.

L'onde de choc et la décompression disloquèrent ensuite l'avion. La structure des dommages suggérait que l'explosion était intervenue dans

CONDAMNÉ

la soute à bagages 14L, ce qui résolvait un mystère : pourquoi les pilotes n'avaient-ils pas envoyé de signal de détresse ? La soute 14L était adjacente au système d'alimentation électrique de l'avion, et l'explosion avait dû couper le courant, condamnant la radio au silence, et mettant abruptement fin à l'enregistrement par les boîtes noires.

Les traces de la bombe

Quand il devint évident que l'explosion avait bien eu lieu dans la soute à bagages, et non pas dans les systèmes d'alimentation en carburant, on suspecta l'action d'une bombe. Tous les objets provenant de cette zone furent testés à la chromatographie gazeuse / spectrométrie de masse à la recherche de traces de l'explosif, et examinés à la recherche d'un mécanisme de minuterie. Les morceaux d'un système élaboré de mise à feu, une minuterie couplée à un altimètre, furent découverts. Il avait clairement été conçu pour échapper aux systèmes de détection des aéroports.

Quoique l'enquête ait été très poussée, c'est la chance qui conduisit les enquêteurs aux terroristes. Plus d'un an après la catastrophe, un homme promenant son chien découvrit un morceau de chemise grise qui avait été manqué lors des premières recherches. Les enquêteurs remontèrent la piste jusqu'à un fabricant sur l'île de Malte (encadré). Une inspection minutieuse permit de retrouver un minuscule fragment de circuit imprimé sur lequel était gravé le numéro 1. En le rapprochant d'autres fragments, les enquêteurs identifièrent le mécanisme d'horlogerie comme étant un MST-13 fabriqué en Suisse.

La piste libyenne

Le fond de l'affaire commença alors à émerger : les fabricants de ce mécanisme en avaient vendu tout un lot au gouvernement libyen. Et un minuteur identique avait été saisi au Sénégal deux ans plus tôt, fixé à une bombe au semtex transportée par deux agents libyens.

D'autres indices retrouvés dans les débris suggéraient une connexion nord-africaine : les explosifs avaient été dissimulés dans un radio-cassette, dont le manuel était resté à peu près intact, l'identifiant comme un « Bombeat », un modèle vendu uniquement au Maghreb et au Moyen-Orient. Mettant bout à bout leurs indices, les enquêteurs remontèrent la piste de deux suspects libyens. En 1999, après une intense pression diplomatique, la Libye autorisa leur extradition en vue d'un procès devant une cour spéciale de La Haye.

Le verdict, rendu en janvier 2001, mettait fin à une des enquêtes criminelles les plus longues et les plus coûteuses. La cour reconnut Abdelbaser Ali et Mohmed Al Megrahi coupables du meurtre des 259 passagers et membres d'équipages, et de 11 personnes tuées au sol par les débris.

L'INDICE

PP8932 PT/28

L'explosion avait déchiqueté une chemise grise emballée près de la bombe, mais en avait épargné la marque, qui conduisit les enquêteurs à un fabricant maltais, la Yorkie Clothing Company. Ils découvrirent qu'elle avait été vendue par une petite boutique, « Mary's House » et que son propriétaire, Tony Gauchi, se rappelait bien l'avoir vendue. L'acheteur avait acquis un certain nombre de vêtements, sans se préoccuper ni de leur style ni de leur taille. Sa déposition conduisit les enquêteurs à s'intéresser de près à deux Libyens travaillant à l'aéroport de Malte. Utilisant des étiquettes de bagages volées, ils avaient pu envoyer la valise marron contenant la bombe à Francfort, où elle avait été chargée sur un vol de passagers pour Londres, puis transférée sur le vol 103 pour New York.

LA FOUILLE ▼

Près d'un millier de volontaires se joignit aux enquêteurs pour la recherche des débris. Le mot d'ordre était simple : « Si ça ne pousse pas et que ce n'est pas un caillou, ramassez. »

LES CRIMES SANS CADAVRE

Les meurtres font plus souvent les gros titres, mais sont pourtant moins fréquents que d'autres crimes. Les vols et braquages représentent la majorité des enquêtes, car l'envie est aussi fondamentale chez l'homme que la violence ou la colère. Courir après les voleurs est donc l'ordinaire des enquêteurs. Mais l'esprit criminel est un des plus ingénieux qui soient : des crimes et des délits beaucoup plus subtils, comme la contrefaçon, la délinquance informatique ou les crimes contre l'environnement demandent des réponses bien plus inventives.

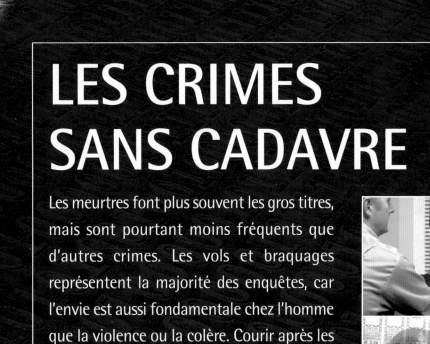

L'analyse des documents

AUTHENTIQUE

TROMPER LES NAZIS ▲

Les services secrets britanniques produisirent de faux timbres-poste pour la Résistance française pendant l'occupation, y ajoutant une erreur délibérée, permettant de différencier les lettres authentiques arrangeant des rendez-vous secrets des pièges tendus par les espions allemands.

De la calligraphie au griffonnage, la manière d'écrire est quelque chose de personnel, et plus difficile à déguiser qu'on ne le croit généralement. La graphologie n'est pourtant pas la technique essentielle de détection des fausses lettres, faux passeports ou formulaires falsifiés. L'analyse des encres, papiers et impressions est tout aussi cruciale.

Les habitudes d'écriture qu'on acquiert à l'école sont difficiles à perdre. Nous avons notre manière de tenir le crayon, de former nos lettres et d'espacer mots et lignes. Ces caractéristiques, et quelques autres, font de l'écriture manuscrite un outil de diagnostic puissant quand on en vient à mettre en cause l'authenticité de documents. Cette branche de l'investigation scientifique analyse les demandes de rançons, les contrats et les testaments falsifiés, les faux passeports et les faux permis, et bien d'autres documents écrits ou imprimés, principalement sur papier. L'analyse graphologique est généralement utilisée pour déterminer si deux documents sont bien de la même main.

contenu, écrit ou imprimé, des documents permet de repérer les tics de ponctuation, de grammaire, d'orthographe, de vocabulaire et de formulation. L'analyse informatisée des longs documents peut ainsi créer une indexation de la fréquence des mots et de certaines associations qui permettent de vérifier la provenance des textes douteux. Quoique les auteurs puissent changer leur style sur de longues périodes, sur des durées plus courtes le système est efficace.

Les manuscrits à la loupe

Les experts en documents recherchent les caractéristiques individuelles de l'écriture, se concentrant sur quatre paramètres : la forme, la qualité des lignes, l'arrangement et le contenu. La forme des lettres individuelles, leur inclinaison, leur taille relative et la façon dont elles s'accrochent entre elles, et celle des « marques de fabrique » (comme l'utilisation du « & » pour « et »), sont examinées dans le détail. L'analyse du

La famille du Beatles mort ne voulait pas que sa maison devienne un lieu de pèlerinage, et indiqua donc une fausse adresse.

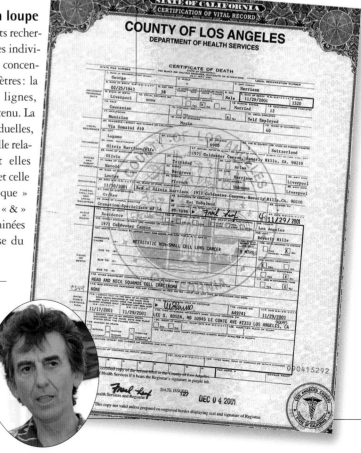

ÉTUDE DE CAS

L'une des plus astucieuses faussaires américaines fabriqua de faux chèques et de faux documents dans le but d'escroquer les banques de Manhattan en 1992. Pour son plus beau coup, Lilly Schmidt acheta un tableau impressionniste pour 70000 dollars avec un chèque au porteur. Comme c'était un jour férié, il était impossible de vérifier l'authenticité du chèque, mais la galerie fut rassurée par la carte de crédit et les papiers d'identité de Lilly. Le chèque fut bien sûr refusé par la banque. Quand la police réussit à arrêter Lilly, elle portait neuf cartes d'identité à neuf noms différents (l'une d'entre elles est reproduite ci-dessus), toutes fabriquées à l'aide d'une imprimante laser et d'une machine à embosser. Lilly resta en prison une semaine, mais fut relâchée quand son avocat paya sa caution : 30000 dollars. Avec un chèque qui était faux lui aussi !

LE GEORGE EST MORT ▶

Même les documents authentiques peuvent être mis en doute. Quand George Harrison mourut à Los Angeles en 2001, sa famille falsifia le certificat.

L'EXAMEN D'UN PASSEPORT ▲
Le microscope vidéo multispectre aide souvent la police à contrôler les passeports et l'identité de leurs propriétaires. Le fort grossissement et l'éclairage ultraviolet montrent rapidement les altérations et les manipulations éventuelles.

La comparaison

Typiquement, les spécialistes comparent l'échantillon douteux, par exemple une demande de rançon, avec un « témoin », un exemple de l'écriture du suspect. Un témoin sur demande est un échantillon écrit par le suspect sous la supervision de la police. Dans la mesure où il peut porter le même texte que l'échantillon, il permet la comparaison la plus exacte possible, mais permet aussi au suspect de déguiser son écriture. Les témoins récupérés, par contre, sont des échantillons de l'écriture du suspect pris dans ses affaires ou procurés par d'autres moyens. Quoiqu'ils ne soient a priori pas déguisés, ils doivent être comparés lettre à lettre ou, dans le meilleur des cas, mot à mot.

L'examinateur commence la comparaison à l'œil nu ou éventuellement à la loupe, ou parfois à l'aide d'un microscope binoculaire à faible grossissement. Les éclairages spéciaux peuvent aider à révéler des détails de la création ou de l'altération du document. Une lumière oblique peut faire ressortir les creux du papier (permettant de déterminer si une signature a été falsifiée en la décalquant), ou les traces produites par des coups de gomme. L'éclairage par en dessous fait ressortir en clair les zones gommées et en sombre le blanc correcteur. L'examen spectrographique peut révéler les différences de formule chimique de deux encres de même couleur en donnant leur analyse spectrale, et les spécialistes peuvent aussi se livrer à un examen au microscope à infrarouges.

Autres indices

L'analyse ne se borne pas à l'examen des documents manuscrits. Les textes tapés à la machine, imprimés, photocopiés ou faxés portent aussi des traces significatives. Les lettres anonymes tapées à la machine n'existent sans doute de nos jours plus que dans les romans policiers, mais la technologie moderne reste capable d'identifier les machines à écrire à partir des caractères qu'elles produisent, ainsi que les formes d'impression qui les ont remplacées. Une imprimante laser, par exemple, finit par accumuler des traces d'encre sur son tambour qui apparaissent sous forme de minuscules points sur les pages imprimées. Les photocopieurs peuvent présenter le même problème et reproduire de surcroît les taches présentes sur leur plaque de verre. Les en-têtes des fax fournissent souvent des informations sur la machine émettrice ainsi que sur la machine réceptrice et, même si l'en-tête peut être falsifié, la police de caractères employée peut être comparée à une bibliothèque d'en-têtes permettant d'identifier le fabricant et le modèle.

L'encre et le papier

En analysant la composition du papier, de l'encre, des colles et des attaches, on peut démontrer les similarités entre documents douteux et même parfois les dater. L'oxyde de titane, par exemple, qui n'est utilisé en papeterie que depuis le XXe siècle, a été découvert dans un document soi-disant médiéval.

MONSIEUR A DES LETTRES

Les graphologues recherchent des similarités de formes entre les lettres du document douteux et du document témoin. Ils étudient les séquences et l'inclinaison des lettres et notent toutes les différences de graphie avec les modèles conventionnels. La première affaire où ce type d'analyse prouva son efficacité fut celle de l'enlèvement du fils de deux ans du célèbre (et riche) aviateur Charles Lindbergh en 1932. Le kidnappeur laissa une demande de rançon de 50 000 $ et, deux ans et demi après, Bruno Hauptmann fut pris en train de dépenser l'argent. Des similarités entre sa signature et la demande de rançon aidèrent à le faire condamner. L'exemple ci-dessous montre la comparaison entre sa signature réelle, et celle qui avait été recomposée avec des lettres issues de la demande de rançon.

LA SIGNATURE DE HAUPTMANN

LA SIGNATURE RECOMPOSÉE

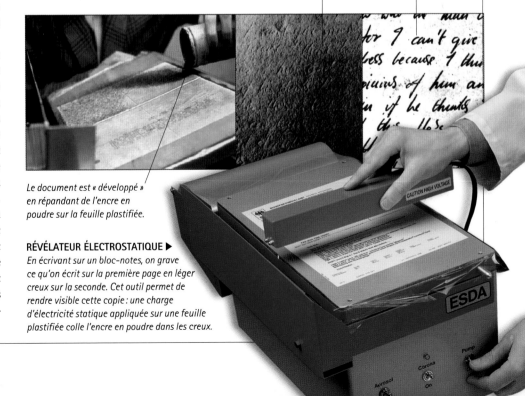

L'écriture en creux se voit légèrement sous lumière oblique.

Mais la machine la fait apparaître clairement, même si elle était recouverte de texte imprimé.

Le document est « développé » en répandant de l'encre en poudre sur la feuille plastifiée.

RÉVÉLATEUR ÉLECTROSTATIQUE ▶
En écrivant sur un bloc-notes, on grave ce qu'on écrit sur la première page en léger creux sur la seconde. Cet outil permet de rendre visible cette copie : une charge d'électricité statique appliquée sur une feuille plastifiée colle l'encre en poudre dans les creux.

La fausse monnaie

La contrefaçon de l'argent est aussi vieille que l'argent lui-même et continue malgré les systèmes de sécurité de plus en plus complexes intégrés aux billets de banque. Mais les méthodes de détection et de prévention rendant de plus en plus difficile l'utilisation de faux billets, les faussaires s'attaquent à présent aux cartes de crédit et aux grandes marques.

Faux chinois du dollar d'argent mexicain, 1930.

Copie en cuivre plaqué or d'une pièce grecque.

Copie du XVIe siècle d'un sesterce de l'empereur Claude.

FAUSSES PIÈCES ▲
La contrefaçon des pièces ne disparut pas avec l'introduction des billets, mais de nos jours elle cible plutôt les collectionneurs.

La fausse monnaie est dans le meilleur des cas une source d'irritation pour les banques centrales. Dans le pire, elle déstabilise l'économie. Les banques reconnaissent plusieurs catégories de faussaires, allant de la « nuisance », généralement un bricoleur utilisant son ordinateur pour contrefaire les billets, à la « subversion économique », impliquant des moyens quasiment industriels. Le premier groupe ne représente qu'approximativement

5 % des faux billets en circulation, et la subversion économique reste généralement marginale en temps de paix. Le vrai problème se situe à mi-chemin : le crime organisé qui utilise des imprimeries clandestines de haut niveau pour produire des copies convaincantes en grande quantité.

Quelles monnaies sont vulnérables ?

Les professionnels de la contrefaçon choisissent avec soin des monnaies circulant à un niveau international, car il est plus facile de les utiliser hors du pays émetteur. Le dollar US est donc la plus copiée de toutes les monnaies. Les monnaies plus faciles à copier attirent aussi : le mark allemand fut ainsi largement copié entre 1991 et 1992 (d'autant

qu'il était d'usage courant dans les Balkans alors en guerre) jusqu'à ce que la Bundesbank produise des billets mieux sécurisés.

La protection et la détection

Traditionnellement, les billets sont imprimés grâce à des plaques gravées selon des techniques élaborées, des filigranes difficiles à dupliquer, des numéros de série codés et séquentiels et des bandes métallisées. Mais à la fin des années 80, les appareils de reproduction en couleur de haute qualité impliquèrent d'améliorer la sécurité. Certains billets actuels portent la mention « copie illégale » qui n'apparaît que quand le billet est chauffé par la lampe du copieur. D'autres points de contrôle emploient des encres changeant de couleur suivant l'angle de la lumière, des

LA SAISIE DES FILMS ▼
L'introduction de l'euro donna aux faussaires une occasion unique de tromper les Européens encore peu familiarisés avec leur monnaie. La police financière italienne démantela un réseau de contrefaçon et saisit des films d'impression de timbres fiscaux.

micro-impressions visibles seulement à la loupe, des codes-barres lisibles par des machines, des encres iridescentes et des hologrammes.

Le toucher et l'odeur du papier, le filigrane et la bande métallisée sont des moyens valables d'authentifier un billet. Moins fiables, mais très utilisés, les lampes à UV et les feutres à l'iode permettent de détecter les traitements blanchissants et l'amidon, qui ne sont pas utilisés dans les vrais billets.

La chasse au faussaire

La police scientifique, par l'analyse du papier, de l'encre et des techniques d'impression, réunit des indices permettant de retrouver le faussaire. Tous les vrais billets sont imprimés sur un papier de haute qualité impossible à dupliquer de façon rentable. Le microscope optique à lumière noire aide à identifier le papier utilisé pour remonter jusqu'au fournisseur. L'illumination aux UV différencie les fibres de sécurité des vrais billets et les fibres simulées des faux. Les rayons X rendent plus visibles les filigranes et une inspection détaillée peut révéler que le papier provient directement de la banque centrale elle-même. Quelques faussaires effacent l'encre de billets de moindre valeur pour les réimprimer en en faisant de plus grosses coupures.

Les procédés d'impression permettent aussi de détecter certains faux. Les faussaires à grande échelle emploient généralement l'offset, mais peuvent aussi recourir à l'impression laser, voire à jet d'encre. Même de la plus haute qualité, ces techniques sont facilement discernables des méthodes de gravure de haute qualité employées pour les vrais billets. L'analyse chimique de l'encre par chromatographie (p. 83) aide aussi les enquêteurs à comparer des billets différents et à les attribuer à un même imprimeur, surtout si les bases de données informatiques retrouvent la marque de l'encre.

LES CARTES DE PAIEMENT ▲
La puce électronique des cartes bleues est plus difficile à copier que la bande magnétique, mais son système de codage n'est pas parfait.

La flexibilité des fraudeurs

La plupart des utilisations criminelles de la carte bleue sont de l'ordre de la fraude plutôt que de la contrefaçon. Pourtant, créer une fausse carte de crédit n'est pas compliqué, dans la mesure où le faussaire a accès à des références bancaires réelles. Copier des cartes est bien plus simple que copier des billets, car il en existe des dizaines de milliers de présentations. Le faussaire n'a même pas besoin d'utiliser la charte graphique d'une banque réelle: tant que l'information encodée est authentique, on ne soupçonnera rien. Les investigations sur ces cartes se focalisent sur des méthodes d'identification communes: défauts dans la presse à embosser employée pour faire ressortir les numéros, détails du cadre à signature, hologrammes et glaçage plastifié.

LES PRODUITS PIRATES

Les produits pirates représentent près de 10% du commerce mondial, et sert bien souvent à financer le crime organisé.

◄ LES JEUX VIDÉO
La plupart des jeux sont de nos jours sur CD, permettant aux pirates d'effacer les protections anti copies et de vendre des jeux piratés, parfois sans le son.

LES MONTRES ▶
La plupart des marques de luxe, comme Rolex ou Cartier, sont largement imitées, surtout en Extrême-Orient. Souvent ouvertement vendues en tant que copies, ces montres n'ont pas de numéro de série et ont une durée de vie dépassant rarement 3 ans.

◄ LES PARFUMS
Beaucoup de parfums sont vendus sur Internet pour un prix très attractif, mais sentent rarement comme l'original et peuvent provoquer des allergies.

LA MUSIQUE ▶
La piraterie musicale est le cauchemar de l'industrie du disque. La Russie est à la pointe du progrès en ce domaine, 90% des disques circulant là-bas étant pirates.

LE FIL MÉTALLIQUE ▲
L'adjonction du fil de sécurité dans une copie est complexe, et la dernière génération de billets inclut des fils dont la surface est imprimée.

LA TAILLE-DOUCE ▶
Les plaques gravées utilisées pour l'impression des billets comprennent des éléments en taille-douce, une technique coûteuse de gravure permettant d'imprimer en léger relief impossible à reproduire par d'autres méthodes.

LES HOLOGRAMMES ▶
Ces pastilles brillantes ne sont pas toutes d'authentiques hologrammes, mais changent de couleur ou d'aspect suivant l'angle où on les regarde et sont donc difficiles à copier fidèlement.

Les faux objets d'art

Le coup de pinceau d'un grand maître est inimitable aux yeux des conservateurs de musées et des collectionneurs. Mais les faussaires ingénieux ont réussi à tromper même les experts des années durant, créant des œuvres inestimables – peinture, céramiques, objets forgés... Différencier l'authentique du faux demande parfois plus qu'un regard exercé.

Les mauvaises copies sont généralement faciles à distinguer, sur des critères purement stylistiques. Mais les faussaires de talent peuvent tromper les connaisseurs les plus pointus. Certains faussaires du XIXᵉ siècle rajoutaient une dose de sentimentalisme à leurs toiles, car la mode était au romantisme. Parfois, les objets d'art peuvent être identifiés grâce à des certificats – ou par l'absence de certificats –, ce pedigree artistique permettant à l'acheteur de retrouver trace des ventes et propriétaires passés (particuliers ou musées) de l'œuvre. Mais même les certificats peuvent être falsifiés.

L'analyse scientifique est le moyen le plus fiable et le plus objectif de déterminer l'authenticité d'un objet d'art. Elle compare l'œuvre douteuse à des échantillons authentifiés de travaux du même artiste, ou au moins de la

même époque. Les laboratoires recherchent aussi les effets de l'âge, permettant de dater assez précisément la pièce examinée.

Par-delà le vernis

Avec la peinture à l'huile, la méthode la plus simple est l'examen au microscope. Il est facile de différencier l'ancienneté authentique des traitements destinés à vieillir artificiellement le tableau. Pour recréer les craquelures du vernis, les faussaires roulent la toile, puis la font chauffer et refroidir rapidement. Parfois, ils emploient aussi un vernis se contractant au séchage, un pinceau usé donnant une apparence plus rugueuse.

D'autres méthodes non destructrices font ressortir les différences. La radiographie permet de déterminer si les craquelures de la surface pénètrent toutes les couches de peinture. Les faux Vermeer peints dans les années 30 par le faussaire néerlandais Hans van Meegeren (1889-1947) furent démasqués grâce au tracé des craquelures superficielles qui ne suivait pas celui des couches profondes.

Les rayonnements ultraviolets provoquent des réactions de fluorescence sur les matériaux, dépendant de leur âge et de leur composition. Les vernis du XIXᵉ siècle ressortent généralement en bleu-vert. Les infrarouges permettront aussi de repérer des pigments

L'ÉCHANTILLONNAGE DE LA PEINTURE ▲
Pour identifier les pigments d'un échantillon carotté à l'aiguille, on emploie la diffraction aux rayons X. La structure cristalline de chaque pigment dispersera les rayonnements d'une façon caractéristique.

caractéristiques d'un artiste. Pour un expert familier de son travail, cela est déterminant.

Si ces examens ne révèlent aucune anomalie, les conservateurs ont recours à des techniques plus invasives. Classiquement, ils prélèvent un échantillon de peinture sur le bord d'une craquelure ou d'un secteur endommagé, le coulent à froid dans un polymère, polissent le bord et identifient le pigment grâce à un

La mesure des impuretés présentes dans chaque pigment permettra une datation relativement précise.

Les agents de texture peuvent être identifiés par spectrométrie de masse.

◄ L'EXAMEN AUX INFRAROUGES
L'analyse multispectrale des tableaux révèlera des détails invisibles à la lumière ordinaire. Ce scanner infrarouge rendra partiellement transparentes certaines couches, rendant apparentes les couches inférieures, voire le crayonné. L'illumination aux ultraviolets (à gauche) peut faire ressortir les retouches, les reprises, les vernis et les colles.

microscope à diffraction de rayons X (à gauche), à un spectromètre (p. 83) ou à une analyse chimique.

Depuis les débuts de la peinture à l'huile au XVe siècle, les artistes ont recherché des pigments plus lumineux, plus durables et moins chers. L'introduction de nouveaux pigments est donc généralement bien documentée et la palette de l'artiste donne une limite à l'âge de la peinture. Par exemple, le bleu de Prusse n'ayant été introduit qu'en 1704, une toile présentant cette couleur ne peut pas être âgée de plus de trois siècles.

La toile en elle-même n'est pas d'une grande aide à la détermination de l'âge du tableau, quoique la qualité du tissage puisse donner quelques indications. Les faussaires voulant imiter les anciens maîtres sauront recourir à de vieilles toiles d'époque. Par contraste, la peinture sur panneau de bois peut être datée par dendrochronologie, une mesure des anneaux du bois pouvant indiquer précisément l'âge auquel le bois a été coupé, et le climat régnant lors de la vie de l'arbre, permettant de le situer chronologiquement.

Les métaux et céramiques

Le nombre de faux dans d'autres formes d'art dépend de leur cote, ainsi que du travail, des compétences et du matériel nécessaires à leur réalisation. Les céramiques sont difficiles à copier, car leur crédibilité implique de retrouver une argile provenant de la même source que l'original, ce qui est souvent impossible. La plupart des statues de pierre sont authentiques, car les copier demanderait trop de travail. Les métaux moulés, par contre, sont moins complexes à contrefaire. Il n'est pas impossible que la moitié des bronzes crétois

◀ ET VAN GOGH ?
Près de 10% des peintures françaises pourraient être des faux, et la valeur atteinte par les toiles de Van Gogh en fait un modèle de choix pour les faussaires. Certains experts mettent même en doute l'authenticité des Tournesols, vendus pourtant en 1987 pour 40 millions de dollars.

Sous le microscope binoculaire, les coups de pinceau et les empreintes digitales du peintre ressortent en relief.

soient des faux. Ces petites figurines sont faciles à mouler et seules les plus belles ont assez de valeur pour justifier les mêmes tests onéreux que l'on fait passer aux peintures.

Pour repérer ces faux, les conservateurs se tournent vers les technologies de pointe. Ils datent les céramiques avec une précision de l'ordre de 85% grâce à la thermoluminescence, qui mesure la radiation naturelle absorbée par l'argile après sa cuisson. Hélas, ce test est destructeur, demandant la ponction d'une trentaine de grammes sur l'objet. La datation des objets métalliques est rendue possible par les technologies de fluorescence aux rayons X, qui ont l'avantage d'être non destructrices. Lors de ce test, l'objet émet un spectre de rayons X caractéristique de l'alliage dont il est composé. Il suffit alors de comparer ce spectre à celui d'un objet similaire de la même époque, dont l'authenticité est avérée.

FAUX BOL À THÉ JIAN
Des différences de style permettent d'identifier comme copie moderne ce bol âgé soi-disant d'un millénaire. Un examen attentif de la base montre une jointure peu soignée, aux marques prononcées. L'émail est également trop brillant.

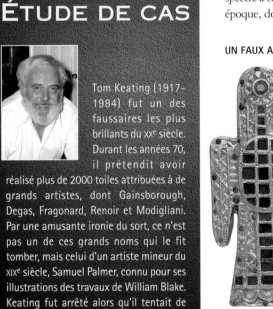

ÉTUDE DE CAS

Tom Keating (1917-1984) fut un des faussaires les plus brillants du XXe siècle. Durant les années 70, il prétendit avoir réalisé plus de 2000 toiles attribuées à de grands artistes, dont Gainsborough, Degas, Fragonard, Renoir et Modigliani. Par une amusante ironie du sort, ce n'est pas un de ces grands noms qui le fit tomber, mais celui d'un artiste mineur du XIXe siècle, Samuel Palmer, connu pour ses illustrations des travaux de William Blake. Keating fut arrêté alors qu'il tentait de vendre 13 aquarelles signées Palmer.

UN FAUX AIGLE D'OR...   ... ET UN VRAI !

TOUT CE QUI BRILLE...
Des faux grossiers sont parfois suffisants pour escroquer des collectionneurs peu avertis ou naïfs. La fibule de gauche est une copie du XIXe siècle en bronze doré, qu'on fit à l'époque passer pour un trésor wisigothique.

Les carnets d'Hitler

La découverte du journal intime d'Adolf Hitler excita tous les historiens. À quoi pensait-il quand il approuva le plan qui envoya six millions de Juifs à la chambre à gaz ? Comment réagit-il quand la défaite devint inéluctable ? Les carnets pouvaient apporter un éclairage unique sur la pensée du dictateur le plus effroyable que le monde ait connu.

En avril 1945, la Seconde Guerre mondiale touchait à sa fin. Malade et démoralisé, le chancelier allemand Adolf Hitler se réfugia dans un bunker de Berlin. Non loin de là, sur l'aérodrome de Schoenwalde, le major Friedrich Gundlfinger supervisait le chargement de lourds coffres de métal dans son Junkers 352. Juste avant l'aube, Gundlfinger lança les moteurs et décolla.

Sa mission relevait de l'opération Seraglio, une tentative désespérée d'évacuer le centre de commande allemand avant l'entrée dans Berlin des troupes soviétiques. Mais le vol de Gundlfinger ne se déroula pas selon le plan prévu. On ignore ce qui arriva dans les nuages au-dessus de Dresde, mais à six heures, l'avion s'écrasa dans la forêt de Heindenholz et prit feu. Hitler blêmit en apprenant la nouvelle. « Mes archives privées étaient dans cet avion, c'est une catastrophe », coassa-t-il.

Les carnets retrouvés

Après la guerre, peu de personnes doutaient de la destruction de ces archives dans l'accident. C'est pourquoi, quand un journaliste du magazine allemand *Stern* apprit en 1979 qu'un des carnets du journal intime du Führer avait été retrouvé, il réalisa qu'il tenait l'histoire la plus sensationnelle de sa carrière.

Gerd Heidemann souffrait d'une obsession morbide pour les nazis, et c'est un ami collectionneur qui lui montra le premier volume des carnets contenant le journal intime du dictateur. Écrit en scripte gothique, apparemment de la main même d'Hitler, il semblait authentique. Une petite enquête conduisit Heidemann à la source, un certain Konrad Kujau, qui prétendait l'avoir acheté à un général est-allemand qui passait les carnets à la frontière séparant à l'époque les deux Allemagnes.

Achetez !

Le patron de Heidemann était aussi excité que son reporter et l'autorisa à acheter les 62 carnets pour la somme de 9 millions de marks, équivalant à l'époque à 3,7 millions d'euros. Dans des conditions de secret absolu, la rédaction du *Stern* établit l'authenticité

LA PRISON
Le faussaire Konrad Kujau (ci-dessus) et le journaliste du Stern Gerd Heidemann (à gauche) furent condamnés tous deux à quatre ans et demi de prison pour leur participation à cette escroquerie. Ils remboursèrent une partie de l'argent au Stern, mais cinq millions de marks ne furent jamais récupérés.

L'ASCENSION D'HITLER ▶
Adolf Hitler, photographié lors d'un rassemblement nazi en 1934, peu de temps après son accession au pouvoir.

◀ DE LA MAIN D'HITLER
Le carnet de rendez-vous d'Hitler pour 1925 montre son écriture authentique. Son secrétaire particulier témoigna que Hitler n'avait jamais tenu de journal intime.

des carnets, sans consulter d'experts, et se prépara à leur publication.

La publication et la controverse

La publication fut à la fois sensationnelle et décevante. La plupart des entrées des carnets étaient tout à fait banales, et n'apportaient pas grand-chose à la connaissance de cette période. Mais elles donnaient une image originale du personnage, le montrant sympathique et compatissant.

Les experts et les historiens étaient divisés. Certains dénoncèrent d'emblée les carnets comme étant des faux évidents. D'autres en prirent la défense. Pour mettre fin aux spéculations, le *Stern* envoya quelques volumes à l'institut fédéral d'investigations scientifiques de Berlin.

Les conclusions de l'institut furent dévastatrices (voir encadré) et le rédacteur en chef du *Stern*, Peter Koch, eut des difficultés à défendre la réputation de son magazine. Toujours convaincu de l'authenticité des carnets, il les montra à l'expert graphologue américain Kenneth Rendell. Au bout d'une journée d'étude, il annonça : « Ça ne me semble pas bon. » Son argument principal portait sur les lettres capitales E, H et K, très différentes sur les échantillons connus et authentifiés de l'écriture du dictateur. Les preuves de la contrefaçon tombèrent de toutes parts et, deux semaines à peine après la publication, Koch dut admettre que le *Stern* avait été escroqué.

Le faussaire n'était autre que Konrad Kujau lui-même. Il vivait depuis des années de contrefaçons qu'il fabriquait d'objets du nazisme, et avait visé trop haut avec les carnets. Il n'en avait fait qu'un au départ, mais s'était trouvé piégé quand le *Stern* avait été impliqué. Gerd Heidemann, le reporter qui avait lancé l'affaire, avait rapidement compris que les carnets étaient faux, mais avait poursuivi l'affaire par intérêt personnel : en tant qu'intermédiaire, il prenait une commission sur les paiements, et la réhabilitation d'Adolf Hitler que contenaient ses carnets lui

permettait de rendre plus respectable son obsession pour les nazis.

La rédaction du *Stern* n'était pas non plus totalement innocente. Dès lors que les responsables du magazine avaient accepté d'acheter les carnets, ils devinrent réticents à l'idée d'admettre qu'il puisse s'agir de faux et ne firent pas beaucoup d'efforts pour prouver leur authenticité avant publication.

Les carnets d'Hitler n'étaient pas une bonne contrefaçon, mais l'énormité de l'affaire, en argent dépensé comme en couverture médiatique, leur assure une place de choix dans l'histoire des faux documents. L'affaire illustre aussi le principe selon lequel l'avidité et l'enthousiasme rendent les victimes d'escroqueries d'autant plus crédules.

LES SIGNES QUI ACCUSENT

- Les carnets présentaient des similitudes frappantes avec un ouvrage de 1963, les *Discours et les Proclamations de Hitler*.

- Les entrées des carnets correspondaient toutes à des dates données dans le livre. Pire encore, elles en reprenaient diverses erreurs.

- Les étiquettes censément tapées en 1943 présentaient les mêmes défauts que celles de neuf ans plus tôt, alors que l'usure de la machine à écrire aurait dû les accentuer.

- L'encollage contenait des traces de polyester, qui ne fut pas fabriqué avant 1953.

- Le papier contenait un agent blanchissant, le blankophor, inventé en 1954.

SENSATIONNEL ! ▶
Konrad Kujau, présentant le numéro du Stern dans lequel furent publiés des extraits des carnets.

LE FAUX JOURNAL ▶
La première page du journal à être rendue publique par le Stern portait ces mots : « Dorénavant, je prendrai note de mes pensées politiques afin d'en garder trace pour la postérité, comme le font tous les hommes politiques. »

Criminalité informatique

Sous sa forme binaire d'enfilades de 1 et de 0, l'information numérique semble facilement dissimulable. Pourtant, chaque fois qu'elles sont enregistrées, lues, écrites, transmises ou imprimées, les données se multiplient. Résoudre un crime informatique se résume parfois à une simple recherche des copies cachées d'informations numériques incriminantes.

La police informatique, jadis très spécialisée, a étendu son champ d'action avec la démocratisation des ordinateurs et notre dépendance grandissante vis-à-vis du monde numérique. Les experts ne se contentent plus de traiter des délits purement informatiques, comme la pénétration de systèmes protégés, le piratage de logiciels et les virus, mais s'occupent aussi de criminalité conventionnelle ayant adapté l'informatique à ses fins, comme la fraude, les détournements financiers, le crime organisé et la pédophilie.

Les microprocesseurs ne se contentent pas d'être le cœur de nos ordinateurs de bureaux, serveurs, portables ou de poche, ils sont présents aussi dans nos téléphones mobiles, nos fax, nos caméscopes et nos appareils photo, tous susceptibles de nos jours d'être connectés entre eux, ainsi que dans nos cafetières ou machines à laver (dont l'interconnexion n'est pas à l'ordre du jour, mais sait-on jamais!). Tous ces engins enregistrent des données, dont certaines sont des sources potentielles d'indices.

Les mystères du disque dur

La majorité de la criminalité informatique concerne les PC conventionnels. Le manque de fiabilité et de sécurité matérielle comme logicielle du PC moyen est pain béni pour les enquêteurs. Par exemple, l'effacement d'un fichier ne l'élimine pas du disque dur. Il ne fait que le rendre invisible à l'utilisateur, et susceptible d'être « écrasé » par d'autres fichiers.

Les données ne meurent jamais

Les délinquants informatiques connaissent toutes ces failles, et utilisent le cryptage et des programmes d'effacement sécurisé pour cacher leurs données compromettantes.

Tous les systèmes d'exploitation emploient des routines de mémoire virtuelle pour accélérer l'exécution des programmes. Stocker les données dans la RAM (les puces de mémoire dite vive) améliore le temps de réponse des programmes.

Mais la RAM est limitée en quantité. C'est pourquoi le système peut choisir de libérer de la mémoire en transférant certaines données rarement utilisées sur le disque dur, qui est considérablement moins rapide mais a une capacité de stockage bien plus importante. Cette procédure crée un fichier « tampon » contenant au moins autant de données que la RAM de l'ordinateur.

Quand un document a été effacé, même de façon sécurisée, une partie de son contenu peut subsister dans le fichier tampon. Mais il n'y restera pas indéfiniment. Chaque fois qu'un ordinateur est allumé, il remplace une partie des anciennes données du tampon.

Ce qui pose à l'enquêteur un problème digne de Schrödinger : les pièces à conviction existent peut-être sur l'ordinateur du suspect, mais l'allumer peut suffire à les effacer.

Heureusement, il existe des solutions techniques permettant, avec un équipement spécialisé, de complètement dupliquer le contenu d'un disque dur sans allumer

LES TYPES DE DÉLITS INFORMATIQUES

1	*La piraterie de logiciels est la copie illégale de logiciels, suivie éventuellement de leur vente.*
2	*Le hacking est la pénétration illégale et le sabotage de systèmes informatiques, qu'elle soit intentionnelle ou non.*
3	*Les détournements financiers, par des fraudes au numéro de cartes bancaires ou des virements illégaux.*
4	*La contrefaçon assistée par ordinateur, permettant de créer de faux documents, comme des chèques, avec un scanner et une imprimante laser.*
5	*L'utilisation d'ordinateurs dans des crimes non liés à l'informatique en eux-mêmes.*

SOUS SCELLÉS ▲
Quand les enquêteurs saisissent un ordinateur, ils le traitent comme tout autre indice physique : un stockage et un enregistrement minutieux évitent bien des objections de la part de la défense en cas de procès.

LE GRAND DÉBALLAGE ▲
Les enquêteurs démontent et étudient le matériel saisi. Ils identifient et photographient chaque composant avant d'examiner les données.

LES DONNÉES NUMÉRIQUES ▶
Pour récupérer les données et analyser les indices, les enquêteurs ont parfois à identifier et reconstituer le système d'exploitation et les logiciels.

DISQUES TRÈS DURS ▶
Les disques durs peuvent être très résistants. Même sur un ordinateur jeté par la fenêtre du premier étage, un laboratoire convenablement équipé pourra récupérer au moins une partie des données.

l'ordinateur qui le contient. Les enquêteurs peuvent alors tranquillement examiner le contenu de la copie sans risquer de détruire l'original. Cette approche a aussi un autre avantage : travailler sur la copie évite l'accusation de manipulation des preuves. Elle permet aussi l'intervention d'experts extérieurs, parfois enquêtant à décharge pour le compte du suspect et vérifiant toutes les actions des enquêteurs lors de leur recherche de données.

La fraude sur Internet

Surveiller la cybercriminalité pose un problème complètement différent. Qui plus est, les institutions financières préfèrent souvent s'asseoir sur les pertes plutôt que de révéler qu'elles en ont été victimes. Et même quand elles le font, la traque aux criminels n'est pas évidente, comme l'illustre une des rares affaires de grande envergure à avoir été rendue publique. En 1994, des pirates forcèrent l'accès au réseau théoriquement sécurisé d'une des plus grandes banques mondiales, la Citybank, et volèrent près de dix millions de dollars. Les voleurs s'étaient connectés au réseau de paiement de la banque, mais retrouver la source de l'appel avait été compliqué par la rapidité de la transaction. Finalement, les enquêteurs identifièrent le cerveau de l'opération, le Russe Vladimir Lévine, grâce aux registres des compagnies téléphoniques et en remontant la trace des comptes vers lesquels l'argent avait été transféré électroniquement. Quand un des pirates tenta de convertir en espèces un chèque de plusieurs millions de dollars, il fut arrêté, et accepta d'aider la police en échange d'une remise de peine.

Suivre l'argent

Cette combinaison de traque cybernétique et d'analyse des transactions financières a aussi donné de bons résultats dans la chasse aux pédophiles sur Internet. Au printemps 2002, la police britannique a employé un logiciel spécial pour surveiller les forums de discussion Internet employés par les membres d'un cercle pédophile, puis les suspects furent identifiés grâce à leurs numéros de cartes de crédit, qu'ils avaient employées pour payer l'accès à des sites à caractère pédophile.

Le cryptage

Les criminels peuvent utiliser le cryptage pour couvrir leurs traces numériques mais, jusqu'à récemment, les systèmes de protection par mot de passe n'offraient que peu de sécurité. Le cryptage de haut niveau, devenu depuis plus largement disponible, pose un autre problème : qu'elles soient envoyées sur le net ou stockées sur un disque dur, les données cryptées sont identifiables à la volée, leur emploi générant automatiquement une certaine suspicion, étant en lui-même quasiment un aveu de culpabilité.

ÉTUDE DE CAS

Début mai 2000, les millions d'utilisateurs d'ordinateurs qui ouvrirent le courriel intitulé « I love you » eurent une désagréable surprise. Le virus se renvoya lui-même à toutes les adresses enregistrées dans leur messagerie. En se multipliant de façon si exponentielle, cette « maladie d'amour » finit par paralyser une partie d'Internet. En étudiant son code, on y découvrit le mot « Barok », apparu quelques mois plus tôt dans un virus moins dangereux, avec l'indication que son auteur étudiait à l'AMACC, une école d'informatique des Philippines. L'école confirma qu'un de ses étudiants, Onel de Guzman, avait soumis un programme similaire lors d'un examen, avant de partir. La police de Manille perquisitionna chez lui et découvrit des disques l'inculpant. Mais les Philippines n'ayant pas à l'époque de législation concernant la délinquance informatique (elle fut votée le mois suivant), il fut impossible de le poursuivre. L'auteur du virus informatique le plus destructeur à ce jour resta donc impuni.

◀ ONEL DE GUZMAN
Cet étudiant en informatique de 24 ans nia être l'auteur du virus, mais précisa qu'il pouvait avoir été répandu accidentellement.

Les crimes écologiques

Les nouvelles méthodes d'investigation scientifique rendent plus facile que jamais l'identification des criminels faisant la contrebande d'espèces protégées ou polluant l'environnement au point de le détruire. Mais la nature internationale de ces crimes, les intérêts financiers impliqués et le manque de volonté politique empêchent la plupart des procédures d'aboutir.

FÛTS TOXIQUES ▲
L'attitude courante « On jette et on oublie » oblige à identifier certaines substances très toxiques à même les fûts rouillés dans d'énormes décharges.

Les traités internationaux et les lois nationales aident à protéger l'environnement et les espèces menacées, mais les pressions visant à les invalider sont très fortes. D'énormes sommes d'argent sont en jeu, et la pauvreté, la complaisance et les différences culturelles rendent très délicate l'application de la loi. Dans les pays développés comme en voie de développement, l'avidité et la corruption font trop souvent passer l'environnement au second plan. Les gouvernements doivent affronter des dilemmes, quand la fermeture d'une usine polluante implique une hausse du chômage. Si résoudre les problèmes à ce niveau est complexe, au moins la détection des crimes contre l'environnement est-elle plus simple.

Le contrôle de la pollution

Les techniques analytiques savent déceler les polluants dans l'air, l'eau et le sol, même à faibles concentrations : les analystes peuvent repérer la pollution d'une rivière diluée au milliardième, l'équivalent d'une cuillerée dans une piscine olympique. Le contrôle et la détection de la pollution se font généralement à distance et de façon automatisée. Dans l'eau, des mesures simples permettent de mesurer la perte en oxygène, ainsi que les niveaux de nutriments, de particules organiques et inorganiques et des autres polluants.

Malheureusement, la détection de la pollution n'est que la moitié du défi. L'arrêter implique de repérer la source, ce qui est plus complexe. Un échantillonnage méthodique peut permettre aux éco-détectives de retrouver la source des pollutions industrielles. D'autres polluants sont plus problématiques, prouver une responsabilité individuelle dans les cas de pollutions agricoles peut s'avérer bien plus délicat.

L'ADN à la rescousse

L'analyse ADN est de plus en plus utilisée dans la lutte contre les trafics d'espèces protégées. Beaucoup d'espèces d'animaux en

AU BOUT DU TUYAU ▼
Pour analyser les rejets suspects, on utilise par exemple la chromatographie gazeuse, qui détecte de minuscules concentrations de pesticides.

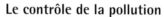

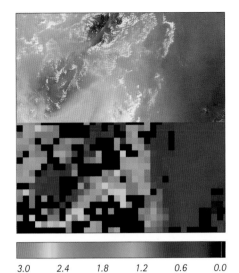

3.0   2.4   1.8   1.2   0.6   0.0

SUMATRA DANS LA BRUME ▲
Le satellite Terra, de la NASA, mesure la densité de particules de fumée dans l'atmosphère. Des valeurs élevées peuvent indiquer des feux de forêts allumés en vue du défrichage agricole.

voie d'extinction le sont à cause de leurs vertus supposées dans les pharmacopées extrême-orientales ou de demandes des collectionneurs. L'identification d'animaux vivants pose peu de problèmes, mais celle de tissus surgelés ou séchés peut s'avérer plus délicate. La morphologie (étude des formes) peut identifier l'espèce à partir de la structure des os, du bec, de la fourrure ou des plumes. La sérologie peut aussi donner des réponses, par des tests de précipitation analogues à ceux identifiant le sang humain (p. 59). Mais avec la chute du prix de l'analyse ADN, cette méthode se voit de plus en plus utilisée.

Par exemple, des scientifiques hawaiiens emportèrent un laboratoire portable d'analyse ADN et prirent un certain nombre d'échantillons dans des restaurants servant de la viande de baleine. Les résultats furent édifiants : les dîneurs mangeaient des espèces protégées, de la baleine à bosse du Pacifique Nord au rorqual de l'Atlantique Nord. Ces méthodes permirent aussi de repérer du caviar provenant d'esturgeons pêchés illégalement.

Qui s'en charge

Quoique la plupart des gouvernements aiment à se prétendre concernés par l'environnement, les budgets adéquats de prévention et de détection de la criminalité écologique sont rares. La plupart des pays ont intégré la recherche spécialisée sur l'environnement à leurs laboratoires de police scientifique, mais seuls les États-Unis disposent d'une unité spéciale, le National Fish and Wildlife Forensics Laboratory d'Ashland dans l'Oregon.

Le manque de ressources publiques a conduit les ONG à s'en occcuper. Le Brésil a bien une agence gouvernementale censée combattre l'abattage sauvage de bois, mais chaque inspecteur doit couvrir un territoire boisé de la taille de la Suisse. Les scieries et les compagnies d'abattage emploient la menace et la corruption pour les empêcher de mener à bien leur mission, ce qui conduisit Greenpeace à passer un accord avec les inspecteurs. L'organisation affréta un bateau pouvant lancer des avions et patrouilla sur le bassin amazonien, dans les zones interdites d'abattage. Les troncs coupés furent marqués à la peinture brillant sous les UV et on cacha des mouchards électroniques dans les convois fluviaux. On put ainsi suivre certains arbres jusqu'en France et en Angleterre, ce qui permit l'inculpation et la condamnation de plusieurs compagnies.

◄ CONTREBANDE À PLUMES
L'inspection des bagages aux rayons X révèle le trafic d'oiseaux dans des tubes. Le trafic d'animaux protégés représente entre 10 et 20 millions de dollars par an. Seuls les trafics d'armes et de drogue sont plus rentables.

LE NEZ DU RHINO ▶
La spectroscopie infrarouge peut détecter des teneurs de corne de rhinocéros inférieures à 1% dans des remèdes traditionnels contre l'impuissance. Une technologie trop coûteuse pour les pays qui en auraient le plus besoin.

L'ANALYSE AU LABO

Les poursuites engagées avec succès contre les contrebandiers et braconniers d'espèces menacées dépendent de l'identification positive de leurs victimes. Les spécialistes des reptiles, oiseaux et mammifères emploient généralement la morphologie pour identifier l'espèce à laquelle appartient le spécimen, mais ce n'est souvent faisable qu'avec des spécimens entiers et bien conservés. L'utilisation du profilage ADN sur les formes de vie saisies n'est possible que si le laboratoire a accès à un échantillon de contrôle authentifié de l'espèce en question.

Trafic de fourrures

Dans un appartement de Hong Kong, des femmes riches se réunissent pour acheter des châles à 10 000 dollars pièce. Ça pourrait passer pour une de ces réunions de vente directe, sauf que chacun des châles a nécessité l'abattage par les braconniers de quatre représentants d'une des espèces de mammifères les plus menacées.

Le plateau tibétain est un endroit peu hospitalier. Situé à près de 8 000 mètres au-dessus du niveau de la mer, il est terriblement sec et battu par les vents. Et froid, la température ne dépassant zéro qu'à peu près deux mois dans l'année. Pour survivre dans ces conditions, les animaux y habitant ont développé leurs propres défenses contre les rigueurs du climat. Dans le cas du chiru, une antilope des montagnes, cette protection prend la forme d'une fourrure parmi les plus souples et les plus douces du monde. Mais

cette protection qui lui a permis de survivre en ces lieux pourrait bien signifier sa perte, car sa laine est recherchée par les humains.

Victimes de la mode

L'élevage du chiru est hors de question, l'animal étant farouche et craignant par-dessus tout l'odeur des hommes. Le seul moyen d'obtenir la laine est la chasse, suivie d'écorchage. Par le passé, cela n'avait que peu d'incidence sur la population des chirus, car les chasseurs étaient peu nombreux et mal équipés. De nos jours, par contre, les braconniers sont équipés de 4x4 et de fusils à lunettes à très longue portée. Le résultat fut une chute du nombre de chirus, de 1 million il y a un siècle à 75 000 de nos jours ; et si rien n'est fait pour enrayer le processus, l'espèce disparaîtra sous peu.

La traque aux braconniers est une mission quasi impossible. L'habitat de l'animal est vaste comme la France, dont seuls

MARCHANDE DE SHAHTOOSH ▲

Dans une affaire exemplaire pour les autorités de Hong Kong, la trafiquante de shahtoosh Bharati Assomull fut condamnée à une amende de 40 000 dollars et à un an de prison, dont trois mois fermes.

7% sont intégrés à la réserve naturelle chinoise d'Arjin Shan, qui de toute façon n'offre qu'une protection dérisoire, les gardiens ne disposant que de quatre véhicules.

Le prix fort

C'est la demande qui détermine l'offre par les braconniers. Les gens de goût portent et collectionnent les écharpes sans se soucier de l'avenir de la ressource. Quoique la demande de shahtoosh (le nom de cette laine si particulière) soit internationale, le trafic est particulièrement flagrant à Hong Kong. Les revendeurs, appelés taï-taï, sont prêts à payer de 3 à 5000 dollars pièce, et même 15 000 pour les plus grosses pièces.

Mettre fin au trafic devrait être simple. Ces animaux sont cités dans l'appendice I de la Convention sur le Commerce International des Espèces Animales et Végétales Protégées, qui assure l'adoption par tous les pays signataires de législations interdisant le commerce de ces espèces sur le territoire.

Les autorités de Hong Kong ont à plusieurs reprises tenté de démanteler le trafic, mais une faille légale permettait

◀ **CARNAGE AU TIBET**

Les braconniers écorchent le chiru sur place et laissent sa carcasse sans valeur. Chaque peau porte une centaine de grammes de laine, et il en faut entre 3 et 500 pour produire une écharpe.

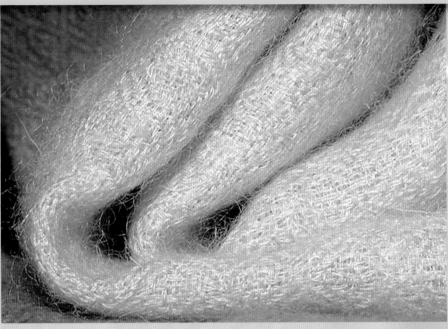

LA REINE DES LAINES, LA LAINE DES ROIS ▶
Shahtoosh est un mot persan signifiant « naturellement digne d'un roi ». Le tissu, qui ressemble au pashmina, est très doux, léger et chaud.

jusqu'à récemment aux revendeurs et aux acheteurs d'échapper aux poursuites. En 1995, par exemple, 100 écharpes furent saisies chez un taï-taï, dont l'avocat plaida qu'il était impossible de prouver que la laine provenait d'une espèce protégée. Les écharpes durent être restituées.

Sortir de l'impasse

Pourtant, l'année suivante, l'opinion changea. Des informateurs au sein de la haute société de Hong Kong commencèrent à fournir des données sur le commerce clandestin du shahtoosh à l'ONG TRAFFIC, qui les retransmit aux autorités locales. Restait le problème de l'identification, qui fut finalement résolu, mais pas à Hong Kong. Le National Fish and Wildlife Forensics Laboratory, aux États-Unis, offrit son aide, et un chimiste travaillant pour les laboratoires gouvernementaux hongkongais aida la spécialiste médico-légale Bonnie Yates à développer un test révélant la fourrure de chiru.

Sur la piste des marchands

Les scientifiques envisagèrent l'analyse ADN pour identifier la source de la laine, mais ne

LA FUITE DE L'ANTILOPE ▲
Le chiru peut échapper aux chiens et aux loups, mais pas aux chasseurs motorisés. Les braconniers ne sont pourtant pas la seule menace : la tempête de neige de 1985 décima les troupeaux.

purent la mettre en œuvre, non pour des raisons de coût, mais parce qu'elle nécessitait la présence des racines des poils, rarement conservées au tissage, le poil lui-même ne contenant pas d'information génétique. Par contre, ils déterminèrent des points de contrôle morphologiques liés à l'aspect et à la forme du poil.

La laine souple et moelleuse du chiru ressemble énormément au poil de pashmina, mais en plus fin. Mais la fourrure du chiru contient aussi des poils plus rudes qui, s'ils sont considérés comme indésirables par l'acheteur, ne peuvent être totalement éliminés. Ce sont ces poils qui donnèrent aux scientifiques la clé dont ils avaient besoin. Comme l'indiqua Bonnie Yates : « Les poils de garde contiennent une microstructure spécifique qui différencie le poil de l'antilope tibétaine de ceux d'autres ongulés parents. » Mieux encore, l'identification de ces poils est simple et peu coûteuse, les différences sautant aux yeux même au microscope optique. Forte de cette procédure recevable devant les tribunaux, la police multiplia les descentes. Le 18 décembre 1997, elle saisit 130 châles à l'occasion d'une exposition privée à l'hôtel Furama et arrêtèrent Bharati Assomull, qui fut condamnée en février 1999 pour possession de matériel provenant d'espèces hautement protégées.

Quoique d'autres procédures aient été lancées par la suite, le trafic continue à Hong Kong et ailleurs, en Europe de l'Ouest, en Amérique du Nord et au Japon. Et si la police continue à saisir des cargaisons, le trafic continuera jusqu'à ce que, dans l'œil du public, le port du shahtoosh soit aussi inacceptable que celui de la fourrure de tigre et de panda.

LE TEST DE L'ANNEAU ▼
Un vendeur démontre la finesse du shahtoosh à ses clients en faisant passer un châle de 1 m sur 2 au travers d'une alliance.

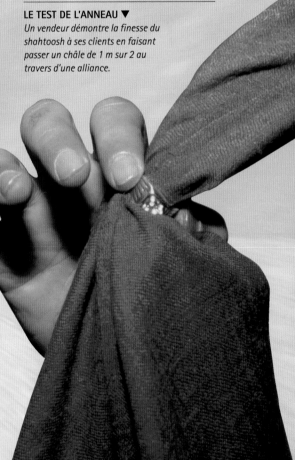

Les avancées des sciences médico-légales

IDENTIFICATION

1660
Le biologiste italien Marcello Malpighi (1628-1694) décrit l'organisation des crêtes du bout des doigts.

1776
Paul Revere identifie le cadavre du général Warren grâce à ses prothèses dentaires, que Revere avait réalisées à partir d'une défense de morse.

1823
Le physiologiste tchèque Johan Evangelista Purkinje publie une description des types d'empreintes digitales, identifiant des dessins tourbillons, elliptiques et triangulaires.

1843
La police bruxelloise prend les premières photographies de visages de criminels.

1850
Aux États-Unis, la condamnation du meurtrier John Webster est la première à être obtenue sur la base de preuves médicales. Des chirurgiens et des anatomistes expliquèrent au jury comment ils avaient déterminé l'âge, le sexe et le moment du décès de la victime.

1858
Au Bengale, le chef administratif du district de Hoogly, William James Herschel, note la régularité et l'unicité des dessins des empreintes digitales et demande dès lors aux pensionnés de l'armée de signer de leur empreinte pour recevoir leur argent. C'est la première utilisation moderne des empreintes digitales en vue d'une identification.

TRACES, CHIMIE, DOCUMENTS

1609
Le Français François Demelle publie sa première étude sur l'analyse graphologique.

1670
Anton Van Leeuwenhoek invente le premier microscope de précision, qu'il utilisera en 1674 pour observer et décrire les globules rouges.

1804
Le physicien allemand Johann Wilhelm Ritter découvre les radiations ultraviolettes, qui seront utilisées plus tard pour révéler des traces invisibles à la lumière ordinaire.

1814
En Espagne, Matthieu Orfila publie le premier écrit scientifique sur la détection des poisons : Traité des poisons tirés des règnes minéral, végétal et animal, ou toxicologie générale. Il est le père de la toxicologie.

1830
En Italie, Giovanni Battista Amici invente le microscope à lumière polarisée, largement utilisé avant la fin du siècle pour l'étude des échantillons géologiques.

1836
Le Britannique James Marsh crée un test pour l'arsenic, assez sensible pour détecter des quantités de l'ordre du 1/50 000ᵉ de gramme. Les précédents tests n'étaient pas assez sensibles pour être recevables devant un tribunal.

PATHOLOGIE ET DIVERS

44 av. JC
Le chirurgien romain Antisius examine le cadavre de Jules César après son assassinat. Il conclut que, sur les 23 coups de couteau reçus, un seul, porté à la poitrine, fut fatal.

1247
En Chine, l'enquêteur judiciaire et avocat Sung Tzuh écrit le Hsi Duan Yu ou « lavage des torts ». Ce livre est le premier ouvrage médico-légal, incluant des procédures pour distinguer suicide, homicide et mort naturelle et une étude de la dangerosité des blessures suivant la partie du corps atteinte.

1284
L'écrivain chinois His Yuan Lu décrit la manière dont la cause de la mort altère l'apparence du corps.

1642
En Allemagne, l'Université de Leipzig crée un cours de médecine judiciaire.

1809
À Paris, le voleur François Vidocq échappe à une nouvelle peine de prison en acceptant de partager avec la police ses connaissances des milieux criminels. C'est avec son aide que l'Empire créa la Sûreté.

1878
Scotland Yard met en place la première brigade d'inspecteurs en civil, le Criminal Investigation Department.

ARMES À FEU ET SÉROLOGIE

1794
L'utilisation judiciaire de la balistique commence avec la condamnation dans le Lancashire (en Angleterre) du meurtrier John Toms. Un fragment de papier trouvé dans la blessure de la victime correspond à la partie arrachée d'un poème trouvé dans la poche de l'homme accusé du meurtre.

1835
En Angleterre, Henry Goddard étudie les traces présentes sur des balles et démontre que les petites imperfections sur les projectiles peuvent provenir d'imperfections dans leur moule.

1889
Alexandre Lacassagne, à l'Université de Lyon, démontre qu'une balle peut être associée à l'arme qui l'a tirée en comparant les stries de la balle avec la rainure en spirale du canon.

1891
Le médecin prussien Paul Ehrlich démontre qu'injecter une substance toxique à un animal provoque la production d'anticorps qui lui confèrent l'immunité à la toxine. Cette découverte jette les bases de l'immunologie, qui conduira à la création de tests toxicologiques précis.

1898
Le chimiste allemand Paul Jeserich est le premier à tirer une balle avec l'arme d'un suspect en vue de la comparer avec un projectile retrouvé sur les lieux du crime. La ressemblance entre les deux conduira à la condamnation du tueur.

1859
Les États-Unis deviennent le premier pays où des photos sont considérées comme des preuves recevables au tribunal.

1879
Travaillant à Tokyo, le médecin écossais Henry Faulds utilise les empreintes digitales pour arrêter un voleur. L'année suivante, il remarque sur un fragment de céramique ancienne l'empreinte d'un doigt du potier, et écrit au journal Nature, suggérant que les empreintes digitales peuvent être utilisées pour identifier les gens. William James Herschel écrit à son tour, précisant qu'il avait eu l'idée avant, en 1858.

1882
Alphonse Bertillon, employé à la Sûreté parisienne, propose l'anthropométrie, (système de mesures corporelles), comme moyen d'identifier les criminels. Il identifie un suspect l'année suivante.

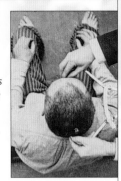

1892
Dans son ouvrage Fingerprints, le scientifique anglais Francis Galton propose une classification scientifique des empreintes, basée sur les arcs, tourbillons et boucles. Il démontre aussi que le dessin des empreintes n'est pas héréditaire et que les empreintes des vrais jumeaux sont différentes.

1892
En Argentine, les empreintes digitales sont utilisées pour la première fois pour faire condamner un meurtrier. C'est une victoire pour Juan Vucetich, policier de Buenos Aires, qui œuvrait à l'adoption des empreintes digitales dans les procédures judiciaires. L'Argentine devient le premier pays à adopter les empreintes digitales de préférence à l'anthropométrie.

1859
En Allemagne, le physicien Gustav Kirchhoff et le chimiste Robert Bunsen démontrent que la couleur de la flamme peut être utilisée pour identifier une substance en train de brûler et construisent le premier spectroscope.

1861
Le pathologiste et homme d'État allemand Rudolph Virchow, alors professeur d'anatomie pathologique à Berlin, est le premier à étudier la valeur des cheveux en tant qu'indices.

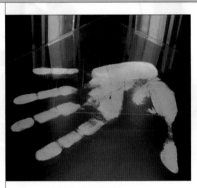

1877
Au King's College de Londres, Walter Noel Hartley construit le premier spectrographe à ultraviolets. Développé et automatisé, cet instrument deviendra le spectrophotomètre à ultraviolets, très utilisé par la police scientifique.

1904
En Allemagne, George Popp utilise du matériel botanique (humus et fragments de plantes) comme indice pour la première fois.

1910
Victor Balthazard, examinateur médical de la Ville de Paris, publie avec Marcelle Lambert Le poil de l'homme et des animaux, la première étude scientifique sur les phanères.

1893
Hans Gross, professeur de droit criminel à l'Université de Prague, publie System der Kriminalistik (Système de criminologie) qui deviendra une des bibles de la police scientifique, couvrant l'utilisation du microscope, de la sérologie, des empreintes digitales et de la balistique.

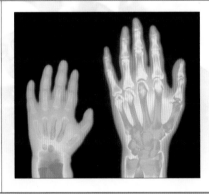

1895
Konrad Röntgen découvre les rayons X.

1908
Le ministre de la Justice américain Charles J. Bonaparte crée le Bureau of Investigation (qui deviendra le FBI), la première agence américaine d'investigations criminelles.

1910
En France, Edmond Locard crée le premier laboratoire médico-légal et commence à formuler sa théorie des « traces de contacts », qu'il ne mettra formellement au point qu'en 1920.

1901
Le pathologiste autrichien Karl Landsteiner met au point la classification ABO des groupes sanguins et démontre qu'il existe au moins trois grands types de sang humain, ce qui lui vaudra un prix Nobel en 1930.

1901
Paul Uhlenhuth, professeur assistant à Greifswald en Allemagne, crée les premiers tests permettant de distinguer le sang humain du sang animal par précipitation.

1913
Victor Balthazard, professeur de médecine légale à la Sorbonne, publie un article novateur sur la signification des traces sur les balles, montrant qu'elles rendent chaque projectile unique.

1915
Leone Lattes, lecteur et assistant de recherche à l'institut médico-légal de Turin, développe un procédé permettant de tester le groupe sanguin de taches de sang sur le tissu. Il utilise une solution saline pour liquéfier le sang séché.

1920
Le physicien John Fisher invente l'helixomètre, destiné à enregistrer l'aspect de l'intérieur du canon des armes à feu.

1920
Aux États-Unis, Charles E. Waite commence un catalogue international des armes à feu. Cinq ans plus tard, il dispose d'un outil permettant de déterminer quel modèle d'arme a tiré un coup de feu rien qu'en examinant les balles retrouvées.

Les avancées des sciences médico-légales

IDENTIFICATION

1902
Les empreintes digitales sont acceptées pour la première fois comme preuves par un tribunal anglais, qui condamna le cambrioleur Henry Jackson.

1909
Le physiologiste américain Thomas Hunt démontre que les chromosomes sont porteurs de l'information héréditaire, ce qui deviendra la base de la recherche sur l'ADN.

1920
Le paléontologue russe Mikhail Gerasimov met au point un système de calcul de l'épaisseur des chairs du visage, jetant les bases de la reconstitution faciale.

1930
Le FBI met en œuvre le fichier national des empreintes digitales.

1940
Hugh C. Macdonald, chef du bureau des enquêteurs en civil de la police de Los Angeles, met au point le système Identikit.

1941
Aux États-Unis, des chercheurs des laboratoires Bell développent le spectrogramme vocal comme moyen d'identifier la voix d'un suspect, une technique qui sera affinée par Lawrence Kersta.

1969
Le photographe Jacques Perry met au point le système d'identification PhotoFit, qui permet de recréer 15 milliards de portraits-robots.

1975
Le FBI introduit le système automatisé d'identification des empreintes digitales, permettant la comparaison informatisée des empreintes.

TRACES, CHIMIE ET DOCUMENTS

1910
Aux États-Unis, Albert S. Osborn, le graphologue le plus éminent du pays, publie Questioned Documents, qui reste l'ouvrage de référence dans ce domaine.

1924
Aux États-Unis, les assassins de l'étudiant Bobby Franks sont condamnés sur la base de l'expertise de la machine à écrire de l'un d'entre eux, dont on prouva qu'elle avait été utilisée pour taper la demande de rançon.

1922–1928
Arthur C. Hardy construit les premiers spectrophotomètres du MIT, qui analysent automatiquement le spectre d'un échantillon, libérant l'opérateur d'observations fastidieuses. Il signa un contrat avec GEC pour les produire industriellement.

1925
Les Américains Philip Gravelle et Calvin Goddard inventent le microscope comparatif, qui sera utilisé l'année suivante pour comparer les balles et faire condamner les anarchistes Nicola Sacco et Bartolomeo Vanzetti.

1931
À l'Université technique de Berlin, Max Knoll et Ernst Ruska commencent à construire le premier microscope électronique. Ruska aidera Siemens à en lancer la production industrielle.

1938
Le physicien néerlandais Frits Zernike construit le premier microscope à contraste de phase qui permet d'observer les cellules sans avoir à les colorer et à les tuer. Il recevra le prix Nobel en 1953 pour cette avancée.

PATHOLOGIE ET DIVERS

1920
Aux États-Unis, Luke May est le premier à étudier les stries laissées par des outils et à en utiliser la comparaison dans des enquêtes criminelles, ainsi qu'à analyser statistiquement les résultats de ses travaux.

1921
John Larson construit le premier détecteur de mensonge qui mesure la pression sanguine et la respiration. En 1930, Leonard Keeler y ajoutera la mesure de la résistance galvanique de la peau, créant le premier polygraphe moderne.

1923
Dans l'affaire Frye contre les États-Unis, le tribunal juge irrecevables les tests des polygraphes devant les tribunaux.

1924
Le chef de la police de Los Angeles, August Vollmer, met en place le premier laboratoire américain de criminologie à Berkeley.

1932
Le FBI crée le Technical Crime Laboratory, son premier laboratoire de police scientifique.

ARMES À FEU ET SÉROLOGIE

1923
Charles Waite et Phillip Gravelle mettent en place le Bureau of Forensic Ballistics à New York. Calvin Goddard, qui devint un des plus grands experts américains des armes à feu, rejoignit le Bureau en 1926.

1929
Calvin Goddard, analysant les balles de mitraillettes du Massacre de la St-Valentin, réussit à identifier les armes employées par les tueurs d'Al Capone, permettant la condamnation de l'un d'entre eux. Des notables de Chicago remercieront Goddard en finançant son Scientific Crime Detection Laboratory, un laboratoire de criminologie installé à l'Université Northwestern de l'Illinois.

1930
Le premier test détectant les résidus de coups de feux sur la peau, le test dermique des nitrates, est introduit par Tomas Gonzalez, le chef de la police de Mexico. Il restera en usage jusqu'aux années 60.

1932
Le scientifique suédois E.M.P. Widmark propose le test de la quantité d'alcool dans le sang comme mesure objective de l'ébriété.

1937
Walter Specht propose l'utilisation du Luminol comme test préliminaire à la présence de sang.

1940
À l'institut de pathologie de Vienne, Karl Lansteiner, Philip Levine et Alexander Wiener décrivent le facteur Rhésus du sang humain, le nom venant de leur utilisation de singes Rhésus dans leurs expériences.

1977
À l'Agence de Police Nationale Japonaise, l'analyste Fuseo Matsumur, utilisant de la superglue pour monter des cheveux sur des lamelles de microscope, remarque que les vapeurs de cyanoacrylate font apparaître ses empreintes digitales. La fumigation au cyanoacrylate deviendra un des outils les plus importants pour révéler les empreintes digitales latentes.

1980-1985
L'Agence de Police Nationale Japonaise établit la première base de données des empreintes digitales consultable par ordinateur.

1986
Sir Alec Jeffreys, qui avait développé le premier test de profilage de l'ADN deux ans plus tôt, l'utilise pour identifier Colin Pitchfork, le meurtrier de deux jeunes filles des Midlands. Il est significatif que, dans l'affaire, l'ADN ait d'abord été employé pour disculper un autre suspect.

1987
L'analyse ADN est utilisée devant un tribunal américain et passe son premier test de recevabilité. L'affaire conduisit à la mise en œuvre de normes strictes pour les laboratoires analysant l'ADN.

1991
Une équipe du Dr. Robin Richards, au département de physique médicale de l'University College Hospital de Londres, introduit la numérisation par laser, qui ouvre la voie à la simulation numérique du visage humain basée sur la forme du crâne.

1999
Le FBI met en place le système intégré d'identification automatisée des empreintes digitales pour enregistrer les empreintes de 65 millions de personnes. Ce système rend possible l'envoi électronique des données à un serveur d'archivage et de recherche centralisés.

1938
À l'Université de Kharkov, les scientifiques russes N. A. Izmailov et M. S. Shraiber développent une forme simple de chromatographie sur couche mince.

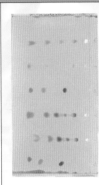

1941
Dans ses études sur la structure de la laine, Archer J. P. Martin développe la chromatographie sur colonne liquide et suggère qu'un principe similaire puisse être utilisé pour analyser les gaz. La chromatographie gazeuse deviendra un outil d'analyse très important pour la police scientifique.

1945-1968
Au Département Américain de l'Agriculture, Justus G. Kirchner et ses collègues affinent la chromatographie sur couche mince comme moyen d'analyser les jus de fruits.

1965
Les premiers microscopes électroniques à balayage de haute résolution sont produits par Charles Oatley, Dennis McMullan et Ken Smith à l'Université de Cambridge.

1978
En Angleterre, Bob Freeman et Doug Foster inventent l'appareil de détection électrostatique qui révèle les déformations du papier dues à l'écriture.

1936
Le Dr. Alexander Mearns, de l'institut d'hygiène de l'Université de Glascows se fonde sur le cycle vital des asticots pour estimer le temps écoulé depuis le décès au procès du Dr. Buck Ruxton.

1938
Rolla N. Harger développe le premier éthylotest pour mesurer l'alcool présent dans l'haleine. Sa collaboration avec Ronbert F. Borkenstein, de la police d'État de l'Indiana, produira le premier éthylotest facile à employer sur la route.

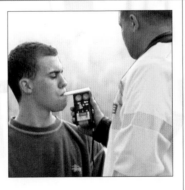

1967
Le FBI monte le National Crime Information Center pour coordonner l'information sur les criminels et les objets volés.

1949
Le scientifique suédois Örjan Ouchterlony améliore les tests d'identification du sang humain par précipitation grâce à la méthode de double diffusion, qui utilise des boîtes de Petri remplies d'agar-agar avec des creux pour les anticorps et les antigènes.

1959
H. C. Harrison et R. Gilroy développent un test par coloration pour identifier les résidus de coups de feu. Les échantillons relevés sur la main du suspect sont traités avec un révélateur chimique qui change de couleur en présence de traces de plomb, de baryum et d'antimoine.

1968
Les laboratoires médico-légaux de Scotland Yard recherchent la détection des résidus de coups de feu en utilisant un microscope électronique à balayage et à dispersion d'électrons par rayons X, qui deviendra l'outil de base pour ce type d'investigations.

1992
Les laboratoires du FBI demandent la création de la base de données Gunfire qui regroupe les détails des marques sur les balles et douilles, permettant une recherche et des comparaisons informatisées.

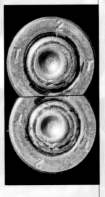

1996
À l'ATF (bureau américain des alcools, tabacs et armes à feu), la base de données IBIS des munitions utilisées est mise en ligne. Développé par une compagnie de technologies médico-légales de Montréal, ce système fonctionne de façon similaire à la base de données Gunfire du FBI.

2000
Le FBI et l'ATF commencent à fusionner les bases de données Gunfire et IBIS pour créer le Réseau National Intégré de Balistique, appelé à les remplacer toutes deux.

Glossaire

Les mots en italiques renvoient à d'autres définitions du glossaire.

Abrasion
Usure par frottement.

Accélérateur
Carburant utilisé pour augmenter la puissance d'un feu.

Acide désoxyribonucléique
Longue molécule à la forme caractéristique de double hélice, présente dans le noyau des cellules, qui porte l'information héréditaire.

ADN mitochondrial (ADNmt)
Forme particulière d'*acide désoxyribonucléique* contenu dans les mitochondries. L'ADNmt survit plus longtemps que l'ADN ordinaire et provient exclusivement de la mère, ce qui en fait un outil puissant dans les recherches généalogiques.

ADN, voir acide désoxyribonucléique

Âme rayée
Système de rainures en spirale à l'intérieur du canon d'une arme à feu.

Analyse microchimique
Technique analytique employée sur des échantillons microscopiques, utilisant les méthodes de la chimie.

Anticorps
Protéine produite par l'organisme pour le protéger des *antigènes*.

Antigène
Substance étrangère à l'organisme et potentiellement néfaste, comme un virus, une toxine ou une bactérie.

Autopsie
Dissection d'un corps afin de déterminer les causes de la mort.

Balistique
Étude des trajectoires de projectiles en mouvement. Par extension, étude des armes à feu.

Cause de la mort
Action qui a provoqué la mort, par exemple un coup à la tête, par opposition à la cause médicale, dans ce cas l'hémorragie cérébrale.

Chromatographie
Groupe de méthodes analytiques qui différencient les substances d'un mélange grâce à leur vitesse de déplacement dans un milieu fixe.

Chromatographie gazeuse
Méthode de *chromatographie* dans laquelle la substance à analyser est un gaz que l'on fait traverser un milieu liquide ou solide.

Chromatographie gazeuse et spectrométrie de masse
Méthode d'analyse hybride donnant des résultats plus spécifiques que l'emploi séparé des deux techniques.

Chromatographie liquide à haute performance
Méthode de *chromatographie* dans laquelle un milieu solide est employé pour ralentir et séparer les composants d'un liquide (généralement organique).

Chromatographie sur couche mince
Méthode de *chromatographie* dans laquelle un liquide coulant sur une plaque gélifiée sert à séparer les composants à analyser.

Contusion
Trace de coup.

Coroner
En droit anglo-saxon, l'équivalent d'un juge d'instruction chargé des morts suspectes.

Déposition métallique sous vide
Méthode de révélation en laboratoire des empreintes digitales latentes grâce à des vapeurs métalliques dans une enceinte sous vide.

Détecteur de mensonges,
voir polygraphe

DFO
Abréviation de Diazafluorènone, un révélateur chimique des *empreintes latentes* qui les fait briller sous l'action d'un laser ou de lumière bleue-verte.

Éclairage médico-légal
Source de lumière intense à la coloration spécifique (y compris infrarouge ou ultra-violette) servant à faire apparaître certains indices.

Électrophorèse
Méthode analytique qui utilise une charge électrique pour déplacer des substances, telles que des protéines, dans un milieu statique, permettant de les classer par taille.

Électrophorèse capillaire
Technique d'*électrophorèse* dans laquelle le récipient est un tube fin.

Empreinte digitale latente
Empreinte invisible laissée par le dessin du bout des doigts.

Empreinte vocale
Représentation graphique du son de la voix.

Fibres
Les cheveux, poils humains ou animaux, et les fibres textiles peuvent servir d'indices.

Fumigation à l'iode
Méthode de révélation des *empreintes digitales latentes* grâce à des vapeurs iodées.

Fumigation au cyanoacrylate
Méthode d'identification des empreintes digitales latentes par fumigation de vapeurs de superglue.

Histologie
Étude au microscope des tissus humains, généralement effectuée suite à l'*autopsie*.

Indice de réfraction
Mesure de la distorsion d'un rayon lumineux dans un milieu transparent.

Indice formel
Indice dans lequel la forme et la distribution d'une substance (telle que le sang ou la poussière) sont plus importantes que la substance elle-même.

Indice général
Indice suffisamment spécifique pour permettre d'indiquer des caractéristiques générales, par exemple la marque d'une chaussure, mais pas assez précis pour permettre une identification précise.

Intervalle post mortem
Le temps écoulé depuis le décès.

Lieu du crime
L'endroit où est découvert le cadavre.

Lividité
Changement de couleur dû au déplacement du sang dans le corps.

Luminol
Réactif faisant briller les traces de sang, utilisé comme *test préliminaire* de la présence de sang.

Marque d'outil
Trace laissée par l'action d'un outil, permettant de l'identifier, ou tout au moins d'identifier son type.

Médecin légiste
Médecin travaillant à temps partiel ou à plein temps pour la police.

Microscope comparatif
Microscope à double optique, permettant la comparaison d'objets similaires.

Microscope électronique à balayage
Instrument permettant l'observation à un grossissement important de la surface d'un échantillon, en remplaçant la lumière par un faisceau électronique.

Microspectrophotométrie
Méthode de spectroscopie utilisée pour identifier des traces microscopiques de teintures ou de pigments.

Microtome
Outil permettant la découpe des tissus en tranches fines pour analyse au microscope.

Ninhydrine
Révélateur faisant ressortir les *empreintes digitales latentes* en violet.

Odontologie
Forme spécialisée de dentisterie.

Pathologie
Dans le cadre médico-légal, l'étude des causes et conséquences de maladies, et des blessures ayant conduit à la mort.

Peroxydase
Enzyme présente dans le sang, souvent utilisée pour les *tests préliminaires*.

Point clé
Mesure de l'épaisseur des tissus à un endroit donné, utilisée dans les reconstitutions faciales.

Polygraphe
Appareil qui mesure la sudation, le pouls et la respiration d'un suspect lors d'un interrogatoire, permettant la détection du mensonge.

Post mortem
En latin « après la mort ». Toute opération ou analyse d'un cadavre, l'*autopsie*, par exemple.

Poudrage
Technique de révélation des empreintes digitales latentes grâce à des poudres spéciales.

Profilage ADN
Méthode d'analyse de l'*acide désoxyribonucléique* permettant l'identification d'individus.

Profilage psychologique
Méthode d'analyse des facteurs communs d'une série de crime en vue de dresser un portrait psychologique du tueur.

Réaction de polymérase en chaîne
Méthode d'amplification des échantillons d'*acide désoxyribonucléique* dont la taille est insuffisante pour une analyse directe.

Réaction vitale
Début de cicatrisation apparaissant autour d'une blessure faite avant la mort de la victime, et n'apparaissant pas autour des blessures faites après.

Relevé sur gélatine
Technique employant une fine feuille enduite de gélatine pour relever des empreintes.

Relevé sur ruban adhésif
Méthode d'enregistrement des empreintes digitales grâce à de la bande adhésive.

Releveur électrostatique
Plaque chargée d'électricité statique permettant de relever des empreintes dans la poussière.

Renifleur
Détecteur de vapeurs d'hydrocarbures utilisé pour déceler la présence d'*accélérateur* sur les lieux d'un incendie.

Résidus de coup de feu
Restes de poudre non brûlée présents sur les mains du tireur, et parfois de la victime.

Révélateur physique
Technique de révélation des empreintes digitales latentes sur des surfaces humides grâce à une solution argentique.

Rigor mortis
En latin, rigidité cadavérique, permettant une estimation de l'*intervalle post mortem*.

Séquences répétées en tandem
Suite de paires de bases couramment identifiées dans l'*ADN*, servant classiquement à l'identification des suspects à partir d'échantillons biologiques.

Sérologie
Étude du sang et des fluides corporels.

Spectrométrie de masse
Méthode analytique qui sépare les substances en composants élémentaires chargés électriquement, permettant de déterminer leur nature et leur quantité.

Spectrophotométrie, voir spectroscopie

Spectroscopie
Méthode d'identification de substances inconnues grâce au spectre électromagnétique caractéristique qu'elles absorbent ou émettent.

Spectroscopie aux rayons X
Analyse spectroscopique faite dans un *microscope électronique à balayage*, identifiant les éléments grâce aux rayons X émis ou réémis.

Spectroscopie infrarouge
Méthode de *spectroscopie* utilisant le rayonnement infrarouge, généralement utilisée pour l'analyse de composés synthétiques.

Spectroscopie par absorption atomique
Méthode d'analyse spectroscopique permettant d'identifier des éléments dans un échantillon inconnu, même à très faible concentration.

Suspect
Individu soupçonné d'avoir commis le crime sur lequel porte l'enquête. À distinguer du coupable ou du criminel, dont l'implication est prouvée.

Test immunologique
Analyse sérologique servant à déterminer la réponse immunitaire du corps à certains *antigènes*.

Test par précipitation
Test sanguin permettant de déterminer si un échantillon sanguin est d'origine humaine.

Test ponctuel
Test d'identification dans lequel le réactif est appliqué sur une zone limitée, la taille d'une goutte, en général.

Test préliminaire
Test simple et bon marché permettant de déterminer rapidement la nature d'un échantillon.

Toxicologie
Étude des drogues et poisons.

Traçabilité
Du lieu du crime au tribunal, une documentation doit suivre les pièces à conviction indiquant qui y a eu accès, afin de garantir leur intégrité.

Tueur/violeur en série
Criminel commettant au moins trois crimes similaires séparés par des intervalles de temps.

Typologie de la mort
Classification légale de la façon dont la mort est survenue : naturelle, accidentelle, homicide ou suicide.

Index

Remerciements

L'éditeur tient à remercier les personnes suivantes pour leur concours à la réalisation de cet ouvrage :

Leyla Ostova et Carey Scott pour leur assistance éditoriale ; Chris Bernstein pour l'index ; Alyson Lacewing pour les relectures ; Dean Price pour la conception graphique de la jaquette ; Darren Holt et Bradley Round pour les modélisations ; Catherine Goldsmith pour les designs additionnels ; Dave King pour la photographie ; Guy Harvey, Robin Hunter, John Kelly, et KJA-Artists.com pour les illustrations numériques ; Dudley Crossling, développeur du système Treadmark, pour ses informations quant à l'étude de cas de la page 21 ; Bruce Grant, Brian Rice, Dave Field, et John Bunn de New Scotland Yard, pour le temps qu'ils nous ont consacré et leur aide pour les pages 48–49 ; Michelle Pettigrew et Elizabeth Stein du département de médecine légale de l'Université de Glasgow pour leur aide, leur temps et leur patience concernant les pages 56–57 ; Elizabeth McClelland, spécialiste en phonétique judiciaire, pour ses informations et son aide à propos des empreintes vocales, page 75 ; Andrew McNeill, de l'Institut des Études sur l'Alcool, pour son aide sur les pages 82–83 ; DC Chris Soteriou et DC Paul Anderson de la police municipale de Londres, service de la récupération des données informatiques pour leur aide sur les pages 128–129 ; Rosemary Lomas, Urvashi Dogra, et Jabaduojie du Fond International Fund pour le Bien-être des Animaux pour les photos de la page 132 ; Bonnie Yates pour son aide sur les pages 132–133.

Le traducteur tient à remercier l'Oncle Nanard, sans lequel il n'aurait jamais eu les moyens de mener ce travail à bien.

Crédits photographiques

L'éditeur tient à remercier les personnes et organisations suivantes pour l'autorisation d'utiliser ces photos :

(Positions : b=bas ; c=centre ; d=droite ; g=gauche ; h=haut)

Bords de pages : Federal Bureau of Investigation cg, cd, hg, Metropolitan Historical Police Museum cd ; 2 : H.K. Melton cd ; Popperfoto d ; 2 : Science Photo Library/Colin Cuthbert cg ; 2–3 : Pascal Goetgheluck ; 3 : Katz/FSP/Demange Francis d ; PA Photos/EPA European Press Agency cg, Science Photo Library/Dr. Jeremy Burgess cd, /James King-Holmes g ; 4 : Masterfile UK/Gail Mooney h, /Green Project hd ; Science Photo Library/Constantino Margiotta b ; 5 : Corbis/Steve Prezant bc, Masterfile UK/Pinto bg, Popperfoto bd, Science Photo Library/David Parker hc ; 6–7 : Science Photo Library/TEK Image ; 8–9 : Topham Picturepoint ; 9 : Katz/FSP hdb, PA Photos hd, Rex Features b, David White cd, Greg Williams cd, Science Photo Library/Dr. Jurgen Scriba cdb ; 10 : Masterfile UK/Gail Mooney c ; 10–11 : Masterfile UK/Green Project ; 11 : Popperfoto cd, Rex Features b, Science Photo Library/Sheila Terry hd ; 12 : Rex Features/Kenneth Lambert hd, Star Telegram b ; 13 : Associated Press AP/Jennie Zeiner, Stringer c, Corbis h, Getty Images/Eyewire : b ; 14 : Popperfoto b ; 15 : Katz/FSP cd, PA Photos bg, bd, Rex Features hg ; 16 : PA Photos h, John Giles b ; 17 : Corbis Ron Slenzak c, Rex Features hd, 19 : Corbis Ed Kashi hd, Katz/FSP Demange Francis Gamma/Frank Spooner c, Science Photo Library/James King-Holmes hg ; 20 : Associated Press AP/Denis Poroy tc, Corbis/Richard Hamilton Smith bg, Federal Bureau of Investigation/FBI Laboratory Division cd, bd, Rex Features/Stewart Bonney hd ; 21 : Associated Press AP hg, hd, Corbis/Nogues Alain/Sygma bg, Pictures courtesy of Foster & Freeman Ltd c, bd ; 22 : alamy.com d, Science Photo Library/Sheila Terry g ; 23 : Associated Press AP hg, Custom Medical Stock Photo/Rowan cd ; 24 : Associated Press AP/LAPD, Handout hg, hd, /Sam Mircovich, Corbis/Sygma bg ; 25 : Associated Press AP/LAPD, Handout hd, /Myung J. Chun bd. ; 26–27 : Science Photo Library/Constantino Margiotta ; 27 : PA Photos cdb, Science Photo Library/Custom Medical Stock Photo bd, /Pascal Goetgheluck cd : 28 : Custom Medical Stock Photo : Shout Pictures b, PA Photos/EPA European Press Agency c ; 28–29 : Science Photo Library/Pascal Goetgheluck ; 29 : PA Photos cb, Rex Features/Sam Morgan c, Science Photo Library/Simon Fraser hd, 30 : Katz/FSP bd. 31 : Katz/FSP hg, PA Photos b, 32 : CMSP hg,

Science Photo Library/Dr. Arthur Tucker cg ; 33 : Corbis/John Bartholemew bg ; 34–35 : Science Photo Library/Custom Medical Stock Photo ; 35 : The Design Works, Sheffield hd, Science Photo Library/Custom Medical Stock Photo bd ; 36 : Custom Medical Stock Photo/Miller bg, Mediscan h, Science Photo Library/Dr. P. Marazzi bd ; Scott Camazine cg ; 37 : Custom Medical Stock Photo/M. English hg, /Wilson b, Mediscan cd, Rex Features hd ; 40 : Associated Press AP/Al Behram bg, Corbis/Bettmann hd ; 41 : Bernard Greeberg g, Associated Press/Al Behram bd ; 42–43 : Science Photo Library/David Becker ; 43 : Associated Press AP/Alexander Zemlianichenko cd, /Freddy Martin cra, Science Photo Library/Chemical Design cd, Jerry Young cdb ; 44 : Rex Features hd, bg, 45 : Corbis/Steve Chenn, Forensic Science Laboratory/Courtesy of Elaine M. Pagliaro, CT Department of Public Safety cd, Mediscan tc, Science Photo Library/Dr. H.C. Robinson hg, /Françoise Sauze bd ; 46 : Rex Features/David White hg, Science Photo Library bg /James King-Holmes hd ; 46–47 : Science Photo Library/Mehau Kulyk ; 47 : Metropolitan Historical Police Museum hg, Popperfoto bg, Rex Features/Action Press hd, Science Photo Library/David Becker bg ; 48 : Metropolitan Police Service c, Rex Features/Photo News Service hg, Photo News b ; 48–49 : PA Photos/David Giles ; 49 : PA Photos/Tony Harris d, Rex Features/Photo News cg ; 50 : Mary Evans Picture Library bd, Popperfoto bg ; 51 : Freddie Martin hg, bg, bd ; 52 : Associated Press AP/Alexander Zemlianichenko b, Science Photo Library/Peter Menzel hd ; 53 : Associated Press AP hd/cra/cd, Science Photo Library hg, /Alfred Pasieka bd ; 54 : Associated Press AP/STR bg, Novosti (London) hd, University Of Manchester/Faculty of Medicine, Dentistry, and Nursing hg ; 55 : Jerry Young ; 56 : Prof. Attardi and Silvano Imboden bg, bd, Forensic Pathology, Sheffield University : cg ; 57 : Prof. Attardi and Silvano Imboden : hg, cg, cd, bg, bd. 58 : Custom Medical Stock Photo/©SHOUT b, Science Photo Library hd ; Chemical Design c ; 59 : Science Photo Library hd ; 60 : Science Photo Library/A. Barrington Brown hd ; 61 : Custom Medical Stock Photo hg ; 62 : Science Photo Library/David Parker bg ; 62–63 : Corbis/Duomo ; 63 : Corbis/Quadrillion hd, Science Photo Library bd, h ; 64 : Associated Press AP bg, Corbis/Paul Thompson/Eye Ubiquitous bd, Newspix Archive/Nationwide News hd ; 65 : Newspix Archive/Nationwide News hd, bd ; 66–67 : Masterfile UK/Pinto ; 67 : Corbis/Anna Clopet b, Rex Features hd, /Greg Williams cdb ; 68 : Corbis/Bettmann bg, Science Photo Library hd ; 69 : Rex Features bd, Science Photo Library/Jim Varney h ; 70 : Rex Features/Sipa Press hd, bg ; 71 : Associated Press AP/Joe Picciolo g ; Mark Elias g ; 72 : Associated Press AP/Noble County Jail, Handout bd, Commissioner for the City of London Police hg, Federal Bureau of Investigation bg ; 73 : Identix Incorporated www.identix.com hg, Rex Features/Greg Williams b, Science Photo Library/Stanley B. Burns, MD & The Burns Archive, N.Y. hd ; 74 : Corbis/Anna Clopet ; 75 : Brain Fingerprinting Laboratories, Inc cd, Science Photo Library/Hank Morgan bd, Wellcome dept. of Cognitive Neurology h ; 76 : Associated Press AP/Nati Harnik hg, b, Ira Nowinski hd ; 77 : PA Photos hd, Corbis/David Turnley b ; 78–79 : Science Photo Library/David Parker ; 80 : Corbis/Tom & Dee Ann McCarthy cg, Science Photo Library/Colin Cuthbert bd ; 80–81 : Peter Menzel ; 81 : Custom Medical Stock Photo/Rowan bd, Federal Bureau of Investigation tc, Science Photo Library/Dr. Jurgen Scriba cg, /Michel Viard, /Peter Arnold Inc. hd ; 82 : Science Photo Library/Jim Varney b, /TEK Image hd, hd ; 83 : Custom Medical Stock Photo cg, Dr. Brian Widdop of the Medical Toxicology Unit Laboratory photo : Gary Ombler h, PA Photos/EPA European Press Agency bc, bc, bd ; 84 : Esther Neate bd, Katz/FSP/A. Morvan/Gamma bg, L'Est Republicain h, PA Photos/EPA European Press Agency c ; 85 : www.bloodspattersoftware.com/A L Carter Phd. hg, hd, cla, ca, cra, cg, c, bd, bg, Rex Features/Argyropoulos cd, Science Photo Library/Peter Menzel c ; 86–87 : Topham Picturepoint hd, bg, bd ; 87 : Topham Picturepoint hd, cg, bd ; 88 : Science Photo Library/Andrew Syred hg, /Colin Cuthbert hd, Roger Viollet bg ; 89 : Corbis/Lester V. Bergman hd, Science Pictures

Limited/David Spears hg, Leica Microsystems, Inc. cg, Rex Features/Clare Dickson bd, Anthony Ise/Getty Images/PhotoDisc tc, Science Photo Library/Dr. Jeremy Burgess cb, Innerspace Imaging bg ; 90 : Science Photo Library/Dr. Jeremy Burgess hg, Mark Thomas b ; 91 : Rex Features/PNS hd, Science Photo Library/Dr. Jeremy Burgess clb, Eye of Science cla, cg, bg, Volker Steger hg ; 92 : Corbis/Bettmann hd, b ; 93 : Associated Press AP/John Bazemore g, Corbis/Bettmann bd, Dr. Brian Widdop of the Medical Toxicology Unit Laboratory/Gary Ombler hd ; 94 : Katz/FSP/photo : G. Bassignac b ; 95 : Katz/FSP hg, bd, Gamma/Gilles Bassignac hd, Science Photo Library/Custom Medical Stock cd, M. Kalab/Custom Medical Stock Photo cg ; 96 : Corbis/Ruet Stephane bg, PA Photos bd, /European Press Agency hd ; 97 : Corbis/Sygma bd, Getty Images/Mike Powell bg, Nick Laham hg ; 98–99 : Corbis/Steve Prezant ; 99 : Corbis/Ruet Stephane/Sygma cd, Getty Images cd, Topham Picturepoint/Image Works cdb ; 100 : Rex Features bd ; 100–101 : Getty Images ; 101 : Associated Press AP cg, Michael V. Martinez, MSFS, Senior Forensic Scientist, Bexar County Criminal Investigation Laboratory bc, Science Photo Library/Michel Viard, Peter Arnold Inc. bd ; 102 : Katz/FSP bg, Rex Features hd ; 103 : Federal Bureau of Investigation tc, d, Katz/FSP c, bg ; 104 : Custom Medical Stock Photo/Willoughby hd, Mediscan cb, b, Science Photo Library/PHT hg ; 104–105 : Science Photo Library/Mehau Kulyk ; 105 : Custom Medical Stock Photo/Willoughby hd, Science Photo Library bd, /GJLP hg ; 106 : Rex Features/Sipa Press b, www.antiquebottles.com hd ; 107 : Rex Features hd, Science Photo Library/Astrid & Hanns-Frieder Michler bc, Klaus Guldbrandsen clb, /Richard Megna/Fundamental bg ; 108 : Assistant Divisional Officer Derek and the Fire Investigation Unit at Acton Fire Station c, bd, PA Photos/EPA bg, Rex Features/Action Press h ; 109 : Corbis/Sung-Su Cho/Sygma b ; 110 : Corbis/Sygma hd, Getty Images/Image Bank bg ; 110–111 : Topham Picturepoint/David Giles ; 111 : Getty Images/Eyewire tc, /Photodisc hd, /Taxi c, Topham Picturepoint cd, /Malcolm Croft bd ; 112 : Associated Press AP b, Federal Bureau of Investigation hg, Corbis hd ; 113 : © 2003 21st Century Forensic Animations cd, Corbis/Ruet Stephane/Sygma cd, Getty Images/Taxi hd ; 114 : Rex Features/Ron Sachs (CNP) hg, /Sipa Press b ; 115 : Rex Features/Sipa Press hg, hd, Topham Picturepoint/Image Works b ; 116 : Rex Features hg, /Bryn Colton b ; 117 : PA Photos hd, Rex Features/Tom Kidd b ; 119 : Picture courtesy of Foster & Freeman Ltd cd, PA Photos cd, Science Photo Library/Volker Steger cb ; 120 : Katz/FSP/Rotolo-Liaison b, H. K. Melton hg, PA Photos bd, Rex Features/Judy Totton bc ; 121 : Corbis/Bettmann cd, Picture courtesy of Foster & Freeman Ltd hg, bd, cbr, Federal Bureau of Investigation cbg ; 122 : PA Photos/EPA b ; 123 : ECB cd, Rex Features/Martti Kainulainen bd ; 124 : Science Photo Library/Volker Steger hd, bg, bc, bd ; 125 : © Christie's Images Ltd hg, Getty Images cb ; 126 : Corbis/Bettmann cd, PA Photos hd, /EPA d, Rex Features bd ; 127 : Topham Picturepoint bg ; 128 : PA Photos bg, Corbis bc, Getty Images/The Image Bank c ; 129 : Associated Press AP bd, Getty Images/The Image Bank hd ; 130 : Corbis/Jim Richardson bg, /Mug Shots hd, Science Photo Library bd ; 131 : Corbis/Sharna Balfour, Gallo Images bd, Jim Chamberlain – U.S. Fish & Wildlife Service cd, Rex Features/Profile Press cg ; 132 : International Fund for Animal Welfare cg, bg, Wan Kam-yan/South China Morning Post hd ; 133 : Corbis/Earl & Nazima Kowall bd, Jim Chamberlain – U.S. Fish & Wildlife Service hd ; 133 : Nature Picture Library Ltd bg ; 134 : Katz/FSP b Science Photo Library cg ; 135 : Katz/FSP ca, Science Photo Library cb, b, /Stanley B. Burns, MD & The Burns Archive, N.Y. h ; 136 : Associated Press AP cg, Science Photo Library/Michel Viard, Peter Arnold Inc. b ; 137 : Dr. Brian Widdop of the Medical Toxicology Unit Laboratory, photo : Gary Ombler hg, Leica Microsystems, Inc. b, Science Photo Library/Colin Cuthbert cd, /Jim Varney cdb.